Deborah Tannen
Das hab' ich nicht gesagt!

Deborah Tannen

Das hab' ich nicht gesagt!

Kommunikationsprobleme
im Alltag

Aus dem Amerikanischen
von Maren Klostermann

Kabel

Titel der amerikanischen Originalausgabe:
THAT'S NOT WHAT I MEANT!
How Conversational Style Makes or Breaks
Relationships
William Morrow and Company, Inc., New York

Die Verfasserin dankt den Autoren und Verlagen
für die Genehmigung, die in diesem Buch
wiedergegebenen Zitate zu verwenden.

© 1986 by Deborah Tannen, Ph. D.
Deutschsprachige Ausgabe:
© 1992 by Ernst Kabel Verlag GmbH, Hamburg
Umschlag: Theodor Bayer-Eynck
Titelillustration: Silvia Mieres
Gesamtherstellung: Clausen & Bosse, Leck
ISBN 3-8225-0203-0

3 5 7 9 10 8 6 4 2

Meinen Linguistiklehrern:

A. L. Becker
Wallace L. Chafe
John J. Gumperz
Robin Tolmach Lakoff

die mir selbstlos Einblick in ihre Arbeit gewährten und damit die Grundlage für meine schufen, während sie mich zugleich immer ermutigten, selbst zu forschen und mit meiner eigenen Stimme darüber zu sprechen und zu schreiben – innerhalb und außerhalb der Grenzen der akademischen Welt.

Inhalt

Danksagung 9

Vorwort 11

Teil I: Sprachwissenschaft und Gesprächsstil

1. Das Problem ist der Prozeß 17
2. Die Wirkungsweise des Gesprächsstils 33
3. Gesprächssignale und -muster 53

Teil II: Gesprächsstrategien

4. Warum wir nicht sagen, was wir meinen 77
5. Rahmung und Neurahmung 97
6. Macht und Solidarität 121

Teil III: Gespräche zu Hause:
Der Gesprächsstil in engen Beziehungen

7. Warum es immer schlimmer wird 143
8. Gespräche in intimen Beziehungen:
Seine und ihre 159
9. Der intime Kritiker 183

Teil IV: Möglichkeiten und Grenzen des Gesprächsstils

10. Über Sprechweisen sprechen   213

Anmerkungen   243

Bibliographie   249

Register   251

Danksagung

Jetzt gilt es, all jenen zu danken, die an mich geglaubt und mich unterstützt haben: meiner Agentin Rhoda Weyr, meiner Lektorin Maria Guarnaschelli, Amy Gross von der Zeitschrift *Vogue*, meinen Eltern Dorothy und Eli Tannen, meinen Schwestern Naomi und Mimi Tannen, meinen Freunden Karl Goldstein, June McKay, Lucy Ray und David Wise. Mein besonderer Dank gilt jenen, die meine ersten Entwürfe gelesen und mir mit ihrem Rat und ihrer Kritik zur Seite standen: A. L. Becker, Naomi Tannen und David Wise.

Fast jeder Mensch, mit dem ich mich unterhalte, wird für mich zu einer potentiellen Beispielquelle. Meine Familie, meine Freunde, Studenten, Kollegen und auch viele Unbekannte, Leute aus dem Publikum oder Anrufer bei Talk-Shows, in denen ich aufgetreten bin – sie alle haben mir großzügig von ihren eigenen Erfahrungen berichtet und mir dadurch geholfen, die Bedeutung von Gesprächen zu verstehen und anderen diese Bedeutung durch Beispiele zu erläutern. Viele dieser Menschen (denen ich hiermit danke) müssen hier zwangsläufig ungenannt bleiben. Einige, deren Namen ich kenne, sind: Tom Anselmo, Tom Brazaitis, Mark Clarke, Sysse Engberg, Ralph Fasold, Crawford Feagin, Thaisa Frank, Jo Ann Goldberg, Karl Goldstein, Paul Goldstein, Walter Gorman, Donald Wei Hsiung, Imelda Idar, Deborah Lange, Bill Layher, Joyce Muis-Lowery, Susie Napper, Carol Newman, Mathilde Paterakis, Marica Perstein, Eileen Price, David Rabin, Laurel Hadassah Rabin, Lucy Ray, Dan Read, Chuck Richardson, Cynthia Roy,

Debby Schiffrin, Ron Scollon, Naomi Tannen, Jackie Tanner, Anne Walker und David Wye. Ihnen gilt mein Dank und all jenen, die ohne ihr Wissen und Wollen den Weg in meine Beispiele gefunden haben, einfach, weil sie mir begegnet sind.

Vorwort

Eine Studentin aus meinem Kurs über interkulturelle Kommunikation, den ich am Linguistischen Institut der Universität von Georgetown abhalte, erklärte, daß der Kurs ihre Ehe gerettet hätte. Auf wissenschaftlichen Tagungen werde ich von Berufskollegen angesprochen, die mir erzählen, daß sie Freunden oder Verwandten einen meiner Artikel gezeigt hätten, was deren Ehen gerettet hätte. Was kann Sprachwissenschaft mit der Rettung von Ehen zu tun haben? Die Sprachwissenschaft oder Linguistik ist die wissenschaftliche Fachrichtung, die sich damit beschäftigt, wie Sprache funktioniert. Ob Beziehungen entstehen, andauern oder zerbrechen, hängt von Gesprächen ab, und deshalb bietet die Sprachwissenschaft eine konkrete Möglichkeit, um zu verstehen, wie Beziehungen entstehen, andauern oder zerbrechen. Es gibt Forschungsrichtungen in der Linguistik, die sich hauptsächlich mit der Geschichte, Grammatik oder der symbolischen Repräsentanzfunktion von Sprache befassen. Aber es gibt auch Forschungsgebiete – die Soziolinguistik, die Gesprächsanalyse und die linguistische Anthropologie –, die sich mit dem Alltagsgebrauch von Sprache und dem unterschiedlichen Sprachgebrauch in verschiedenen Kulturen beschäftigen. Das ist die Thematik, mit der sich dieses Buch auseinandersetzt.

Aber die Studentin, die erklärte, daß mein Kurs ihre Ehe gerettet hätte, und ihr Mann sind beide Amerikaner. Was geht sie das Thema interkulturelle Kommunikation an? Es geht uns alle an, denn jede Kommunikation ist mehr oder weniger interkulturell. Wir lernen unseren Sprachgebrauch in der Kindheit – und Kinder, die in unterschiedlichen Teilen des Landes, mit unterschiedlichem ethnischen oder religiösen Hintergrund, in unterschiedlichen Gesellschaftsschichten oder einfach als Mann und Frau aufwachsen, entwickeln unterschiedliche Sprechweisen, die ich als Gesprächsstil bezeichne. Und subtile Unterschiede im Gesprächsstil führen zu für sich genommen kleinen, aber in der Summe überwältigenden Mißverständnissen und Enttäuschungen.

Wie der Schriftsteller E. M. Forster es in seinem Roman *Auf der Suche nach Indien* ausdrückt: »Eine kurze Stockung an der falschen Stelle, ein mißverstandener Tonfall, und eine ganze Unterhaltung geriet ins falsche Gleis.« Wenn Gespräche ins falsche Gleis geraten, suchen wir nach Gründen und machen für gewöhnlich unsere Gesprächspartner oder uns selbst dafür verantwortlich. Die Großzügigsten unter uns schieben es auf die Beziehung. Dieses Buch zeigt, daß solche Schuldzuweisungen häufig ungerechtfertigt sind. Kränkungen sind oft das Ergebnis von Mißverständnissen, die durch einen unterschiedlichen Gesprächsstil hervorgerufen werden.

Der Gastgeber einer Talk-Show stellte mich einmal mit der Erklärung vor, daß er in seiner langen beruflichen Laufbahn viele Bücher übers Sprechen gelesen hätte, aber sie hätten alle vom öffentlichen Sprechen gehandelt. Doch die meisten Gespräche, die wir im Laufe unseres Lebens führen, sind nicht öffentlich, sondern privat: Gespräche zwischen zwei Menschen oder in kleinen Gruppen. Dieses Buch handelt vom privaten Sprechen: wie es funktioniert, warum es manchmal gut läuft und manchmal gar nicht. Es erklärt die im Verborgenen wirkenden Prozesse, die unsere Gespräche und damit unsere Beziehungen steuern. Diese Prozesse zu verstehen, gibt uns das Gefühl zurück, unser Leben im Griff zu haben, und eröffnet die Möglichkeit, unsere Kommunikation in allen privaten und öffentlichen Situationen, in denen Menschen miteinander reden, zu verbessern: bei der Arbeit, in Interviews, bei Bewerbungsgesprächen, in der Öffentlichkeit und vor allem – zu Hause.

Teil I
Sprachwissenschaft und Gesprächsstil

Kapitel 1

Das Problem ist der Prozeß

Sie kennen das Gefühl: Sie treffen jemanden das erste Mal und es ist, als würden Sie einander schon ein Leben lang kennen. Alles läuft wie geschmiert. Sie wissen genau, was die andere meint; die andere weiß genau, was Sie meinen. Sie lachen beide wie auf Kommando. Ein Satz gibt den anderen, das Gespräch verläuft in einem perfekten Rhythmus. Sie fühlen sich gut; Sie machen alles richtig. Und Sie finden Ihre neue Bekannte auch gut.

Aber Sie kennen bestimmt auch das andere Gefühl: Sie treffen jemanden, versuchen freundlich zu sein, einen guten Eindruck zu machen, aber alles läuft schief. Es kommt zu unangenehmen Pausen. Sie suchen krampfhaft nach einem Gesprächsstoff. Plötzlich platzen Sie beide gleichzeitig mit etwas los und halten abrupt wieder inne. Sie wollen etwas Interessantes sagen, aber der andere unterbricht Sie. Er fängt an, etwas zu erzählen, und kommt irgendwie nie auf den Punkt. Sie versuchen, die Stimmung aufzulockern, und der andere macht ein Gesicht, als ob Sie ihn in den Magen geboxt hätten. Er sagt etwas, das offenbar witzig sein soll, aber eher grob als witzig ist. Was immer Sie auch versuchen, um die Situation zu verbessern, es macht alles nur noch schlimmer.

Wenn Gespräche immer so verlaufen würden wie im ersten Beispiel, bräuchte ich dieses Buch nicht zu schreiben.

Wenn sie immer so verlaufen würden wie im zweiten, würde kein Mensch mehr mit dem anderen reden, und wir würden nichts mehr auf die Reihe kriegen. Die meisten Gespräche liegen irgendwo in der Mitte. Wir kriegen Dinge auf die Reihe; wir sprechen mit Familienangehörigen und Freunden und Kollegen und Nachbarn. Manchmal scheint es einen Sinn zu ergeben, was die anderen sagen, manchmal nicht. Wenn jemand mal nicht genau versteht, was wir meinen, lassen wir es gut sein; das Gespräch geht weiter, und niemand macht sich viel Gedanken darüber.

Aber wenn etwas Wichtiges von dem Gespräch abhängt – bei einem Bewerbungsgespräch, einem Geschäftstreffen oder einem Arzttermin –, können solche Mißverständnisse äußerst unangenehme Folgen haben. Wenn es sich um öffentliche Verhandlungen oder internationale Gipfelkonferenzen handelt, können die Folgen sogar entsetzlich sein. Und wenn es um Gespräche mit dem wichtigsten Menschen in unserem Leben geht, können die kleinen Mißverständnisse sich zu großen Mißverständnissen entwickeln, und plötzlich führt man eine Unterhaltung wie im zweiten Beispiel, ohne zu wissen, wie es dazu kommen konnte. Wenn das dauernd geschieht – zu Hause, bei der Arbeit oder bei ganz normalen Alltagsgesprächen – wenn man sich dauernd unverstanden fühlt und nie ganz versteht, was die anderen meinen –, fängt man allmählich an, an seinen Fähigkeiten zu zweifeln oder sogar an seinem Verstand. Dann macht man sich doch Gedanken.

Judy Scott zum Beispiel hat sich als Abteilungsleiterin in der Zentrale einer großen Eiscremefirma beworben – eine Position, für die sie durchaus qualifiziert ist. In ihrer letzten Firma hat sie praktisch das ganze Büro allein geführt und großartige Arbeit geleistet, auch wenn die Position sich nur »Verwaltungsassistentin« nannte. Aber bei dem Bewerbungsgespräch erhält sie keine Gelegenheit, das zu erklären. Der Personalchef redet die ganze Zeit. Judy fühlt sich hinterher frustriert – und bekommt den Job nicht.

Oder zu Hause: Sandy und Matt führen eine gute Ehe. Sie lieben sich und sind eigentlich glücklich. Aber es kommt immer wieder zu Spannungen, weil Sandy oft das Gefühl hat, daß Matt ihr nicht richtig zuhört. Er stellt ihr eine Frage, aber bevor sie antworten kann, fragt er etwas anderes – oder beantwortet die Frage selbst. Wenn sie mit Matts Freunden zusammen sind, reden alle so schnell, daß Sandy überhaupt nicht zu Wort kommt. Hinterher wirft Matt ihr vor, daß sie zu schweigsam gewesen wäre. Dabei ist Sandy alles andere als schweigsam, wenn sie mit *ihren* Freunden zusammen ist. Matt denkt, daß sie so still ist, weil sie seine Freunde nicht mag; aber wenn Sandy seine Freunde nicht mag, dann nur deshalb, weil sie sie links liegenlassen – und ihr keine Möglichkeit geben, sich am Gespräch zu beteiligen.

Manchmal spiegeln Gesprächsprobleme reale Unterschiede oder Meinungsverschiedenheiten zwischen Gesprächspartnern wider: sie *sind* wütend aufeinander und haben tatsächlich widersprüchliche Wünsche und Vorstellungen. Es gibt unzählige Bücher über diese Situation: Anleitungen, wie man sich richtig streitet oder sich selbst behauptet. Aber manchmal kommt es zu Spannungen und Streitigkeiten, obwohl gar keine grundsätzlichen Meinungsunterschiede bestehen und jeder ehrlich darum bemüht ist, gut mit dem anderen auszukommen. Das ist die Form der Fehl-Kommunikation, die einen verrückt machen kann. Und normalerweise ist sie das Ergebnis eines unterschiedlichen Gesprächsstils.

Ein perfekt verlaufendes, harmonisches Gespräch hat etwas mit unseren Vorstellungen von Normalität und geistiger Gesundheit zu tun – es ist eine Bestätigung unserer individuellen Menschlichkeit und unseres Platzes in der Welt. Und nichts ist so tief beunruhigend wie ein Gespräch, das in die Irre geht: Wenn wir merken, daß unsere Worte ganz anders aufgefaßt werden, als wir sie meinen; wenn wir hilfsbereit sein wollen und für aufdringlich gehalten werden; wenn wir rücksichtsvoll sein möchten und man uns kalt nennt; wenn wir versuchen, dem Gespräch einen angenehmen Rhythmus zu geben, damit es mühelos dahingleiten kann, nur um uns dann wie ein Gesprächstrampel zu fühlen, das den Takt nicht halten kann – solche Fehlschläge im Gespräch untergraben das Vertrauen in die eigenen Fähigkeiten und den Glauben, ein netter, normaler Mensch zu sein. Wenn das ständig passiert, kann es unser seelisches Gleichgewicht schwer erschüttern.

Dieses Buch erklärt aus sprachwissenschaftlicher Sicht, woran es liegt, ob ein Gespräch zu einer belebenden oder frustrierenden Erfahrung wird. Ausgehend von der sprachwissenschaftlichen Analyse des Gesprächsstils soll aufgezeigt werden, wie Kommunikation funktioniert – oder nicht funktioniert. Dieses Buch möchte Ihnen die Gewißheit geben, daß Sie nicht allein und nicht verrückt sind – und Sie in die Lage versetzen, selbst zu wählen, ob Sie die Kommunikation in Ihrem privaten und öffentlichen Leben fortführen, beenden oder verbessern möchten.

Um Ihnen eine Vorstellung davon zu geben, welchen Nutzen eine sprachwissenschaftliche Analyse des Gesprächsstils haben kann, will ich zunächst beschreiben, wie es dazu kam, daß ich mich in die Linguistik verliebte und anfing, auf Sprechweisen zu achten.

Meine Begeisterung für die Linguistik begann in dem Jahr, als meine Ehe scheiterte. Ich versuchte, einen Verlust in einen Gewinn umzuwandeln, nutzte meine neugewonnene Freiheit und schrieb mich im Sommer 1973 an der University of Michigan ein, um herauszufinden, was es mit der Linguistik auf sich hatte.

Nach siebenjährigem Zusammenleben mit dem Mann, von dem ich mich gerade getrennt hatte, stand ich heillos verwirrt vor dem rätselhaften Phänomen Kommunikation. Was lief falsch, wenn wir miteinander zu reden versuchten? Warum verwandelte dieser liebenswerte Mann sich in einen grausamen Geisteskranken – und mich ebenfalls –, wenn wir versuchten, ein Problem auszudiskutieren?

Ich erinnere mich an einen Streit gegen Ende unserer Ehe. Er ist mir im Gedächtnis geblieben, nicht weil er so ungewöhnlich, sondern weil er so schmerzlich typisch war und weil der Grad meiner Frustration einen neuen Höhepunkt erreichte. Ich glaubte, den Verstand verlieren zu müssen. Wie so häufig ging es um Pläne für gemeinsame Unternehmungen – belanglose Pläne, Pläne ohne große Konsequenzen, aber eben Pläne, die uns beide betrafen und daher gemeinsam beschlossen werden mußten. In diesem Fall ging es darum, ob wir eine Einladung meiner Schwester annehmen sollten oder nicht.

Ich fragte – in der Geborgenheit unseres trauten Heimes und voll Vertrauen in meine liebenswürdige Bereitwilligkeit, den Wünschen meines Mannes in jeder Beziehung entgegenzukommen: »Möchtest du meine Schwester besuchen?« Er antwortete: »Okay.« Ich schätze, »okay« hörte sich für mich nicht wie eine Antwort auf meine Frage an; es schien anzudeuten, daß er mit irgend etwas einverstanden war. Ich hakte also nach: »Hast du wirklich Lust, sie zu besuchen?« Er explodierte. »Du machst mich wahnsinnig! Könntest du dich vielleicht mal entscheiden, was du eigentlich willst?«

Seine Explosion stürzte mich in heillose Verwirrung. Zum einen hatte mein Vater mich gelehrt, daß auch die häßlichsten Gefühle in gemäßigtem Ton vorzutragen sind, so daß schon die Lautstärke und die Heftigkeit meines Mannes mir immer Angst einjagten – und mir moralisch falsch vorkamen. Aber das Schlimmste, was mich nicht so sehr in Wut, als vielmehr in ungläubige Empörung versetzte, war seine offenkundige Irrationalität. (Bruno Bettelheim hat darauf hingewiesen, daß Menschen beinahe alles akzeptieren können, wenn sie einen Grund dafür entdecken können.) »Was *ich* will? Ich habe noch gar nicht gesagt, was ich will. Ich bin bereit, alles zu machen, was *du* willst, und das ist der Dank!?« Ich hatte das Gefühl, in einem absurden Theaterstück gefangen zu sein, während ich mich doch verzweifelt nach einer konventionellen Inszenierung sehnte.

Diese Episode könnte (bei manchen Leuten) den Eindruck wecken, daß mein Mann verrückt war. Ich war davon überzeugt. Und ich dachte, ich müßte ebenfalls verrückt sein, weil ich ihn geheiratet hatte. Er war dauernd wütend auf mich, weil er etwas hörte, das ich niemals gesagt hatte, oder weil ich nicht auf etwas hörte, von dem ich sicher war, daß er es niemals gesagt hatte.

Wenn ich im stillen Kämmerlein über alles nachdachte und langsam die Erinnerung an seine guten Eigenschaften zurückkehrte, kam ich immer zu dem Schluß, daß wir eigentlich keinen Grund hatten, uns derart sinnlos, aber erbittert zu streiten – schließlich waren wir beide nette, ordentliche Menschen, im allgemeinen recht beliebt, zeigten ansonsten keinerlei Zeichen geistiger Verwirrung und liebten einander. Ich nahm mir vor, daß es nie wieder passieren sollte. Aber dann fingen wir eine Unterhaltung an, und früher oder später löste eine unbedeutende Bemerkung eine hitzige Reaktion aus – und wir gingen wieder mit gesenkten Häuptern aufeinander los, um einen weiteren irrationalen Kampf auszutragen.

Linguistik als Retter

Als ich am sprachwissenschaftlichen Institut anfing, hatte ich es aufgegeben, diese Kommunikationsschwierigkeiten lösen zu wollen, versuchte aber immer noch die Ursachen zu verstehen. Ich besuchte eine Vorlesung von Professor Robin Lakoff über Indirektheit. Menschen ziehen es vor, in Gesprächen nicht genau das zu sagen, was sie meinen, weil es ihnen nicht nur darum geht, ihre Ideen klar auszudrücken; es geht ihnen auch – sogar noch mehr – um die Wirkung, die ihre Worte auf ihre Gesprächspartner haben. Sie wollen ein kameradschaftliches Verhältnis bewahren, nicht aufdringlich wirken und dem Gesprächspartner die Möglichkeit (oder zumindest die Illusion) geben, daß seine Meinung ebenfalls Gewicht hat. Und unterschiedliche Menschen wählen unterschiedliche Methoden, um diesen potentiell widersprüchlichen Zielen gerecht zu werden.

Helles Scheinwerferlicht fiel auf die Bühne meiner Ehe. Ich hatte immer als selbstverständlich vorausgesetzt, daß ich meine Wünsche einfach offen aussprechen würde, daß ich meinen Mann ebenso offen nach seinen Wünschen fragen könnte und er mir dann antworten würde. Als ich ihn fragte, ob er Lust hätte, meine Schwester zu besuchen, meinte ich diese Frage wörtlich. Ich wollte eine Information über seine Präferenzen, um mich seinen Wünschen anzupassen. Aber er wollte sich auch anpassen. Und er ging davon aus, daß Menschen – sogar verheiratete Menschen – nicht einfach durch die Gegend rennen und mit dem herausplatzen, was sie wollen. Für ihn würde ein derartiges Verhalten bedeuten, daß man den anderen unter Druck setzen wollte, weil er es schwierig fand, eine direkte Forderung abzulehnen. Er ging also davon aus, daß Menschen ihre Wünsche in Andeutungen ausdrücken und Andeutungen aufgreifen.

Fragen zu stellen, ist eine gute Möglichkeit, um etwas anzudeuten. Als ich meinen Mann fragte, ob er meine Schwester besuchen möchte, war es für ihn sonnenklar, daß ich ihm damit zu verstehen geben wollte, daß *ich* sie besuchen wollte. Sonst hätte ich das Thema gar nicht angeschnitten. Da er sich bereit erklärte, mir meinen Wunsch zu erfüllen, hätte ich einfach frohen – und dankbaren – Herzens akzeptieren sollen. Als ich meine zweite Frage nachschob: »Hast du wirklich Lust, sie zu besuchen?«, hörte er – wieder klar und deutlich –, daß ich lieber zu Hause bleiben wollte und ihn darum bat, mir aus der Patsche zu helfen.

Für meinen Mann war ich diejenige, die sich irrational verhielt. Zuerst gab ich ihm zu verstehen, daß ich gehen wollte, und dann, als ich bekam, was ich wollte, änderte ich meine Meinung und gab ihm zu verstehen, daß ich nicht gehen wollte. Er wollte nett sein und ich war kapriziös – genau mein Eindruck, nur andersherum. Die Heftigkeit seines Ausbruchs (und meiner Reaktion) resultierte aus dem angestauten Ärger über solche ständig wiederkehrenden Frustrationen.

Zwischen uns kam es so oft zu solchen Szenen, daß der Protestruf:»Ich habe es doch nur für dich getan!« zu einer Art Privatwitz zwischen uns wurde. Im nachhinein konnten wir immer die Komik solcher Situationen erkennen, aber wenn es passierte, war es alles andere als komisch. Wir führten Gespräche wie dieses:

»Wir sind nicht zu der Party gegangen, weil du nicht wolltest.«
»Ich wollte gehen. *Du* wolltest nicht.«

Es stellte sich dann heraus, daß er etwas, was ich gesagt hatte, als Andeutung über meine Wünsche aufgefaßt hatte und daß ich seine Zustimmung zu dem, was er für meine Wünsche hielt, als Ausdruck seiner Wünsche aufgefaßt hatte. Er reagierte weiterhin auf Andeutungen, die ich nicht gemacht hatte, und mir entgingen weiterhin die Andeutungen, die er machte. In allerbester Absicht unternahmen wir weiterhin Dinge, zu denen keiner von uns Lust hatte. Und statt Dank ernteten wir beide nur Kränkungen. Wir trieben uns gegenseitig zum Wahnsinn.

»Warum?«

Eines der größten Probleme in unserer Ehe war die scheinbar völlig harmlose kleine Frage:»Warum?« Da ich in einer Familie aufgewachsen war, wo man ganz selbstverständlich Erklärungen abgab, fragte ich meinen Mann dauernd:»Warum?« Er war in einer Familie groß geworden, wo man weder Erklärungen gab noch forderte; wenn ich also fragte:»Warum?«, suchte er nach den versteckten Bedeutungen – und kam zu dem Schluß, daß ich seine Entscheidungen kritisierte und sogar sein Recht, sie zu treffen. Für ihn war mein beständiges »Warum?« der Versuch, ihn als inkompetent darzustellen. Da er außerdem nicht daran gewöhnt war, daß Leute ihre Handlungsweise erklären und man es vorher nie von ihm verlangt hatte, neigte er dazu, intuitiv zu handeln. Er hätte also seine Gründe gar nicht wirklich erklären können, selbst wenn er es gewollt hätte.

Das Ergebnis waren Gespräche wie dieses:

»Laß uns heute abend bei Toliver vorbeischauen.«
»Warum?«
»Schon gut, dann lassen wir's eben.«

Er war dann wütend auf mich, weil ich nicht bereit war, ihm einen kleinen Wunsch zu erfüllen, und ich war wütend auf ihn, weil er von einer Sekunde zur anderen seine Meinung änderte, mir weder erklärte, warum er gehen, noch warum er nicht gehen wollte, und ohne jeden Grund in beleidigtes Schweigen verfiel.

Derartige Mißverständnisse sind so schwer zu klären, weil wir unsere Art des Kommunizierens für ganz normal und selbstverständlich halten. Mein Mann hatte nicht das Gefühl, daß er in Andeutungen sprach; er hatte das Gefühl, zu kommunizieren. Er hatte auch nicht das Gefühl, daß er auf Andeutungen reagierte; er hatte das Gefühl, mich kommunizieren zu hören.

Deshalb ist der oft erteilte Rat, »ehrlich« zu sein, nicht besonders hilfreich. Wir *waren* ehrlich. Aber wir waren auf unterschiedliche – und für den anderen unverständliche – Weise ehrlich. Als ich seine Andeutung mißverstand, ging er davon aus, daß ich wußte, was er meinte, aber nicht darauf eingehen wollte. Als ich bestritt, gesagt zu haben, was er gehört zu haben meinte (oder angedeutet hörte – was auf dasselbe hinausläuft), glaubte er, ich sei unschlüssig oder unehrlich. Da ich nicht gemeint hatte, was er mich sagen hörte, und ich seine Worte nicht so verstanden hatte, wie er wußte, daß sie gemeint waren, waren unsere Bemühungen, das Problem zu lösen, zum Scheitern verurteilt. Das einzig uns bekannte Mittel, dieses Leiden zu kurieren, nämlich miteinander zu sprechen, war gleichzeitig seine Ursache.

Die Kunde verbreiten

Die Verwirrung und Frustration über solche jahrelangen Gesprächsknäuel noch frisch im Gedächtnis (und den Schmerz über die zerbrochene Beziehung noch frisch im Herzen), landete ich also am Linguistischen Institut von Ann Arbor und begann mein Studium der Sprachwissenschaft mit der Analyse meiner eigenen gesammelten Fehlkommunikationen. Nach meiner Promotion arbeitete ich im Lehrbetrieb, hielt Vorträge und versuchte weiterhin herauszufinden, warum ein normaler Sprachgebrauch zu scheinbar unnormalen Mißverständnissen im privaten und öffentlichen Bereich führen kann.

Freunde und Fremde, die von diesen oder anderen Beispielen hörten, wenn sie sich mit mir unterhielten, meine Vorlesungen besuchten oder meine Artikel lasen, versicherten mir immer wieder, daß sie solche Mißverständnisse aus eigener Erfahrung kennen würden. Wieder und wieder hörte ich: »Als ob Sie von meinem Mann und mir gesprochen hätten«, oder »von meinem Freund und mir« oder »meinem Chef und mir« oder »meinen Verwandten und mir.«

Stephanies Schwiegermutter zum Beispiel brachte immer ihren Hund mit, wenn sie auf Besuch kam: ein niedliches, aber nervöses und noch nicht ganz stubenreines kleines Geschöpf, das Stephanies Hund ankläffte und ein allgemeines Tohuwabohu auslöste. Stephanie versuchte, ihrer Schwiegermutter höflich klarzumachen, daß es ihr lieber wäre, wenn sie den Hund zu Hause ließe. Sie sagte: »Du solltest den Hund nicht mitbringen; es ist ihm gegenüber nicht fair.

Er gerät ganz aus dem Häuschen, bellt unseren Hund an und dann mußt du ihn einsperren, und er ist traurig.« Die Schwiegermutter bedankte sich bei Stephanie für ihre Rücksichtnahme, versicherte ihr aber, daß der Hund die Besuche nicht schlimm fände. Stephanie war gezwungen, etwas direkter zu werden und zu sagen, daß *sie* den Hund lieber nicht im Haus hätte. Die Schwiegermutter war nicht gekränkt, aber Stephanie war wütend, weil sie das Gefühl hatte, daß ihre Schwiegermutter sie zu einer Grobheit gezwungen hatte. Sie beklagte sich bei ihrem Ehemann Robert: »Warum muß ich sie immer erst mit der Nase hineinstoßen, bevor sie was kapiert?«

Erst als Stephanie meine Ausführungen über Indirektheit hörte, wurde ihr bewußt, daß das Problem eher etwas mit einem unterschiedlichen Gesprächsverhalten als mit dem bornierten Charakter ihrer Schwiegermutter zu tun hatte. Ihr wurde zum ersten Mal klar, daß es sich bei dem, was sie für Höflichkeit gehalten hatte, in Wirklichkeit um eine indirekte und möglicherweise nicht klar verständliche Form von Kommunikation handelte. Bei Robert war es genau andersherum. Er stieß oft Stephanies Mutter vor den Kopf, weil er zu direkt war; er sagte zum Beispiel: »Dazu habe ich keine Lust«, statt sich mit einer Antwort wie: »Na ja, mal sehen, was sich machen läßt« erst einmal den Anschein zu geben, als würde er sich bemühen, bevor er ablehnte.

Was einige als ehrlich bezeichnen würden, war für Stephanie einfach nur unhöflich. Als zum Beispiel eine neue Freundin, Linda, anrief und eine Einladung zum Essen mit der Erklärung absagte, daß sie einfach zu müde wäre, war Stephanie gekränkt. Einfache Müdigkeit war für Stephanie keine Entschuldigung – und sich mit einer solchen Begründung aus der Affäre zu ziehen, war für Stephanie ein Zeichen von Gefühllosigkeit. Eine akzeptable Entschuldigung wäre es gewesen, wenn Linda sich nicht wohl gefühlt hätte oder irgend etwas Unerwartetes passiert wäre – ob tatsächlich oder nur vorgeschützt. Stephanie lud Linda nie wieder ein und erfand höfliche Entschuldigungen, wenn sie bei Linda eingeladen war. Und das war das Ende der keimenden Freundschaft.

Gespräche formen unsere Welten

Auf diese Weise formen Gespräche unsere persönlichen Welten – nicht nur im Familien-, Freundes- oder Kollegenkreis, sondern auch in der Öffentlichkeit. Ob uns die Welt als freundlicher oder feindlicher Ort erscheint, hängt zu einem großen Teil davon ab, welchen Gesamteindruck solche scheinbar unbedeutenden Alltagsbegegnungen auf uns machen: banale Verhandlungen mit Verkäuferinnen, Bankangestellten, Briefträgern, Beamtinnen, Kassiererinnen und Telefonisten. Wenn diese relativ unbedeutenden Austauschsituationen glatt und reibungslos verlaufen, haben wir das Gefühl (ohne darüber nachzudenken), daß wir alles richtig machen. Aber wenn solche Begegnungen schwierig, verwirrend oder scheinbar feindselig verlaufen, kann uns das die Laune gründlich verderben und uns alle Energie rauben. Wir fragen uns, was mit den anderen – oder uns – nicht stimmt.

Indirektheit, bestimmte Formen von Fragestellungen oder von höflichen Absagen, sind Aspekte des Gesprächsstils. Auch durch unser Sprechtempo, durch Lautstärke, Tonfall und Wortwahl, wie auch durch das, was wir tatsächlich sagen und wann wir es sagen, senden wir Signale aus. Zwischen diesen sprachlichen Gängen schalten wir dauernd hin und her und steuern damit unsere Gespräche, aber wir sind uns dessen nicht bewußt, weil für uns die Intention (unverschämt, höflich, interessiert) und der Charakter (sie ist nett, er nicht) im Vordergrund stehen.

Obwohl die meisten Menschen gute Absichten und einen feinen Charakter haben – sowohl wir selbst (sowieso) als auch die anderen (was schon zweifelhafter ist) –, verstricken wir uns immer wieder in Mißverständnisse, weil die uns zur Verfügung stehenden – und einzigen – Formen der Kommunikation nicht so selbstverständlich und »logisch« sind, wie es den Anschein hat. Sie unterscheiden sich vielmehr von Mensch zu Mensch, vor allem in einer Gesellschaft wie der amerikanischen, wo der kulturelle Hintergrund derart vielfältig ist.

Viele Aspekte scheinbar unerklärlichen Verhaltens – Zeichen der Annäherung oder Distanzierung – hängen damit zusammen, daß andere auf unsere Sprechweise auf eine Weise reagieren und Schlüsse daraus ziehen, die wir nie für möglich halten würden. Viele unserer Motive, so offenkundig für uns selbst, werden von unseren Gesprächspartnern überhaupt nicht wahrgenommen. Viele Fälle von Grobheit, Sturheit, Rücksichtslosigkeit oder fehlender Kooperationsbereitschaft sind in Wirklichkeit das Ergebnis eines unterschiedlichen Gesprächsstils.

Was können wir tun?

Was können wir tun, um solche Mißverständnisse in flüchtigen oder intimen Gesprächen zu vermeiden? In einigen Fällen können wir unsere Sprechweise gegenüber bestimmten Personen ändern. Und wir können versuchen, unsere Absichten durch Erklärungen zu verdeutlichen, obwohl das manchmal ziemlich schwierig sein kann. Normalerweise merken wir gar nicht, daß es zu einem Mißverständnis gekommen ist. Und selbst wenn, sind nur wenige bereit, noch einmal aufzugreifen und auseinanderzupflücken, was sie gerade gesagt oder gehört haben. Allein die Tatsache, daß wir andere wissen lassen, daß wir auf ihre Sprechweise achten, ist vielen unbehaglich. In der Anfangsszene von George Bernard Shaws Stück *Pygmalion* macht Henry Higgins sich Notizen über Elizas Dialekt, was die Passanten vermuten

29

läßt, daß er ein Polizist sei, der Eliza ins Gefängnis stecken will.

Der Versuch, offen mit jemandem zu reden, der nicht daran gewöhnt ist, macht alles nur noch schlimmer – wie bei Stephanie, die wütend war, weil sie ihre Schwiegermutter »immer erst mit der Nase hineinstoßen« mußte. Leute, die mit versteckten Bedeutungen rechnen, werden immer verzweifelter nach dem unausgesprochenen Sinn suchen, der sich hinter unserer bewußt »direkten« Kommunikation verbirgt.

Oft besteht die wirksamste Reparatur darin, den Rahmen zu ändern – die Definition oder den Ton der Situation –, nicht, indem wir direkt darüber sprechen, sondern indem wir anders sprechen, unsere Ansätze variieren und auf diese Weise unseren Gesprächspartnern unterschiedliche Reaktionen ermöglichen.

Aber das Wichtigste ist, sich bewußt zu machen, daß Mißverständnisse vorkommen können und mit ihnen auch Wutausbrüche, ohne daß jemand verrückt oder gemein oder absichtlich unaufrichtig sein muß. Wir können lernen, innezuhalten und uns daran zu erinnern, daß andere vielleicht nicht gemeint haben, was wir zu hören glauben.

Ich weiß nicht, ob meine Ehe gehalten hätte, wenn ich die Linguistik vor der Trennung und nicht erst kurz danach entdeckt hätte. Aber ich hätte besser verstanden, was vor sich ging, egal, ob ich die Ehe weitergeführt hätte oder nicht. Und ich hätte nicht gedacht, wie ich es in schlechten Momenten oft getan habe, daß mein Mann Mr. Hyde ist oder daß ich – oder wir beide – langsam aber sicher auf den Wahnsinn zutreiben.

Leben heißt, sich mit anderen Menschen auseinanderzusetzen, in kleinen, banalen Dingen und in großen, wichtigen Dingen, und das bedeutet eine lange Aneinanderreihung von Gesprächen. Dieses Buch möchte Ihnen die Gewißheit geben, daß, wenn Gespräche scheinbar mehr Probleme schaffen als lösen, es nicht daran liegt, daß Sie allmählich den Verstand verlieren. Und vielleicht trägt es dazu bei, daß Sie nicht länger zusehen müssen, wie Ihre Partner, Ihre Freunde oder Ihr Geld in den lauernden Abgründen eines unterschiedlichen Gesprächsstils verschwinden (es sei denn, Sie wollen es).

Was Gesprächsstil im einzelnen bedeutet und wie er funktioniert, soll im folgenden Kapitel erklärt werden.

Kapitel 2

Die Wirkungsweise des Gesprächsstils

Die Bedeutung liegt in der Metamitteilung

Sie sitzen an einer Bar – oder in einem Café oder auf einer Party – und plötzlich fühlen Sie sich einsam. Sie fragen sich: »Was haben all diese Leute so Wichtiges zu reden?« Normalerweise lautet die Antwort: Nichts. Nichts Wichtiges. Aber die Leute warten nicht mit dem Reden, bis sie etwas Wichtiges zu sagen haben.

Wenig von dem, was gesagt wird, ist wichtig im Sinne der mit Worten ausgedrückten Information. Aber das bedeutet nicht, daß Gespräche unwichtig sind. Sie sind von entscheidender Bedeutung, um auszudrücken und zu zeigen, daß wir uns anderen verbunden fühlen und wie wir zu dieser Verbundenheit stehen. Unsere Gespräche sagen etwas über unsere Beziehungen aus.

Die durch die Wortbedeutungen vermittelte Information ist die Mitteilung. Was über die Beziehungen mitgeteilt wird – unsere Haltung zum anderen, zur Situation und zum Gesagten –, ist die Metamitteilung. Und es sind die Metamitteilungen, auf die wir besonders stark reagieren. Wenn jemand uns mit zusammengebissenen Zähnen und gepreßt klingender Stimme anzischt: »Ich bin nicht wütend«, halten wir diese Mitteilung für unglaubwürdig. Wir glauben an die Metamitteilung, die durch die Art und Weise seines Sprechens vermittelt wird: Er *ist* wütend. Bemerkungen wie »Es ist nicht, was du gesagt hast, sondern wie du es gesagt hast« oder »Warum sagst du das so?« oder »Wieso sagst du, es ist nichts? Du hast doch was« sind Reaktionen auf die Metamitteilungen in einem Gespräch.

Viele Leute lehnen Gespräche, bei denen keine wichtigen Informationen ausgetauscht werden, als wertlos ab – als belanglosen Small talk, wenn es sich um soziale Kontakte handelt, oder als »leere Rhetorik«, wenn es sich um öffentliche Anlässe handelt. Tadelnde Bemerkungen wie »Laß doch den Small talk« oder »Komm zur Sache« oder »Warum sagst du nicht, was du meinst?« klingen vielleicht vernünftig. Aber sie sind nur vernünftig, wenn es allein um die Informationen geht. Solche Gesprächshaltung ignoriert die Tatsache, daß Menschen emotional aufeinander bezogen sind und daß das Miteinandersprechen unser Hauptmittel ist, um Beziehungen herzustellen, zu bewahren, zu überwachen und zu verändern.

Während Worte Informationen übermitteln, erzählt die Art und Weise, wie wir diese Worte aussprechen – wie laut, wie schnell, mit welcher Intonation und welchem Nachdruck – was wir zu tun glauben, wenn wir sprechen: ob wir necken, flirten, erklären oder kritisieren wollen und ob wir gutgelaunt, wütend oder unglücklich sind. Mit anderen Worten, wie wir sagen, was wir sagen, vermittelt soziale Bedeutungen.

Obwohl wir ständig auf soziale Bedeutungen in Gesprächen reagieren, fällt es uns schwer, darüber zu reden, weil diese Bedeutung außerhalb der Wörterbuchdefinitionen des Gesagten liegt, und die meisten von uns sind überzeugte Anhänger des Wörterbuchglaubens. Es ist immer schwierig, über Kräfte und Prozesse zu reden – selbst sie wahrzunehmen oder darüber nachzudenken –, für die wir keine Namen haben, sogar wenn wir ihren Einfluß fühlen. Die Sprachwissenschaft bietet Begriffe, mit denen wir Kommunikationsprozesse beschreiben können, und gibt uns damit gleichzei-

tig die Möglichkeit, sie zu erkennen, zu diskutieren und darüber nachzudenken.

In diesem Kapitel werden einige der linguistischen Begriffe
und Konzepte vorgestellt, die für ein Verständnis von Kommunikation – und damit von Beziehungen – von zentraler
Bedeutung sind. Neben der Theorie der Metamitteilungen
gibt es allgemeine menschliche Bedürfnisse – das Fundament
sozusagen –, die uns zur Kommunikation treiben: das Bedürfnis, mit anderen verbunden, und das Bedürfnis, allein zu
sein. Der Versuch, diesen widerstreitenden Bedürfnissen gerecht zu werden, bringt uns in eine Zwickmühle oder Beziehungsfalle, die von Linguisten als *double bind* bezeichnet
wird. Das linguistische Konzept der Höflichkeit bezieht sich
auf die Art und Weise, wie wir diesen Bedürfnissen nachkom-
men und wie wir auf diese *double bind*-Situation reagieren –
durch Metamitteilungen in unseren Gesprächen.

Verbundenheit und Unabhängigkeit

Von dem Philosophen Schopenhauer stammt das oft zitierte
Beispiel von den Stachelschweinen, die durch einen kalten
Winter müssen. Sie rücken ganz dicht zusammen, um sich
zu wärmen, aber die spitzen Stacheln pieksen, also rücken
sie wieder voneinander ab. Aber dann frieren sie wieder. Sie
müssen ihre Nähe und Distanz immer wieder neu regulie-
ren, um einerseits nicht zu erfrieren und sich andererseits
nicht an den Stacheln ihrer Stachelschweinkollegen – Quelle
des Trostes und des Schmerzes – zu verletzen.

Wir brauchen die Nähe zu anderen, weil sie uns ein Gefühl von Gemeinschaft gibt und uns in dem Glauben bestärkt, nicht allein auf der Welt zu sein. Aber wir brauchen
auch die Distanz zu anderen, um unsere Unabhängigkeit bewahren zu können und nicht von den anderen unterdrückt
oder verschlungen zu werden. In dieser Dualität spiegelt
sich unser Menschsein. Wir sind Individuen und soziale

Wesen. Wir brauchen die anderen zum Überleben, aber wir wollen als Individuen überleben.

Man könnte diese Dualität auch so beschreiben, daß wir alle gleich und anders sind. Es ist tröstlich, verstanden zu werden, doch die Unmöglichkeit, jemals völlig verstanden zu werden, ist schmerzlich. Andererseits ist es auch wieder tröstlich, wenn wir anders sind als die anderen – einzigartig und unverwechselbar –, und schmerzlich, wenn wir genauso sind wie sie, nichts als Rädchen im Getriebe.

Die Bewertung von Verbundenheit und Unabhängigkeit

Wir alle sind darum bemüht, unsere Bedürfnisse nach Verbundenheit und Unabhängigkeit im Gleichgewicht zu halten, aber unterschiedliche Menschen und Kulturen messen diesen Bedürfnissen einen unterschiedlichen Wert bei und drücken ihre Werte auf eigene Weise aus. Die amerikanische Nation hat die Individualität glorifiziert, vor allem bei den Männern. Dies steht in scharfem Kontrast zu Menschen und Völkern in anderen Teilen der Welt außerhalb Westeuropas, die eher die Verbundenheit der Familie oder des Klans glorifizieren, bei Frauen ebenso wie bei Männern.

Die unabhängigen Pioniere – und später unser Bild von ihnen – haben uns gute Dienste erwiesen. Die Glorifizierung der Unabhängigkeit hat viel zum nationalen Fortschritt beigetragen, weil (traditionell männliche) Individuen bereit waren, ihre Geburtsstätte zu verlassen – den Schutz und die Geborgenheit der Familie und des Familiären –, um ihr Glück zu machen, um die beste Ausbildung zu erhalten, um zu reisen und um dort zu arbeiten, wo sich die besten Möglichkeiten boten oder wo ihre Arbeit sie hinführte. Die Sehnsucht nach Verbundenheit lockte andere (traditionell weibliche) Individuen, sich ihnen anzuschließen.

Die Werte der Gruppe spiegeln sich in persönlichen Werten wider. Viele Amerikaner, vor allem (aber nicht ausschließlich) amerikanische Männer, betonen sehr stark ihr Bedürfnis nach Unabhängigkeit und weniger ihr Bedürfnis nach sozialer Bindung. Das hat oft zur Folge, daß sie der Meta-Ebene eines Gesprächs weniger Beachtung schenken – und sich statt dessen auf die Informations-Ebene konzentrieren. Diese Haltung kann bis zu der Überzeugung gehen, daß nur die Informationsebene wirklich bedeutsam – oder existent – ist. Der logische Schluß ist dann, daß informationsarme Gespräche als überflüssig abgetan werden. Das erklärt die Erfahrung vieler Söhne und Töchter, die ihre Eltern anrufen und feststellen, daß ihre Väter die notwendigen Informationen austauschen und dann auflegen, während ihre Mütter plaudern möchten, um in »Verbindung zu bleiben«.

Der informationsfixierte Gesprächsansatz amerikanischer Männer hat die amerikanische Geschäftswelt entscheidend geprägt. Die meisten Amerikaner halten es für das beste, so schnell wie möglich »zur Sache zu kommen«, »keine Zeit mit sinnlosem Gerede (sozialen Gesprächen) zu verschwenden« und nicht »um den heißen Brei herumzureden«. Doch dieser Ansatz ist wenig erfolgreich bei Geschäftsverhandlungen mit griechischen, japanischen oder arabischen Partnern, für die jene soziale Beziehung, wie sie durch den »Small talk« geschaffen wird, die Ausgangsbasis der Geschäftsbeziehungen bildet.

Ein anderer Aspekt dieses Unterschiedes – einer, der amerikanische Touristen einen Haufen Geld kostet – ist unsere Unfähigkeit, hinter die Logik des Feilschens zu kommen. Wenn der afrikanische, indische, arabische, südamerikanische oder mediterrane Händler ein Produkt verkaufen und der Tourist es kaufen möchte, warum nicht einen fairen Preis festsetzen und den Handel abschließen? Weil der Verkauf nur ein Teil der Interaktion ist. Genauso wichtig, wenn nicht noch wichtiger, ist die Interaktion, die während des Verhandelns abläuft: eine ausgeklügelte Methode, mit der Käufer und Verkäufer sich gegenseitig bestätigen, daß sie menschliche Wesen – und keine Maschinen – sind und menschlich miteinander umgehen.

Die Überzeugung, daß nur die Informationsebene der Kommunikation bedeutsam und real ist, läßt Männer auch dann scheitern, wenn es um die Pflege persönlicher Beziehungen geht. Wenn man sich täglich sieht, hat man oft keine bedeutsamen Neuigkeiten auszutauschen. Von Frauen gibt es das negative Stereotyp, daß sie sich unverschämt lange unterhalten, ohne daß etwas Informatives dabei herauskommt. Doch ihre Fähigkeit, ein Gespräch in Gang zu halten, ermöglicht es ihnen, enge Freundschaften zu pflegen. Der *Washington Post*-Kolumnist Richard Cohen schrieb, daß er und die Männer seines Bekanntenkreises keine wirklichen Freunde hätten, in dem Sinne, wie Frauen Freundinnen haben. Das liegt vielleicht zumindest teilweise daran, daß Männer nicht miteinander reden, wenn sie sich nichts Wichtiges mitzuteilen haben. Es führt dazu, daß Männer sich oft ohne persönliche Kontakte wiederfinden, wenn sie aufhören zu arbeiten.

Die Beziehungsfalle

Gleichgültig, welchen relativen Wert wir der Verbundenheit und Unabhängigkeit beimessen und wie wir diese Werte ausdrücken: Menschen – wie Stachelschweine – sind ständig bemüht, diese widerstreitenden Bedürfnisse auszubalancieren. Aber die Stachelschwein-Metapher ist ein bißchen irreführend, weil sie eine Sequenz suggeriert: einen Wechsel von Zusammen- und Auseinanderrücken. Unsere Bedürfnisse nach Verbundenheit und Unabhängigkeit – zusammen und getrennt zu sein – folgen nicht aufeinander, sondern sind gleichzeitig vorhanden. Bei allem, was wir sagen, müssen wir beiden Bedürfnissen gleichzeitig gerecht werden.

Und deshalb sitzen wir in der Beziehungsfalle. Alles, was wir sagen, um unsere Verbundenheit mit anderen zu zeigen, bedroht prinzipiell unsere (und ihre) Individualität. Und alles, was wir sagen, um unsere Distanz zu anderen zu zeigen, bedroht prinzipiell unser (und ihr) Bedürfnis nach Verbundenheit. Es handelt sich dabei nicht nur um einen Konflikt (wenn man sich zwischen zwei Alternativen hin- und hergerissen fühlt) oder um Ambivalenz (wenn man einer Sache zwei Gefühle entgegenbringt). Es ist eine *double bind*-Situation, eine Beziehungsfalle, weil alles, was wir tun, um das eine Bedürfnis zu erfüllen, zwangsläufig das andere verletzt. Und wir können den Kreis nicht durchbrechen. Wenn wir es versuchen, indem wir aufhören zu kommunizieren, geraten wir ins Kraftfeld unseres Verbundenheitswunsches und schon sitzen wir wieder mittendrin.

Aufgrund dieser *double bind*-Situation kann es so etwas wie perfekte Kommunikation niemals geben. Wir können keinen stabilen Zustand erreichen. Wir haben keine andere Wahl, als weiterhin zu versuchen, die Balance zu halten zwischen Unabhängigkeit und Verbundenheit, Freiheit und Sicherheit, dem Vertrauten und dem Fremden – und immer wieder kleine Korrekturen und Anpassungen vorzunehmen, wenn wir uns zu sehr in die eine oder andere Richtung neigen. Die Art und Weise, wie wir diese Anpassungen in unseren Gesprächen vornehmen, ist das, was gemeinhin als Höflichkeit bezeichnet wird.

Information und Höflichkeit im Gespräch

Der Sprachphilosoph H. P. Grice hat die Regeln zusammengefaßt, nach denen Gespräche verlaufen würden, wenn es allein um die Information ginge:

> Sage so viel wie notwendig und nicht mehr.
> Sage die Wahrheit.
> Halte dich an das Wesentliche.
> Drücke dich klar aus.

Das klingt völlig vernünftig – bis wir anfangen, realen Gesprächen zuzuhören und darüber nachzudenken. Zum einen sind all die scheinbaren Absolutismen, die diesen Regeln zugrunde liegen, in Wirklichkeit äußerst relativ. Wie viel ist notwendig? Welche Wahrheit? Was ist wesentlich? Was klar?

Aber sogar, wenn wir uns über diese Werte einigen könnten, würden wir nicht einfach mit unseren Absichten und Meinungen herausplatzen, weil wir mit unseren Bedürfnissen nach Verbundenheit und Unabhängigkeit jonglieren. Wenn wir die Absicht haben, unsere Verbundenheit zu beweisen, wollen wir das abschwächen, um nicht aufdringlich zu wirken. Wenn wir die Absicht haben, unsere Distanz zu beweisen, wollen wir es durch etwas Verbindliches abschwächen, um nicht ablehnend zu wirken. Wenn wir sofort mit unseren Absichten und Ansichten herausplatzen würden, könnten die anderen anderer Meinung sein als wir oder etwas anderes wollen, so daß unsere Bemerkung vielleicht einen Mißklang ins Gespräch bringen würde; deshalb ist es uns lieber, wenn wir ungefähr einschätzen können, was die anderen wollen und denken oder wie sie darauf reagieren, was wir wollen und denken, bevor wir unsere Absichten und Meinungen preisgeben – vielleicht sogar, bevor wir uns selber darüber im klaren sind.

Dieses allgemeine Modell der sozialen Ziele von Gesprächen wird von Linguisten und Anthropologen als »Höflichkeit« bezeichnet – nicht im Sinn einer rosa Lackaffigkeit, sondern in dem umfassenderen Sinn, daß wir versuchen, die Wirkung unserer Worte auf andere zu berücksichtigen.

Die Linguistin Robin Lakoff hat ein anderes Regelwerk entwickelt, das die Motive beschreibt, die sich hinter der Höflichkeit verbergen – oder anders ausgedrückt, wie wir die Wirkung unserer Worte auf andere einkalkulieren und unseren Sprachgebrauch entsprechend korrigieren und anpassen. Lakoff definiert folgendermaßen:

1. Sei nicht aufdringlich; halte Distanz.
2. Gib Optionen; laß deinen Gesprächspartner zu Wort kommen.
3. Sei freundlich; bewahre ein kameradschaftliches Verhältnis.

Die Befolgung von Regel 3, *Sei freundlich*, gibt anderen ein gutes Gefühl, weil ihr Bedürfnis nach Verbundenheit befriedigt wird. Die Befolgung von Regel 1, *Sei nicht aufdringlich*, gibt anderen ein gutes Gefühl, weil ihr Bedürfnis nach Unabhängigkeit befriedigt wird. Regel 2, *Gib Optionen*, ist eine Mischung aus Regel 1 und 3. Menschen unterscheiden sich darin, welche dieser Regeln sie vorzugsweise anwenden und wann und wie sie sie anwenden.

Wie diese Regeln funktionieren, läßt sich an einem ebenso banalen wie häufigen Gespräch illustrieren. Wenn Sie mir etwas zu trinken anbieten, könnte ich antworten: »Nein, danke«, obwohl ich Durst habe. In einigen Kulturen wird das erwartet; Sie bestehen darauf, daß ich etwas nehme, und nach der dritten Aufforderung gebe ich nach. Das ist höflich im Sinne von Regel 1, *Sei nicht aufdringlich*. Wenn Sie diese Art der Höflichkeit erwarten und ich schon beim ersten Mal ja sage, werden Sie denken, daß ich zu vorlaut bin – oder vor Durst sterbe. Wenn Sie diese Form der Höflichkeit nicht erwarten und ich sie dennoch anwende, werden Sie meine Ablehnung als bare Münze nehmen – und ich sterbe vielleicht tatsächlich vor Durst, während ich darauf warte, daß Sie Ihr Angebot wiederholen.

Ich könnte auch antworten: »Ich nehme, was Sie nehmen.« Das ist höflich im Sinne von Regel 2, *Gib Optionen*: Ich lasse Sie entscheiden, was Sie mir geben wollen. Wenn ich mich auf diese Weise verhalte, Sie aber von mir erwarten, daß ich das erste Angebot ablehne, denken Sie vielleicht immer noch, daß ich aufdringlich bin. Wenn Sie aber Regel 3 erwarten, *Sei freundlich*, halten Sie mich womöglich für einen Wischi-waschi-Typ. Weiß ich nicht, was ich will?

Wenn ich mich an den Höflichkeitsstil von Regel 3 halte: *Sei freundlich,* antworte ich vielleicht auf Ihre Frage, ob ich etwas trinken möchte: »Ja, danke, etwas Apfelsaft bitte.« Wenn dies meine Art der Höflichkeit ist, warte ich vielleicht nicht einmal, bis Sie mir etwas anbieten, sondern frage gleich von selber: »Haben Sie etwas zu trinken?« oder stürme schnurstracks in die Küche, reiße den Kühlschrank auf und krähe: »Haben Sie Saft?«

Wenn Sie und ich das beide für angemessen halten, wird mein Verhalten unser gutes Verhältnis bestärken, weil wir uns beide der Regel der Regelmißachtung verschreiben; ein Verzicht auf eher formelles Verhalten sendet die Metamitteilung: »Wir sind so gut befreundet, wir haben solche Zeremonien nicht nötig.« Aber wenn Sie diese Form der Höflichkeit nicht schätzen oder nicht das Bedürfnis haben, zu meiner Busenfreundin zu avancieren, werden Sie meine Art von Freundlichkeit als Affront auffassen. Wenn wir uns gerade erst kennengelernt haben, könnte mein Verhalten den Beginn oder das Ende unserer Freundschaft markieren.

Natürlich handelt es sich hier nicht um tatsächliche Regeln, sondern um das Gefühl, welche Sprechweise wir gerade für normal und angemessen halten. Wir sehen uns selbst nicht als Befolger von Regeln und nicht einmal (außer bei formellen Anlässen) als höflich. Wir reden einfach so, wie es uns in dem Moment, wo die Worte unseren Mund verlassen, als völlig normal und selbstverständlich erscheint – eben so, wie ein netter, normaler Mensch redet.

Und doch ist der Gebrauch dieser »Regeln« nicht unbewußt. Wenn man uns fragt, warum wir etwas auf eine bestimmte Art und Weise gesagt haben, erklären wir es wahrscheinlich damit, daß wir »nett« oder »freundlich« oder »rücksichtsvoll« sein wollten. Es sind allgemein gebräuchliche Ausdrücke für das, was Linguisten unter dem Oberbegriff Höflichkeit zusammenfassen – Verhaltensweisen, mit denen wir die Wirkung unserer Worte auf andere berücksichtigen.

Diese Höflichkeitsregeln oder -empfindungen schließen sich keineswegs gegenseitig aus. Es ist nicht so, daß wir uns für eine Regel entscheiden und die anderen mißachten. Wir jonglieren mit allen, um auf angemessene Weise freundlich, aber nicht aufdringlich zu sein, und um angemessene Distanz zu halten, ohne reserviert zu wirken.

Über einen angebotenen Drink zu verhandeln, ist eine relativ banale Angelegenheit, obwohl die Bedeutung solcher flüchtigen Gespräche nicht unterschätzt werden sollte. Die Art und Weise, wie wir bei unzähligen solcher Alltagsbegegnungen sprechen, ist Teil unseres Selbstbildes und ausschlaggebend für unsere Meinung über andere. Die Summe dieser Gespräche hat enorme Auswirkungen auf unser persönliches und soziales Leben.

Außerdem bildet der Balanceakt zwischen diesen widerstreitenden Höflichkeitsauffassungen – zwischen unserem Wunsch nach Verbundenheit und Unabhängigkeit – die Grundlage sowohl der wichtigsten wie der banalsten Interaktion. Wir wollen uns im folgenden den sprachlichen Mitteln zuwenden, die uns zur Verfügung stehen, um diese Bedürfnisse zu befriedigen – und ihrer inhärenten Mehrdeutigkeit, die zur Folge hat, daß sie uns oft im Stich lassen.

Höflichkeit – ein zweischneidiges Schwert

Sue wollte ihre Freundin Amy besuchen, die in einer entfernten Stadt wohnte. Kurz vor dem verabredeten Termin sagte Sue die Einladung telefonisch ab. Obwohl Amy enttäuscht war, versuchte sie, Verständnis zu zeigen. Sie versicherte ihrer Freundin, es wäre völlig in Ordnung, wenn sie nicht käme; sie verhielt sich höflich, indem sie unaufdringlich war, und respektierte Sues Bedürfnis nach Unabhängigkeit. Sue war damals gerade sehr deprimiert, und das Gespräch deprimierte sie noch mehr. Sie empfand Amys Rücksichtnahme – ein Zeichen der Zuneigung, mit dem Amy ihren

Respekt für Sues Unabhängigkeit zeigte – als Gleichgültigkeit und als Mangel an Verbundenheit: Amy war es völlig egal, ob sie kam. Amy fühlte sich später teilweise für Sues Depressionen verantwortlich, weil sie nicht auf dem Besuch bestanden hatte. Solche Mißverständnisse können leicht entstehen und sind nur schwer aufzulösen, weil die Ausdrucksformen von Anteilnahme und Gleichgültigkeit in sich mehrdeutig sind.

Wenn Sie nett zu jemandem sein wollen, können Sie das entweder tun, indem Sie Ihre Verbundenheit zeigen oder indem Sie unaufdringlich sind. Und Sie können gemein sein, indem Sie sich weigern, Verbundenheit zu demonstrieren (Ihre Freundin »schneiden«) oder indem Sie aufdringlich (»taktlos«) sind. Sie können Ihrer Freundin deutlich machen, daß Sie wütend sind, indem Sie sie anbrüllen – aufdringlich – oder indem Sie sich rundheraus weigern, mit ihr zu sprechen: die stille Aktivität, die sich Schmollen nennt.

Sie können freundlich sein durch etwas, was Sie sagen, oder durch etwas, was Sie verschweigen. Wenn zum Beispiel jemand Pech gehabt hat – durchs Examen gefallen ist, arbeitslos oder krank geworden ist –, können Sie Ihre Anteilnahme mit Worten ausdrücken oder das Thema bewußt ausklammern, um den anderen nicht schmerzlich daran zu erinnern. Wenn alle den zweiten Ansatz wählten, würde das Schweigen zur Isolationskammer für alle Kranken, Unglücklichen und Arbeitslosen.

Wenn Sie sich dafür entscheiden, ein Mißgeschick nicht anzusprechen, laufen Sie Gefahr, für vergeßlich oder gleichgültig gehalten zu werden. Vielleicht versuchen Sie, diese Auslegung zu umgehen, indem Sie Ihrem Gesprächspartner einen wissenden Blick zuwerfen, eine indirekte Andeutung machen oder indem Sie die Wirkung Ihrer Worte abschwächen, z.B. mit Euphemismen (»deine Situation«), durch zögerndes Heranpirschen (»deine... ähm... also... mhm... du weißt schon«) oder mit Entschuldigungen (»Ich hoffe, du bist mir nicht böse, wenn ich das anspreche«). Aber bedeutungsschwere Blicke und verbale Tarnschleifen können selbst wiederum verletzend wirken und die Metamitteilung aussenden: »Das ist zu schrecklich, um darüber zu sprechen« oder: »Deine Situation ist erbärmlich und beschämend«. Eine auf diese Weise abgeschirmte Person möchte vielleicht am liebsten ausrufen: »Warum sagst du es nicht einfach!«

Ein amerikanisches Ehepaar besuchte den Bruder des Mannes in Deutschland, wo dieser mit seiner deutschen Freundin lebte. Beim Abendessen fragte die Freundin den Bruder, wo er seine amerikanischen Gäste den Tag über herumgeführt hätte. Er erzählte ihr, daß er den beiden das Konzentrationslager in Dachau gezeigt hätte. Die Freundin war entsetzt und fragte, wie um alles in der Welt er auf die idiotische Idee gekommen wäre, sie an diesen schrecklichen Ort zu führen. Der Bruder unterbrach seine empörte Freundin und flüsterte ihr etwas zu, während er verstohlen zu seiner amerikanischen Schwägerin blickte. Seine Freundin hörte schlagartig auf, sich zu beschweren, und nickte verständnisvoll, während sie die Amerikanerin ebenfalls verstohlen musterte; die Schwägerin war den beiden für ihre Diskretion wenig dankbar. Sie empfand es vielmehr als Affront, daß ihre jüdische Herkunft offenbar Grund für Getuschel und heimliche Seitenblicke gab.

Jeder Versuch, die Bedeutung einer Aussage abzuschwächen, kann den gegenteiligen Effekt haben. Eine Autorin hatte zum Beispiel einmal den Eindruck, daß ein Kollege, der ihr Buchmanuskript durchgesehen hatte, eine vernichtende Kritik dazu geschrieben hätte. Als sie das Manuskript überarbeiten wollte, las sie sich seine Kommentare noch einmal durch und erkannte, daß die Kritik in Wahrheit äußerst milde ausgefallen war. Schuld war der Ausdruck, der dem Kommentar vorangestellt war – nicht der Kommentar selbst. Ihr Kollege hatte seine Ausführungen mit den Worten »Offen gestanden« eingeleitet und damit die Metamitteilung übersandt: »Wappne dich. Was jetzt kommt, tut ziemlich weh.«

Solche unterschiedlichen Bedeutungsebenen schwingen in jedem Gespräch mit: Mit allem, was wir sagen oder verschweigen, schicken wir Metamitteilungen aus, die die Bedeutung des Gesprächs beeinflussen.

Gemischte Metamitteilungen zu Hause

Elterliche Liebe legt relativ viel Gewicht auf Verbundenheit, aber je größer die Kinder werden, desto häufiger zeigen die meisten Eltern ihre Liebe, indem sie die Unabhängigkeit ihrer Kinder respektieren. Für den Geschmack der Kinder fangen sie damit normalerweise zu spät an. Der Teenager, der es übel nimmt, wenn man ihm sagt, er solle sich einen warmen Pullover anziehen oder sein Frühstück aufessen, interpretiert die Verbundenheitszeichen seiner Eltern als aufdringliche Bevormundung. Obwohl die Botschaft anders lautet, hört der Teenager die Metamitteilung: »Du bist noch ein Kind, und man muß dir sagen, was gut für dich ist.«

Partner in Liebesbeziehungen haben oft abweichende Vorstellungen über das ausgewogene Verhältnis von Verbundenheit und Unabhängigkeit. Es gibt Leute, die ihre Liebe demonstrieren, indem sie dafür sorgen, daß der andere etwas Ordentliches zu essen bekommt, sich warm anzieht oder nachts nicht allein unterwegs ist. Andere empfinden ein solches Verhalten als einengend und haben das Gefühl, wie kleine Kinder behandelt zu werden. Und wieder andere halten es für Gleichgültigkeit, wenn ihre Partner sich nicht darum kümmern, was sie essen, anziehen oder tun. Was vielleicht als Zeichen des Respekts für die Unabhängigkeit des anderen gemeint ist, wird als mangelnde Verbundenheit aufgefaßt – was es auch sein kann.

Maxwell möchte seine Ruhe und Samantha möchte Aufmerksamkeit. Also schenkt Samantha Maxwell Aufmerksamkeit, und Maxwell läßt Samantha in Ruhe. Der alte Spruch »Liebe deinen Nächsten wie dich selbst« kann zu mancherlei Ärger und Mißverständnissen führen, wenn der Liebende und das Objekt seiner Liebe einen unterschiedlichen Verhaltensstil haben.

Samantha und Maxwell würden vielleicht anders empfinden, wenn der andere sich anders verhalten würde. Vielleicht möchte Maxwell in Ruhe gelassen werden, *weil* Samantha ihn mit Aufmerksamkeit überschüttet; und vielleicht möchte Samantha mehr Aufmerksamkeit, *weil* Maxwell sie immer in Ruhe läßt. Wenn Samantha mit einem Mann verheiratet wäre, der ihr ständig zu Füßen läge, würde sie sich vielleicht sehnlichst wünschen, einmal in Ruhe gelassen zu werden; wenn Maxwell mit einer Frau verheiratet wäre, der viel an ihrer Selbständigkeit läge, würde er sich vielleicht sehnlichst wünschen, mehr Aufmerksamkeit zu finden. Wir sollten nicht vergessen, daß das Verhalten der anderen immer auch eine Reaktion auf unser Verhalten ist, so wie unser Verhalten immer auch eine Reaktion auf das Verhalten der anderen – uns gegenüber – ist.

Die Art und Weise, wie wir unsere Verbundenheit und Rücksichtnahme in Gesprächen ausdrücken, scheint uns ganz selbstverständlich. Und wenn wir die Aussagen anderer interpretieren, gehen wir davon aus, daß sie meinen, was wir meinen würden, wenn wir dasselbe auf dieselbe Weise gesagt hätten. Wenn wir uns nicht bewußt sind, daß es Unterschiede im Gesprächsstil gibt, sehen wir keinen Grund, diese Methode kritisch zu hinterfragen. Und wir fragen auch nicht, ob etwas, was wir als rücksichtsvoll oder rücksichtslos, liebevoll oder lieblos auffassen, wirklich so *gemeint* war.

Bei dem Versuch, sich mit jemandem zu verständigen, der unsere Intentionen mißverstanden hat, landen wir oft in einer Sackgasse und verfallen in kindlichen Trotz:

»Das hast du gesagt.«
»Das habe ich überhaupt nicht gesagt.«
»Hast du doch. Ich hab's genau gehört.«
»Erzähl mir nicht, was ich gesagt habe.«

Tatsächlich können beide Parteien aufrichtig – und im Recht – sein. Er erinnert das, was er gemeint hat, und sie erinnert, was sie gehört hat. Aber was er meinte, war nicht, was sie verstanden hat – nämlich was sie gemeint hätte, wenn sie dasselbe auf dieselbe Weise gesagt hätte wie er.

In allen Gesprächen kommt es immer wieder zu diesen paradoxen Metamitteilungen und damit zu potentiellen Mißverständnissen. In regelmäßigen Gesprächen zwischen denselben Leuten trägt jede Begegnung sowohl die Last als auch den Lohn aller früheren Gespräche. Der Lohn längerer Beziehungen ist ein Gefühl von wachsendem Verständnis, das durch immer weniger Worte erzielt wird. Das ist einer der erfreulichsten Aspekte intimer Gespräche. Aber zur Last gehört die wachsende Verwirrung und Enttäuschung über vergangene Mißverständnisse und die sich verhärtende Überzeugung von der Irrationalität oder den bösen Absichten des anderen.

Die Vorteile regelmäßiger Kommunikation bedürfen keiner Erklärung; allgemein gebräuchliche Redewendungen wie »wachsende Vertrautheit«, »zu zweit geht alles besser« oder »dieselbe Sprache sprechen« ermöglichen uns, diese glückliche Situation zu beschreiben und zu verstehen. Aber wir bedürfen einiger Hilfe – und einiger Begriffe und Konzepte –, um zu verstehen, warum eine regelmäßige Kommunikation nicht regelmäßig zu einem besseren Verständnis führt, und warum es manchmal den Anschein hat, als würden unsere Partner eine andere Sprache sprechen.

Gemischte Metamitteilungen im interkulturellen Austausch

Die Gefahr von Mißverständnissen ist natürlich am größten zwischen Sprechern, die tatsächlich verschiedene Sprachen sprechen oder einen unterschiedlichen kulturellen Hintergrund haben, weil kulturelle Unterschiede zwangsläufig unterschiedliche Ansichten über natürliche und selbstverständliche Höflichkeitsformen umfassen.

Der Anthropologe Thomas Kochman beschreibt den Fall einer weißen Arbeiterin, die mit einem bandagierten Arm im Betrieb erschien und sich zurückgewiesen fühlte, weil ihre schwarze Kollegin sie nicht darauf ansprach. Die (doppelt) verletzte Arbeiterin nahm an, daß ihre schweigsame Kollegin nichts gemerkt hätte oder gleichgültig wäre. Aber ihre Kollegin vermied bewußt jede Anspielung auf ein Thema, über das ihre Mitarbeiterin vielleicht nicht reden wollte. Sie ließ die andere entscheiden, ob sie es erwähnen wollte oder nicht: sie zeigte ihre Rücksicht durch unaufdringliches Verhalten. Kochman kommt im Rahmen seiner Untersuchung zu dem Schluß, daß diese Unterschiede typische Stilmerkmale im Verhalten von Schwarzen und Weißen widerspiegeln.

Eine Amerikanerin, die eine Reise durch England machte, fühlte sich wiederholt gekränkt – an besonders schlechten Tagen auch zur Weißglut getrieben –, weil Engländer sie in Situationen, wo sie Aufmerksamkeit erwartete, völlig ignorierten. Einmal saß sie beispielsweise an einem Tisch in einer Bahnhofs-Cafeteria. Ein Paar machte Anstalten, sich ihr gegenüber am selben Tisch niederzulassen. Sie entledigten sich ihres Gepäcks; legten ihre Mäntel auf den Stühlen ab; der Mann fragte seine Begleiterin, was sie gern essen würde, und ging zur Theke. Die Frau setzte sich der Amerikanerin gegenüber an den Tisch. Nichts an diesem ganzen Verhalten hatte auch nur den leisesten Hinweis darauf gegeben, daß ihnen die dritte Person am Tisch aufgefallen war.

Als die Britin sich eine Zigarette anzündete, hatte die Amerikanerin einen konkreten Anlaß für ihre Wut. Sie fing an, demonstrativ nach einem freien Tisch Ausschau zu halten. Natürlich gab es keinen; deshalb hatten die beiden sich ja zu ihr gesetzt. Die Raucherin drückte augenblicklich ihre Zigarette aus und entschuldigte sich. Das bewies, daß ihr die Anwesenheit der Amerikanerin bewußt sein mußte und daß sie nicht die Absicht hatte, sie zu stören. Aber dann tat sie wieder so, als ob die Amerikanerin unsichtbar wäre, ein Trick, an dem ihr Ehemann sich beteiligte, als er mit dem Essen zurückkehrte und sie sich darüber hermachten.

Für die Amerikanerin ist es ein Gebot der Höflichkeit, daß man etwas sagt, wenn man sich zu Fremden an einen Tisch setzt, und sei es nur ein beiläufiges »Ist hier noch frei?« oder »Ist dieser Stuhl schon besetzt?«, auch wenn das offensichtlich nicht der Fall ist. Der Verzicht auf solche Floskeln erschien ihr fürchterlich unhöflich. Die Amerikanerin sah nicht (da sie nur rot sah), daß die Engländer eine andere Form von Höflichkeit praktizierten. Das britische Paar nahm ihre Gegenwart nicht zur Kenntnis und entband damit wiederum die Amerikanerin von der Verpflichtung, ihre Gegenwart zur Kenntnis zu nehmen. Die Amerikanerin erwartete etwas Verbindliches; die Briten zeigten sich höflich, indem sie nicht aufdringlich waren.

Ein Amerikaner, der lange in Japan gelebt hatte, berichtete von einer ähnlichen Höflichkeitsethik. Er wohnte, wie auch viele Japaner, auf fürchterlich engem Raum – in einem winzigen Zimmer, das von den benachbarten Räumen nur durch papierdünne Wände getrennt war. In diesem Fall waren die Wände buchstäblich aus Papier. Um in dieser äußerst unprivaten Situation so etwas wie Privatheit zu bewahren, verhielten seine japanischen Nachbarn sich einfach so, als ob sie ganz allein leben würden. Sie ließen sich niemals anmerken, daß sie die Gespräche ihrer Nachbarn mit angehört hatten, und wenn sie über den Flur gingen und dabei auf einen Nachbarn stießen, der zufällig seine Tür offengelassen

50

hatte, starrten sie so unbeirrt geradeaus, als ob sie allein in der Wüste wären. Der Amerikaner gab zu, daß er sich brüskiert fühlte – was wohl den meisten Amerikanern so gehen würde, wenn ihr nächster Nachbar in ein paar Zentimetern Entfernung an ihnen vorbeigehen würde, ohne ihre Gegenwart zur Kenntnis zu nehmen. Aber dieser Amerikaner erkannte, daß seine Nachbarn ihn nicht kränken wollten, wenn sie auf jede Verbindlichkeit verzichteten, sondern ihre Höflichkeit durch Unaufdringlichkeit bewiesen.

Das Schicksal der Welt hängt vom Erfolg interkultureller Kommunikation ab. Völker müssen sich verständigen und Abkommen schließen, und diese Abkommen werden von einzelnen nationalen Repräsentanten geschlossen, die sich zusammensetzen und miteinander reden – die öffentlichen Analogien privater Gespräche. Die dabei ablaufenden Prozesse sind dieselben und die Gefahren auch. Nur die möglichen Folgen sind schlimmer.

Wir brauchen die Eier

Trotz der Tatsache, daß Gespräche häufig nicht das erhoffte Verständnis bringen, versuchen wir es weiter – so wie auch Völker weiter den Versuch machen, miteinander zu verhandeln und Einigungen zu erzielen. Woody Allen kennt den Grund und verrät ihn in seinem Film *Der Stadtneurotiker.* Der Film endet mit einem Off-Kommentar, einem Witz von Alvy:

> (...) wo der Mann zum Psychiater rennt und sagt: »Doktor, mein Bruder ist meschugge. Er denkt, er ist ein Huhn.« Und der Doktor sagt: »Und warum bringen Sie ihn nicht ins Irrenhaus?« Und der Mann sagt: »Würd ich schon, aber ich brauch ja die Eier!« Naja, und ich schätze, daß das so ziemlich meinem Gefühl entspricht, was Beziehungen betrifft.

Obwohl unsere Hoffnung auf eine perfekte Kommunikation sich weder in vertraulichen noch in flüchtigen Gesprächen erfüllt – und unsere Erfahrungen und diese Untersuchung bestätigen, daß diese Hoffnung in der Tat illusorisch ist –, geben wir die Hoffnung und den Versuch nicht auf, weil wir die Eier – Verbundenheit und Unabhängigkeit – brauchen. Das Kommunikationshuhn kann diese goldenen Eier nicht legen, weil es in der Beziehungsfalle sitzt: Nähe bedroht unsere Individualität, und das, was uns tatsächlich von anderen Menschen unterscheidet, bedroht unser Bedürfnis nach menschlicher Verbundenheit.

Aber weil wir der Situation – unserem Menschsein – nicht entfliehen können, versuchen wir weiter, diese Bedürfnisse auszubalancieren. Wir tun es, indem wir mit unseren Mitteilungen nicht genau sagen, was wir meinen, während wir gleichzeitig mit unseren Metamitteilungen aushandeln, was wir wollen. Metamitteilungen hängen in ihrer Bedeutung von subtilen sprachlichen Signalen und Mustern ab. Um was für Signale und Muster es sich dabei handelt und wie sie funktionieren (oder nicht funktionieren), ist das Thema des nächsten Kapitels.

Kapitel 3

Gesprächssignale und -muster

Wenn wir den Mund auftun, um etwas zu sagen, haben wir für gewöhnlich das Gefühl, ganz einfach loszureden, aber wir wählen bei dem, was wir sagen und wie wir es sagen, zwischen unzähligen Möglichkeiten. Und andere reagieren auf unsere Wahl, so wie sie auch auf unsere Kleidung reagieren, die den praktischen Zweck erfüllt, uns zu verhüllen und zu wärmen, aber auch einen Eindruck davon vermittelt, was für eine Art Mensch wir sind und was wir von einer Situation denken. Ein dreiteiliger Anzug kann einen formellen (oder steifen) Stil oder Respekt für den Anlaß signalisieren; Jeans können einen lockeren (oder schroffen) Stil oder fehlenden Respekt für den Anlaß signalisieren. Stilmerkmale wie formell und locker, steif und schroff, und Haltungen wie Respekt oder mangelnder Respekt werden auch durch Sprechweisen signalisiert.

Alles, was gesagt wird, muß auf irgendeine Weise gesagt werden – mit irgendeinem Stimmklang, mit irgendeiner Geschwindigkeit, mit irgendeiner Intonation und Lautstärke. Manchmal überlegen wir, *was* wir sagen, bevor wir losreden, manchmal nicht. Aber wir überlegen nur selten, *wie* wir es sagen, außer in Belastungssituationen: wie zum Beispiel bei einem Bewerbungsgespräch, einem öffentlichen Vortrag, bei einer Kündigung oder wenn wir eine persönliche Beziehung beenden wollen. Und so gut wie nie entscheiden wir bewußt, ob wir lauter oder leiser, höher oder tiefer, schneller oder langsamer sprechen. Doch das sind die Signale, anhand derer wir Aussagen interpretieren und entscheiden, was wir von diesen Aussagen – und unseren Gesprächspartnern – halten.

Der Gesprächsstil ist nicht irgend etwas Zusätzliches, das obendrauf kommt wie der Zuckerguß auf einen Kuchen. Er ist die Teigmasse, aus dem der Kommunikationskuchen gemacht wird. Die Elemente des Gesprächsstils bilden die Grundwerkzeuge des Miteinandersprechens – sie zeigen, in welcher Absicht wir etwas sagen (oder verschweigen). Die Hauptsignale sind Tempo und Pausen, Lautstärke und Tonhöhe, aus deren Zusammenwirken sich das ergibt, was manchmal als Tonfall oder Intonation bezeichnet wird.

Diese Signale werden zu Gesprächsmustern zusammengefügt, die die eigentliche Gesprächsarbeit leisten, eine komplexe Arbeit, die – immer und immer gleichzeitig – mehrere Aspekte umfaßt: sie schafft ein Gespräch durch wechselseitiges Sprechen; sie zeigt den Zusammenhang zwischen einzelnen Ideen und macht deutlich, was wir zu tun glauben, wenn wir miteinander reden (zum Beispiel ob wir zuhören, ob wir Interesse, Zustimmung oder Freundlichkeit demonstrieren, ob wir Hilfe suchen oder anbieten), und sie offenbart, in welcher Stimmung wir etwas sagen.

Ich will zunächst beschreiben, was Gesprächssignale sind, wie sie funktionieren und welches Unheil sie anrichten können, wenn Sprecher unterschiedliche Vorstellungen davon haben, wie und wann sie angewendet werden sollten. Ich erkläre die Signale Tempo und Pausen; Lautstärke; Tonhöhe und Intonation. Anschließend erläutere ich anhand einiger Beispiele, wie diese Signale zusammenwirken und bestimmte Gesprächsmuster ergeben: ausdrucksstarke Reaktion, Fragen, Klagen und Entschuldigungen – und wie sie erfolgreich eingesetzt werden können (bei gleichem Gesprächsstil) oder erfolglos (bei unterschiedlichem Gesprächsstil).

Gesprächssignale

»Immer mit der Ruhe!«/
»Worauf wartest du?«:
Tempo und Pausen

Sara wollte sich mit der neuen Frau ihres alten Freundes Steve anfreunden, aber Betty schien nie etwas zu sagen zu haben. Während Sara das Gefühl hatte, daß Betty nie einen Beitrag zum Gespräch leistete, beklagte Betty sich bei Steve, daß Sara sie nie zu Wort kommen ließ. Das Problem hatte etwas mit unterschiedlichen Erwartungen hinsichtlich Tempo und Pausen zu tun.

Gespräche sind ein Wechselspiel. Erst reden Sie, dann ich, dann wieder Sie. Der eine Gesprächspartner beginnt zu sprechen, wenn der andere fertig ist. Das scheint nicht besonders schwierig.

Aber woher wissen Sie, wann ich fertig bin? Nun, wenn ich aufhöre. Aber woher wissen Sie, wann ich aufhöre? Wenn meine Stimme leiser wird, wenn ich anfange, mich zu wiederholen, oder wenn ich langsamer werde und am Ende eine Pause mache.

Aber wie leise muß meine Stimme werden, um zu signalisieren: »Das war's«, im Gegensatz zu: »Dies war noch nicht die Hauptsache« oder »Ich spreche immer mit murmelnder Stimme«. Wenn ich mich wiederhole, bedeutet es dann: »Ich weiß nichts mehr zu erzählen« oder »Ich will diesen Punkt besonders hervorheben«? Und wie lang muß die Pause nach einem Wort sein, um zu bedeuten: »Ich mache eine Pause innerhalb meiner Aussage« – um Luft zu holen, um die richtigen Worte zu finden, aus Gründen des dramatischen Effekts oder, wie bei jedem anderen Gesprächssignal, weil es einfach zu meiner typischen Sprechweise gehört?

Wenn Sie mitten in einem Gespräch sind, nehmen Sie

sich nicht die Zeit, diese Fragen zu enträtseln. Aufgrund Ihrer jahrelangen Erfahrung mit Gesprächen haben Sie es im Gefühl, ob ich fertig bin, ob ich gerade etwas Wichtiges sagen will oder einfach ziellos vor mich hinschnattere. Wenn unsere Gewohnheiten ähnlich sind, gibt es keine Probleme. Ihr Gefühl und meine Absichten stimmen überein. Aber wenn unsere Gewohnheiten unterschiedlich sind, fangen Sie vielleicht zu reden an, bevor ich ausgeredet habe – mit anderen Worten, Sie unterbrechen mich –, oder Sie sagen nichts, wenn ich tatsächlich ausgeredet habe – was mich zu der Feststellung treibt, daß Sie mir nicht zuhören oder nichts zu sagen haben.

Und genau das passierte bei Betty und Sara. Die winzige Pause, auf die Betty die ganze Zeit wartete, trat bei Sara niemals ein. Bevor sie eintreten konnte, empfand Sara so etwas wie ein peinliches Schweigen und war so nett, es zu beenden, indem sie die Lücke mit neuen Worten – ihren Worten – füllte. Und wenn der seltene Fall eintrat, daß Betty doch einmal zu Wort kam, neigte sie zu – in Saras Augen – langen Pausen beim Sprechen, was Sara glauben ließ, daß Betty ausgeredet hätte, obwohl sie in Wahrheit kaum begonnen hatte.

Derartige Unterschiede haben nicht nur damit zu tun, daß einige Leute lange Pausen erwarten und andere kurze. Lang und kurz sind relative Größen, die nur im Vergleich mit etwas anderem eine Bedeutung gewinnen – mit Erwartungen oder den Pausen anderer. Wer kürzere Pausen erwartet als sein Gesprächspartner, wird oft zu reden anfangen, bevor der andere die Möglichkeit hatte, seine Aussage zu beenden oder zu beginnen. Wer längere Pausen erwartet als sein Gesprächspartner, wird praktisch nie zu Wort kommen.

Wenn Bob, der aus Detroit stammt, sich mit seinen Kumpeln aus New York City unterhält, wird er dauernd unterbrochen, weil er zwischen einzelnen Sprecherwechseln länger zögert als die anderen. Aber wenn er sich in

Alaska, wo er arbeitet, mit atabaskischen Indianern unterhält, hat er immer das Gefühl, das Gespräch allein zu be-
streiten – weil atabaskische Indianer längere Pausen erwarten als er. Für die New Yorker spricht Bob langsam, für die
atabaskischen Indianer spricht er schnell.

Eine Frau aus Texas zog nach Washington, um ihre neue
Stellung in der Verwaltung eines Studentenwohnheims an-
zutreten. Wenn die Verwaltungsmitarbeiter zu Bespre-
chungen zusammenkamen, suchte sie immer krampfhaft –
und erfolglos – nach dem geeigneten Moment, um etwas zu
sagen. Obwohl sie zu Hause in Texas als kontaktfreudig und
selbstbewußt galt, wurde sie in Washington als schüchtern
und zurückhaltend eingeschätzt. Als sie am Ende des Jahres
ihre Beurteilung bekam, empfahl man ihr, einen Kursus zur
Steigerung ihres Selbstbewußtseins zu belegen, weil sie nie
den Mund auftat.

So können hauchfeine Unterschiede in der Sprechweise
– winzige Kleinigkeiten wie Mikrosekunden bei Pausen –
unser Leben gewaltig beeinflussen. Diese kleinen Signale
steuern den Gesprächsverlauf, und schon bei geringfügigen
Abweichungen geht das Gespräch in die falsche Richtung –
oder bricht sogar völlig ab. In diesem Fall führte das zu dem
Urteil »psychische Probleme« – sogar bei der Frau selbst, die
tatsächlich zweifelte, ob mit ihr alles in Ordnung war, und
sich für einen Selbstbehauptungskurs anmeldete.

»Wer schreit?« / »Warum flüsterst du so?«: Lautstärke

Es gab ein weiteres Problem bei Sara und Betty: Sara fand,
daß Betty immer flüsterte. Und Betty war entsetzt, wenn
Steve sich mit Sara oder auch mit anderen Freunden und
Familienangehörigen traf, denn sie schienen immer zornig
aufeinander zu sein – und brüllten sich gegenseitig ganz
fürchterlich an. In diesem Fall hatte das Problem mit unter-

schiedlichen Erwartungen bezüglich der normalen Lautstärke eines Gesprächs zu tun.

Alles, was gesagt wird, muß in irgendeiner Lautstärke gesagt werden, und während des Sprechens kann die Lautstärke wechseln. Lauter zu sprechen, kann das Verhältnis zwischen einzelnen Ideen anzeigen (»Dies ist ein wichtiger Punkt«), einen Sprecherwechsel signalisieren (»Warte, ich will was sagen« oder »Warte, ich bin noch nicht fertig«) oder auch Gefühle ausdrücken (»Ich bin wütend«; »ich bin aufgeregt«). Leiser zu sprechen, kann die entsprechenden Gegenbedeutungen anzeigen: »Nebenbei bemerkt...« (die verbale Entsprechung einer Klammer) oder »Mir ist die Luft ausgegangen; du kannst weitermachen« oder »Ich bin zu traurig oder zu verlegen, um lauter über diese Sache zu sprechen«. Leises Sprechen kann auch ein Zeichen von Respekt sein – auf einer Beerdigung beispielsweise oder wenn man mit älteren oder höhergestellten Leuten redet.

Da mit der Lautstärke all diese unterschiedlichen Absichten signalisiert werden können, kommt es leicht zu Fehlinterpretationen. So senkt Alice zum Beispiel die Stimme, als sie Carolyn etwas über ihren Mann erzählt. Carolyn fragt, warum Alice so unglücklich über die Sache sei – und Alice entgegnet, sie sei durchaus nicht unglücklich; sie spricht leise, weil ihr Mann im Nebenzimmer ist. Aber in Gesprächen zwischen Menschen, die unterschiedliche Vorstellungen davon haben, wie und wann man laut oder leise sprechen sollte – und wie laut »laut« ist –, kann es zu wirklich schlimmen Fehlinterpretationen kommen.

Eine gebürtige New Yorkerin hatte nie gemerkt, daß sie ein bißchen schwerhörig war, bis sie in den Mittelwesten zog. Sie konnte oft überhaupt nicht verstehen, was Leute am selben Tisch sagten. In New York hatte sie kaum Schwierigkeiten gehabt, Leute im selben Zimmer zu verstehen.

Wenn andere lauter reden als erwartet, scheinen sie zu brüllen – und wirken wütend oder ruppig. Wenn andere leiser reden als erwartet, scheinen sie zu flüstern – und wirken zurückhaltend oder unsicher. Wenn Leute plötzlich an unerwarteten Stellen lauter werden, ist man verwirrt, weil man nicht mehr weiß, welcher Punkt der wichtige ist – oder was überhaupt der Punkt ist. Wenn Sie erwarten, daß Gefühle – zum Beispiel Wut – mit Extra-Lautstärke ausgedrückt werden und nichts derartiges hören, merken Sie möglicherweise gar nicht, wenn Leute, die einen anderen Gesprächsstil haben, wütend auf Sie sind. Wenn Sie dann feststellen, daß die anderen doch wütend sind, kommen Sie möglicherweise zu dem Schluß, daß Ihre Gesprächspartner nicht ganz normal sind, weil sie ihre Gefühle nicht normal ausdrücken.

Joe zum Beispiel war schockiert, als er erfuhr, daß sein Büroleiter, Murray, sauer auf ihn war. Murray sprach nie mit lauter Stimme und ließ auch keine Gefühle durchklingen. Es stellte sich heraus, daß Murray seinen Ärger gezeigt hatte, indem er nicht mit Joe sprach. Die Botschaft war bei Joe nicht angekommen: Joe hatte angenommen, daß Murray einfach sehr beschäftigt wäre. (Murray für seinen Teil bleibt immer für einen Moment stehen, um sich zu unterhalten, egal, wie beschäftigt er ist. Er findet Joes Angewohnheit, ihn einfach links liegenzulassen, wenn er viel Arbeit hat, verletzend und glaubt dann, daß Joe wütend auf ihn ist, obwohl das gar nicht der Fall ist.)

Als Joe von Murrays Verärgerung erfuhr, kam er zu dem Schluß, daß Murray unaufrichtig war und mit seinen Gefühlen hinter den Berg hielt. Das ist das Traurige an unterschiedlichen Gesprächssignalen. Joe glaubt, daß mit Murray etwas nicht stimmt – bei jedem normalen Menschen würde man es an der Stimme merken, wenn er wütend wäre. Und Murray denkt, daß mit Joe etwas nicht stimmt: »Wie kommt er dazu, mich anzubrüllen?« Keiner sieht die Logik im System des anderen oder die Relativität seines eigenen.

Keine besonderen Vorkommnisse/
Der Ausdruck von Gefühlen:
Tonhöhe und Intonation

Ein Grieche, der mit einer Amerikanerin verheiratet war, warf ihr vor, sie würde immer mit nervtötend monotoner Stimme sprechen, vor allem, wenn beide sich in gereizter Stimmung befanden. Sie war todunglücklich über diesen neu entdeckten Makel und fragte sich, warum niemand zuvor sie darauf aufmerksam gemacht hatte. Keinem der beiden kam es in den Sinn, daß der Mann ihre Sprechmelodie monoton fand, weil er die extremen Tonhöhenkontraste erwartete, die für griechische Sprecher, vor allem für griechische Frauen, typisch sind. Und die typisch amerikanische Gewohnheit der Frau, Gefühlsausdrücke abzudämpfen, kam dem Mann unnatürlich vor.

Die Sprechmelodie oder Intonation resultiert aus der Kombination von Tempo, Pausen, Lautstärke und, vielleicht in erster Linie, Wechseln in der Tonhöhe. Unsere Stimmen haben unterschiedliche absolute Tonhöhen, ein Ergebnis physischer Gegebenheiten. Und Frauen haben für gewöhnlich höhere Stimmen als Männer. Aber wie bei der Lautstärke oder dem Tempo ist das Entscheidende nicht ein absoluter, sondern ein relativer Wert – was wir mit unseren angeborenen Stimmlagen anfangen.

Wenn wir den Stimmton bei einem einzelnen Wort erhöhen, kann sich die Metamitteilung der Aussage ändern. Wie bei Wechseln in der Lautstärke lassen sich damit bestimmte Themenschwerpunkte, ein Sprecherwechsel oder Gefühle anzeigen.

Tonhöhenverschiebungen sind eines der Grundwerkzeuge, um Bedeutungen zu signalisieren. Wenn man zum Beispiel einen Satz mit steigender Intonation spricht, kann der Satz zur Frage werden. Aber es kann auch ein Zeichen von Unsicherheit sein oder den Wunsch nach Zustimmung signalisieren. Und diese Bedeutungen können verwechselt werden. Robin Lakoff fand heraus, daß viele Frauen mit steigenden Satzmelodien sprechen, um nett zu sein. Auf die Frage: »Was möchten Sie gern trinken?« antwortet eine Frau vielleicht: »Weißwein?«, was bedeuten soll: »Weißwein, wenn es Ihnen nichts ausmacht«, aber aufgefaßt wird als: »Ich vermute, ich möchte Weißwein, bin mir aber nicht sicher.«

Manche Leute haben die Angewohnheit, jeden Satz mit steigender Intonation zu sprechen, wenn sie ein Erlebnis zum besten geben. Das ermutigt die Zuhörer, öfter »aha« oder »mhm« zu sagen, aber es kann auch den Eindruck vermitteln, daß sie auf Lob oder Bestätigung aus sind.

Manche Leute (und die Mehrheit in einigen Kulturen) wechseln die Tonhöhe wie bei einer Berg- und Talfahrt. Durch diese Wechsel zeigen die Sprecher an, in welcher Absicht sie etwas sagen, und machen gleichzeitig deutlich, daß sie Anteil nehmen und emotional engagiert sind. Bei einem Dinnergespräch mit amerikanischen Freunden, das ich aufzeichnete, erkundigte Lois sich bei Peter, welches Buch er gerade lese. Er nannte den Titel, der ziemlich merkwürdig klang. Mit hoher Stimme fragte Lois: »What's that?« / *Was ist das denn?* Ihr hoher Ton schien anzudeuten (mit der für sie typischen gutmütigen Ironie): »Das ist ja grauenvoll.« Peter zeigte, daß er verstanden hatte, und ging auf die Ironie ein, indem er ihren extremen Wechsel nachahmte. Er antwortete:

It's

a novel.

Peters Stimme setzte ziemlich hoch an bei »Es ist« und fiel dann stark ab zu »ein Roman«, was deutlich machte, daß er seine Lektüre nicht besonders ernst nahm. Um dann zu beweisen, daß er eigentlich einen sehr anspruchsvollen Geschmack hatte, erzählte er von einigen Romanen von John Fowles, von dem er sagte: »Er ist ein großer Schriftsteller. Ich denke, er ist einer der besten Schriftsteller.« Bei beiden Sätzen setzte seine Stimme ziemlich hoch an und fiel dann zum Satzende steil ab.

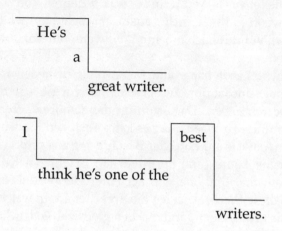

Damit zeigte Peter, daß er seine Aussage ernst und aufrichtig meinte.

Wenn man extreme Tonhöhenkontraste erwartet und sie nicht hört, erscheint einem die Aussage monoton. Man gewinnt den Eindruck, daß der Sprecher ein langweiliger Mensch ist oder daß ihn die Unterhaltung nicht besonders interessiert; vielleicht denkt man sogar, daß er emotional gestört ist und an »Gefühlsverflachung« leidet. Wenn man derartige Schwankungen nicht erwartet und sie hört, kommt man möglicherweise zu dem Schluß, daß der andere zu Übertreibungen neigt oder zu gefühlsbetont reagiert.

Weil mit solchen Signalen wie wechselnden Tonhöhen (ebenso wie Lautstärke und Tempo) auch Gefühle ausgedrückt werden, ist es wahrscheinlich kein Zufall, daß Frauen ihre Tonhöhe häufig stärker variieren als Männer und oft für zu gefühlsbetont gehalten werden. Dasselbe gilt für Angehörige bestimmter kultureller Gruppen, einschließlich Griechen. Deshalb sollten Psychiater, Psychologen und Sozialarbeiter, die im Rahmen ihrer Tätigkeit auch die Angemessenheit emotionaler Ausdrucksformen beurteilen, stets darauf achten, nicht den eigenen Gesprächsstil zur universell gültigen Norm zu erheben. Ein zu schwacher Ausdruck von Gefühlen gilt als Zeichen der Verdrängung oder in extremen Fällen als Zeichen von Katatonie. Ein zu starker Gefühlsausdruck gilt als Zeichen von Feindseligkeit oder Hysterie. Eine Japanerin, die nicht nur ohne zu weinen, sondern lachend vom Tod ihres Mannes erzählt, könnte von einem westlichen Psychologen leicht falsch beurteilt werden, wenn er nicht weiß, daß das Lachen eine in Japan übliche und erwartete Verhaltensform ist, um seine Gefühle zu verbergen. Auch Mediziner stehen vor einer schwierigen Aufgabe, wenn es darum geht, die Schmerzen von Patienten aus unterschiedlichen Kulturkreisen richtig einzuschätzen. Patienten mit mediterraner Abstammung zeigen vielleicht extreme Reaktionen, leiden aber möglicherweise weit weniger als ein amerikanischer Indianer, »der keinen Schmerz kennt«.

Kulturell unterschiedliche Gewohnheiten, was die Intonation oder andere Mittel der Ausdrucksstärke betrifft (Lautstärke, Mimik, Gestik), sind Ursache vieler interkultureller Stereotypen und Vorurteile, bei denen einfach der Eindruck, den man von einzelnen Individuen hat, auf eine ganze Gruppe übertragen wird.

Ob wir jemanden für grob oder höflich halten, hängt häufig von subtilen Variationen der Tonhöhe ab. Jedes Gespräch zeigt – neben allen anderen Auswirkungen – unsere Kompetenz – und bittet um Bestätigung dieser Kompetenz. Kleine Schwankungen der Tonhöhe können uns das Gefühl geben, daß andere unsere Fähigkeiten anzweifeln. Wenn Sie zum Beispiel mit einer Telefonistin sprechen und ihr erklären, daß Sie Schwierigkeiten haben, eine bestimmte Nummer zu erreichen, wird sie wahrscheinlich antworten: »Sagen Sie mir bitte die Nummer.« Aber wenn die Tonhöhe bei »Nummer« ansteigt, hört sie sich ungeduldig an; sie scheint andeuten zu wollen, daß Sie ihr die Nummer längst hätten geben können. Wenn Sie den Eindruck haben, daß die Telefonistin sich (absolut grundlos) über Sie ärgert, werden Sie sich wahrscheinlich über die Telefonistin ärgern.

Schließlich lassen sich durch Wechsel der Tonhöhe auch Sprecherwechsel signalisieren, und mit unterschiedlichen Gewohnheiten bei der Verwendung dieses Signals hing es teilweise zusammen, daß Sara Betty das Wort abschnitt, bevor Betty sagen konnte, was sie auf dem Herzen hatte. Betty neigte dazu, an jedem Satzende mit der Stimme herunterzugehen, ein Signal, das für Sara bedeutete: »Ich bin fertig; du übernimmst.« Betty fühlte sich unterbrochen, weil sie nicht wußte, daß Sara auf ihr eigenes Signal reagierte.

Auf diese Weise können Gesprächssignale sich überschneiden und gegeneinanderwirken, wenn zwei Sprecher zwar die besten Absichten, aber unterschiedliche Gewohnheiten und Erwartungen haben, wie man seine Gesprächsabsichten durch den Gebrauch von Pausen und Tempo, Lautstärke und Tonhöhe zum Ausdruck bringt – mit anderen Worten, wenn sie einen unterschiedlichen Gesprächsstil haben.

Gesprächsmittel bei der Arbeit

Gesprächssignale werden zu Mustern zusammengefügt, die die tägliche Arbeit des Miteinander-Sprechens leisten – wie zum Beispiel die Arbeit, dem anderen zu zeigen, daß man zuhört, interessiert ist, Solidarität herstellt – oder nicht. Für gewöhnlich funktionieren diese Muster ganz ordentlich, aber weil sie nicht explizit sind, können sie auch falsch verstanden werden. Lassen Sie uns vier Gesprächsmuster betrachten: ausdrucksstarke Reaktion, Fragestellung, Klage und Entschuldigung.

1. »Ich höre zu« / »Du spinnst ja«: Ausdrucksstarke Reaktion

Bei einem Dinnergespräch zwischen Chad, David, Jonathan und Nora, das ich aufgezeichnet und analysiert habe, gerieten Chad und David häufig ins Stottern und verloren den Faden. Bei der Analyse stellte ich fest, daß das zum Teil an den lautstarken Reaktionen lag, die sie von Jonathan und Nora erhielten – Reaktionen, die ironischerweise darauf zielten, sie zum Weiterreden zu ermuntern.

Wenn Chad zum Beispiel etwas erzählte, schrie Nora laut und schnell: »Wahnsinn!«, und Jonathan brüllte: »Du meine Güte!« Sie benutzten Lautstärke und schnelles Tempo, um zu demonstrieren, daß sie aufmerksam zuhörten, den Punkt verstanden hatten und ihn für interessant hielten. Aber statt Chad durch diese ausdrucksstarken Reaktionen zum Weiterreden zu ermutigen, würgten sie ihn augenblicklich ab. Die laute, schnelle Sprechweise schüchterte ihn ein, und er hörte auf zu reden, um herauszufinden, was diesen Ausbruch ausgelöst haben könnte.

Auch David fühlte sich durch solche lauten Reaktionen verunsichert. Er empfand Jonathans Reaktionsweise sogar häufig als kränkend. Wenn David sich zum Beispiel bei Jonathan über jemanden beklagte, der eine abfällige Bemerkung gemacht hatte, entgegnete Jonathan mit vor Verachtung triefender Stimme: »Das ist ja lächerlich!« Für David hörte sich das an, als ob Jonathan seine Glaubwürdigkeit anzweifeln wollte: Da es so lächerlich war, konnte es unmöglich so passiert sein, wie David es erzählte. David fragte sich dann, ob seine Erinnerung ihn trog, obwohl er genau wußte, daß es so passiert war – die »Bin ich verrückt oder was?«-Reaktion, die typisch für einen unterschiedlichen Gesprächsstil ist. Und David machte Jonathan für seine Selbstzweifel und sein Unbehagen verantwortlich.

Aber Jonathan hatte gar keine Zweifel an Davids Geschichte. Ganz im Gegenteil. Er wollte David mit dieser Reaktion seine Solidarität beweisen und ihm versichern, daß er die Geschichte interessant fand. Die Ungläubigkeit richtete sich nicht gegen David, sondern gegen die Person, über die David sich beklagte; die beabsichtigte Metamitteilung für David lautete: »Ich finde diesen Typ auch lächerlich; was du erzählst, ist wirklich interessant und ich bin auf deiner Seite.«

Unterschiedliche Erwartungen, was die Angemessenheit von Reaktionen angeht, können selbst innerhalb derselben Familie bestehen. Eine Frau, die aus New York stammte, hatte ihre Kinder in Vermont großgezogen. Wenn ihre Tochter ihr erzählte, was sie in der Schule erlebt hatte, reagierte die Mutter mit dem ihr angemessen erscheinenden Interesse – was häufig dazu führte, daß die Tochter sich verwirrt und suchend im Zimmer umblickte, um herauszufinden, was diesen mütterlichen Ausbruch ausgelöst haben könnte. Wenn sie erkannte, daß ihre Mutter einfach auf ihre Geschichte reagiert hatte, stöhnte sie: »Oh, Mom!« – überzeugt (wie Teenager nun mal sind), daß ihre Mutter einen absonderlichen Hang zu Übertreibungen hatte.

Die Tochter in diesem Beispiel erhielt – ebenso wie David – eine stärkere Reaktion als erwartet. Die Kehrseite solcher

Unterschiede ist, daß man eine schwächere als die erwartete Reaktion erhält und damit den Eindruck, daß der gedämpfte Zuhörer nicht zuhört, nicht versteht oder nicht interessiert ist. Wenn so etwas am Telefon passiert, fragt man vielleicht tatsächlich: »Bist du noch da?«

2. Wann wird Interesse zum Verhör? Fragen stellen

Man kann sein Interesse und Wohlwollen auch zeigen, indem man Fragen stellt. Aber Fragen können auch aufdringlich oder unverschämt wirken oder versteckte Andeutungen enthalten. Wie alles, was wir sagen, wirken auch Fragen auf zwei Ebenen gleichzeitig: auf der Ebene der Mitteilung und als Metamitteilung.

Die Mitteilung einer Frage ist die Bitte um Information. In einigen Kontexten ist dieser Aspekt der wichtigste Teil – zum Beispiel, wenn Sie einen Fremden auf der Straße nach dem richtigen Weg fragen oder wenn ein Polizist oder Rechtsanwalt einen Zeugen verhört. (Obwohl Polizisten und Rechtsanwälte eher danach urteilen, auf welche Weise Zeugen und Verdächtige ihre Aussagen machen – also auf die Metamitteilungen achten.)

Die Mitteilungs-Arbeit der Fragen ist uns am stärksten bewußt – also ihre Aufgabe, Informationen einzuholen. Aber in alltäglichen Gesprächen erfüllen Fragen noch andere und zum Teil wichtigere Aufgaben – sie maskieren beispielsweise etwas unbeliebte Gesprächsaktionen wie Kritik oder Befehle. Statt zu sagen »Laß das!«, fragt man »Was machst du da?« oder »Warum machst du das?«. Oder wie bei dem Beispiel in Kapitel eins: Statt zu sagen: »Ich möchte nicht mitkommen«, könnte man fragen: »Warum willst du hingehen?«

So wie jedes andere Gesprächsmuster sowohl der Unabhängigkeit als auch der Verbundenheit dienen und als Verletzung des einen oder anderen Bedürfnisses aufgefaßt werden kann, so können auch Fragen sowohl als Ausdruck des Interesses als auch der Ablehnung benutzt und verstanden werden.

Richard hat keine Lust, Lucys Familie zu besuchen, weil sie ihn dauernd mit Fragen löchern: er fühlt sich immer wie bei einem Verhör. Es gibt etwas, das Richard tun könnte, um diese Verhöre zu beenden, worauf er aber nicht kommt: er könnte Fragen stellen. Er würde das nie tun, weil er es für unhöflich hält.

Lucy hat keine Lust, Richards Familie zu besuchen, weil sie ihr nie irgendwelche Fragen stellen. Das gibt ihr das Gefühl, daß sie kein Interesse an ihr haben. Einmal entschied Lucy, fast im Trotz, dennoch von ihrer Arbeit zu erzählen – einfach, um sich selbst zu unterhalten. Sie war erstaunt, daß alle ganz erfreut und interessiert zuhörten.

Lucys Familie neigt dazu, viele Fragen zu stellen, um ihr Interesse zu zeigen, aber viele Leute sind eher so wie Richards Familie. Lucys Schwester Carol zum Beispiel hatte sich mit einem neuen Bekannten zum Essen verabredet. Er wirkte ziemlich zurückhaltend, aber Carol tat ihr Bestes, um das Gespräch in Gang zu halten und Interesse zu zeigen. Gegen Ende des Abends sagte der junge Mann: »Es war nett, einmal mit dem FBI essen zu gehen.«

Carol stellte nicht nur viele Fragen, um ihr Interesse zu demonstrieren, sondern stellte sie auf eine Art und Weise, die für ihren neuen (und alsbald verflossenen) Bekannten wie Maschinengewehrfeuer klang. Sie benutzte Signale wie Lautstärke, Tempo und abgekürzte Sätze, um so viele Fragen wie möglich unterzubringen (zum Beispiel: »Was machst'n? Bist Künstler?«). Carol wollte damit eine Metamitteilung freundschaftlicher Ungezwungenheit aussenden. Aber der junge Mann fühlte sich durch ihre Schnellfeuer-Fragen nicht so sehr entspannt als vielmehr einem Verhör ausgesetzt. Seine extreme Zurückhaltung, die eine Reaktion auf ihre Fragen war, ließ Carol immer mehr Fragen stellen, weil sie ein Gespräch instinktiv durch Fragen in Gang zu halten versuchte.

Manche Leute zeigen ihr Interesse, indem sie Fragen stellen, und andere erwarten, daß man unaufgefordert erzählt. Einige Leute ermutigen andere zum Sprechen, indem sie den Ball selbst ins Rollen bringen. Andere warten so lange, bis er ihnen zugespielt wird. Wenn Mary darauf wartet, gefragt zu werden, und John darauf wartet, daß sie von sich aus erzählt, wird sie nie etwas sagen – und jeder wird den anderen für das daraus resultierende Ungleichgewicht verantwortlich machen.

3. Die Kunst der rituellen Klage

Ein weiteres Gesprächsmuster ist das Klagen, und auch dieses Muster kann wieder auf unterschiedliche Art benutzt werden.

Jane und Sharon unterhielten sich über ihre Mütter, die gerade auf Besuch gewesen waren. Jane erzählte Sharon, daß der Besuch ein bißchen anstrengend gewesen wäre, weil ihre Mutter sich oft beklagt und an ihr herumgenörgelt hätte. Sharon berichtete, daß sie sich phantastisch mit ihrer Mutter verstanden hätte, denn ihre Mutter sei immer gutgelaunt, und sogar, wenn sie etwas sagen würde, das man vielleicht als Kritik auslegen könnte, sei sie – Sharon – nie gekränkt, weil sie wisse, daß ihre Mutter es immer nur gut meine. Jane bedauerte augenblicklich, schlecht über ihre Mutter gesprochen zu haben, und wollte alles wieder zurücknehmen. Ihre Mutter meine es im Grunde auch sehr gut und sei außerdem äußerst warmherzig und jugendlich und großzügig!

Jane fühlte sich unbehaglich, weil Sharon auf ihre Klage nicht in der erwarteten Weise reagierte – nämlich mit einer ähnlichen Klage, die die Metamitteilung ausgesandt hätte: »Du bist nicht allein; deine Mutter ist wie alle Mütter; ich sitze im selben Boot.« Statt dessen hörte sie die Metamitteilung: »Du Arme, deine Mutter ist ja wirklich grauenvoll. Meine ist viel besser.« Woraufhin Jane am liebsten ausgerufen hätte: »Ist sie *nicht*. Meine ist besser!«

Jane wollte (ohne darüber nachzudenken) das Spiel »Gemeinsame Klage« spielen. Aber Sharons Antwort schien zu sagen: »Ätsch, ich bin dir eine Nasenlänge voraus« – ein ganz anderes Spiel. Sharon hat nicht die Angewohnheit, sich über ihre Mutter zu beklagen – und empfindet es außerdem als schlechten Stil. Ironischerweise – und nicht zufällig – redeten Sharon und Jane genauso, wie sie es als typisch für ihre Mütter beschrieben – Sharon hob das Positive hervor, und Jane wollte Solidarität durch Klagen herstellen.

Rick und Lenny arbeiten als Journalisten bei derselben Zeitung. Eines Tages erlaubte Lenny sich einen Scherz; in Ricks Gegenwart erzählte er einem dritten Kollegen, daß Rick immer stöhnend ins Büro komme und darüber jammere, völlig überarbeitet zu sein, sich aber weigerte, Aufgaben abzugeben oder die lästigen Anrufer abzuwimmeln, die um unverbindliche Informationen nachsuchten. Rick fand das nicht witzig, sondern war gekränkt und sagte ernst: »Ich werde mich nie wieder bei dir beklagen.« Was wiederum Lenny kränkte, der nun ebenso ernst entgegnete: »Ich hoffe, du meinst das nicht so.«

Lenny und Rick hatten unterschiedliche Ansichten über das rituelle Klagen. Als Lenny von Ricks Gejammere erzählte, wollte er damit ihre Freundschaft hervorheben. Wenn er sich einem Dritten gegenüber beschwerte (eine Form des Neckens), war das ein Zeichen der Solidarität mit beiden. Aber Rick empfand es als Vertrauensbruch, daß Lenny sich gegenüber einem Dritten über ihn beschwerte. Sie hatten unterschiedliche Vorstellungen davon, wie und wann das Gesprächsmuster Klage angebracht ist.

4. »Erst ich, dann du«:
Mit gutem Beispiel vorangehen

Selbst-Enthüllungen, Fragen und Klagen können alle dem Gesprächsgrundsatz »Mach's genauso wie ich« folgen. Die Erwartung, daß die anderen uns nacheifern, erklärt, was sonst als irrationales oder sogar heuchlerisches Gesprächsverhalten erscheinen könnte.

Eine Frau ging mit einem neuen Bekannten essen, und er bombardierte sie mit Geschichten über sich selbst. Erschöpft protestierte sie schließlich: »Warum erzählen Sie mir das alles?« Er erklärte: »Ich möchte Sie besser kennenlernen.« Für sie klang das absolut schwachsinnig. Wie wollte er sie kennenlernen, wenn er nur von sich erzählte? Ganz einfach – er ging davon aus, daß seine persönlichen Enthüllungen sie dazu veranlassen würden, es ihm gleichzutun. Als sich das als Irrtum herausstellte, verdoppelte er seine Anstrengungen und erzählte noch mehr persönliche Einzelheiten, um ihr auf diese Weise zu zeigen, wie nett solche Enthüllungen sein konnten. Wenn sie sich weigerte, ihren Teil beizutragen, so lag es jedenfalls nicht daran, daß er sich keine Mühe gab.

Myrna und Lillian versuchten, ein Mißverständnis zu klären. Lillian hatte Myrna eingeladen und sie gebeten, einen gemeinsamen Bekannten mitzubringen. Myrna hatte die Einladung angenommen und den Bekannten mitgebracht. Aber es stellte sich heraus, daß Lillian die Einladung nicht wörtlich gemeint hatte. Sie war davon ausgegangen – aufgrund früherer Gespräche und der Art und Weise, wie sie die Einladung vorgebracht hatte –, daß Myrna erkennen würde, daß es sich um ein *pro forma*-Angebot handelte und ablehnen würde. Nach einem mühselig und angestrengt verlaufenden Gespräch, bei dem beide Frauen erklärten, warum sie so gehandelt und was sie dabei empfunden hatten, entschuldigte Myrna sich: »Also, es tut mir leid, daß ich deine Andeutung nicht verstanden habe. Vielleicht neige ich dazu, alles zu wörtlich zu nehmen.« Lillian akzeptierte Myrnas Entschuldigung: »Ja, das ist mir schon öfter bei dir aufgefallen.« Statt daß diese Bemerkung das Mißverständnis endgültig ausräumte, geriet Myrna erneut in Rage.

Myrna glaubte nicht wirklich, daß sie einen Fehler begangen hatte. Warum entschuldigte sie sich dann? Es war ein Zeichen ihres guten Willens, eine formelle Geste, um zu demonstrieren, daß sie bereit war, die Diskussion – und die Unstimmigkeit – zu beenden, wie ein ritueller Handschlag. Sie erwartete von Lillian, daß sie ebenso verfahren und zum Beispiel entgegnen würde: »Mir tut es auch leid. Ich glaube, ich drücke mich manchmal zu undeutlich aus« oder »setze zuviel als selbstverständlich voraus« – auf jeden Fall irgendeine Formulierung, die anzeigte, daß Lillian auch Verantwortung übernahm. Myrna ging davon aus, daß Unstimmigkeiten beendet werden, indem beide Seiten einen Teil – aber eben nur einen Teil – der Schuld auf sich nehmen. Als Lillian die Entschuldigung akzeptierte, statt ihrerseits einen Fehler einzugestehen, hatte Myrna den Eindruck, daß ihre Aussage wörtlich und nicht im rituellen Sinn interpretiert wurde, was erneut die Frage aufwarf, wer von beiden die wahre Schuldige war.

Die Rädchen, die das Gespräch in Gang halten

Das waren einige typische Beispiele dafür, wie die Gesprächssignale Tempo, Pausen, Lautstärke und Tonhöhe eingesetzt werden, um ein Gespräch in Gang zu halten. Diese Gesprächssignale übernehmen die Aufgabe, Sprecherwechsel einzuleiten; sie zeigen den Zusammenhang zwischen einzelnen Aussagen und machen deutlich, um was es geht; sie lassen erkennen, in welcher Absicht wir etwas sagen und was wir von unserem Gesprächspartner halten. Aus der Kombination dieser Signale, die sich mit den gesprochenen Worten verbinden, ergeben sich bestimmte Gesprächsmuster, mit denen wir zeigen, daß wir zuhören, interessiert sind, Anteil nehmen oder den anderen necken wollen – und daß wir feine Menschen sind.

Für gewöhnlich nehmen wir diese Gesprächssignale und -muster gar nicht wahr – es sind stille, im Verborgenen ablaufende Mechanismen, die unsere Unterhaltungen steuern. Wir achten nicht auf diese Mechanismen, außer wenn wir das Gefühl haben, daß etwas falsch läuft. Dann fragen wir vielleicht: »Was *meinst* du damit?« Und selbst dann denken wir nicht in Signalen – »Warum hebst du die Stimme?« –, sondern in Intentionen – »Warum bist du wütend?«.

Wenn wir uns dieser Signale und Muster bewußt sind, können wir sie ändern – entweder grundsätzlich oder bei bestimmten Gesprächspartnern. Und kleine Änderungen können große Verbesserungen bringen. Wenn zum Beispiel Gespräche einfach schlecht zu laufen scheinen, können wir versuchen, die Lautstärke, das Tempo oder die Tonhöhe ein bißchen abzuändern – schneller oder langsamer sprechen, längere oder kürzere Pausen machen – und uns bemühen, einen gemeinsamen Rhythmus zu finden. Und wenn man weiß, daß rituelle Klagen oder Entschuldigungen nicht für jeden dieselbe Bedeutung haben, kann man aufmerksamer auf die Reaktionen der anderen achten. Wenn die eingesetzten Mittel nicht die erwartete Reaktion auslösen, können wir versuchen, sie zukünftig bei diesen bestimmten Gesprächspartnern nicht mehr zu benutzen, statt negative Schlußfolgerungen über ihren Charakter zu ziehen (»blasiert und selbstgerecht«) oder ihnen böse Absichten zu unterstellen (»er will mich runtermachen«).

Durch derartige Korrekturen lassen sich bestehende Beziehungen verbessern, aber sie können nicht verhindern, daß es immer wieder zu Mißverständnissen aufgrund unterschiedlicher Sprechweisen kommen wird. In einer heterogenen Gesellschaft führen die hier beschriebenen Signale und Muster, scheinbar unbedeutende Phänomene, leicht zu schwerwiegenden Störungen und Mißverständnissen in ausgedehnten oder flüchtigen, in privaten oder öffentlichen, in einmaligen oder regelmäßigen Gesprächen. Wir können nicht einfach aufhören, sie zu benutzen, weil es die Grundwerkzeuge sind, die wir in unseren Gesprächen einsetzen, um unsere Bedürfnisse nach Verbundenheit und Unabhängigkeit in ein ausgewogenes Verhältnis zu bringen. Wenn unterschiedliche Gewohnheiten beim Einsatz dieser Werkzeuge zu Unstimmigkeiten führen, wirft man dem anderen oft verärgert vor: »Warum sagst du nicht, was du meinst?« Im nächsten Kapitel soll erklärt werden, warum wir – sogar wenn wir aufrichtig sein wollen – meistens nicht sagen, was wir meinen.

Teil II
Gesprächsstrategien

Kapitel 4

Warum wir nicht sagen, was wir meinen

Die in Kapitel drei beschriebenen Gesprächssignale machen das *Wie* eines Gesprächs aus. *Was* wir sagen, gibt ebenfalls wichtige Hinweise über unsere Absichten, aber trotz vieler Worte sagen wir nicht immer, was wir meinen. Wir halten unsere widersprüchlichen Bedürfnisse nach Verbundenheit und Unabhängigkeit im Gleichgewicht, indem wir Hinweise geben und aufgreifen, indem wir einige Dinge unausgesprochen lassen und Mutmaßungen darüber anstellen, was andere wohl unausgesprochen lassen und was sie damit meinen. Sprachwissenschaftler bezeichnen die Art, in der man meint, was man nicht genau sagt, als *Indirektheit*.

Viele Menschen, vor allem Amerikaner, neigen dazu, Indirektheit mit Unaufrichtigkeit gleichzusetzen und Offenheit oder Direktheit mit Ehrlichkeit, eine Eigenschaft, die wir ganz selbstverständlich für etwas Positives halten. Als der Produktionsleiter der *CBS Evening News* erklärte, warum die Presse die *Debategate*-Affäre (Reagans offizielle Wahlhelfer verschafften sich Kopien von Carters Debattenunterlagen) so intensiv verfolgte, soll er gesagt haben: »Wenn der Präsident die Angelegenheit bei der Pressekonferenz direkter angegangen wäre, hätten wir die Sache vielleicht nicht wieder aufgegriffen.«

»Nicht direkt angehen« impliziert in diesem Fall, nicht

alles zu erzählen – mit anderen Worten, nicht die volle Wahrheit zu sagen.

In den meisten Alltagssituationen ist die Auffassung, daß Indirektheit etwas Unehrliches sei, weder fair noch realistisch. Während eines Gesprächs, ob über wichtige oder unwichtige Dinge, überwachen wir ständig unsere Beziehung zum anderen, und die Informationen über die Beziehung sind in den Metamitteilungen enthalten, die per definitionem nicht mit Worten ausgedrückt, sondern durch die Art und Weise signalisiert werden, wie wir etwas sagen. So gesehen ist Indirektheit – im Sinne der Metamitteilungen – eine Grundvoraussetzung der Kommunikation. Alles muß auf irgendeine Weise gesagt werden; die Art und Weise, wie wir etwas sagen, sendet Metamitteilungen aus – indirekt.

Verstanden zu werden, ohne ausdrücklich zu sagen, was man meint, hat zwei große Vorzüge: es schafft ein Gefühl harmonischer Übereinstimmung, und es dient dem Selbstschutz. Außerdem ist eine kryptische Kommunikation auch ein ästhetisches Vergnügen. Diese Beziehungs- und Selbstschutzvorteile der Indirektheit sollen im ersten Teil dieses Kapitels erläutert werden. Im zweiten Teil wird erklärt, warum wir nicht offen und direkt sein können, selbst wenn wir es wollten.

Warum wir nicht sagen *wollen*, was wir meinen

Die Metamitteilung der harmonischen Übereinstimmung

Cynthia sagte zu Greg, sie sei gekränkt, weil er sich einen Snack gemacht habe, ohne ihr auch etwas anzubieten. Also bot Greg ihr den Snack an, den er sich gerade zubereitet hatte. Sie lehnte ab. Er fragte, warum? Weil er ihn nicht für sie gemacht hatte. Greg war entnervt: War sie nun hungrig oder nicht?

Ob sie Hunger hatte oder nicht, war für Cynthia nicht der Punkt. Der Punkt war, ob Greg an sie gedacht hatte oder nicht, als er sich etwas zu essen machte. Was nämlich Aufschluß darüber gegeben hätte, ob er sie liebte oder nicht. Cynthia würde sich nie etwas zu essen machen, ohne Greg zu fragen: »Möchtest du auch etwas?« Sie würde vielleicht selbst nichts essen, wenn er keinen Appetit hätte.

Offen und ehrlich zu sein, würde in diesem Fall nicht helfen: Cynthia könnte geradeheraus sagen, daß sie hungrig ist – oder nicht – aber darum geht es nicht. Sie könnte geradeheraus sagen, daß sie wissen möchte, ob Greg sie liebt. Aber sie kann nur erkennen, ob er sie gern hat, wenn er von selbst an sie denkt. Was hat man davon, wenn man dem anderen befiehlt: »Sag ›Ich liebe dich‹«, und er plappert es nach wie ein Papagei? Es hat keinen Sinn, dem anderen zu erzählen, was man will, wenn man will, daß der andere von allein weiß, was man will. Das ist der Beziehungs-Vorteil der Indirektheit.

Dieses Spiel ist auch Teil unserer Geburtstagsrituale. Jeder könnte Ihnen zum Geburtstag schenken, was Sie gern haben möchten, wenn Sie ihm sagen würden, was Sie sich wünschen. Tatsächlich könnten Sie es sich selber kaufen, wenn es nur um das Geschenk (die Mitteilung) ginge. Worauf es wirklich ankommt, ist die Metamitteilung: der Beweis, daß die andere Person uns gut genug kennt, um selbst herauszufinden, was uns gefallen würde, und sich die Mühe macht, dieses Geschenk zu besorgen.

Nancy hatte erwähnt, daß sie sich ein bestimmtes Paar Arbeitshandschuhe kaufen wollte, das in einem Geschäft in der Stadt angeboten wurde. Als Thomas sie damit zum Geburtstag überraschte, fühlte Nancy sich um ein Geschenk betrogen. Er hatte die Nachbarn gebeten, ihm die Handschuhe aus der Stadt mitzubringen. Nancy fand, daß Thomas sich die Mühe hätte machen müssen, sich selbst ein Geschenk auszudenken – und zu besorgen.

Geburtstage und Weihnachtsfeste können manchmal zur Riesenenttäuschung werden, weil Geschenke von Menschen, die uns nahestehen, so viele Metamitteilungen auszusenden scheinen. Aber in den meisten Situationen funktioniert Indirektheit sehr gut, wenn man sich darüber einig ist, wie sie eingesetzt werden sollte.

Eine Griechin erklärte, wie sie mit ihrem Vater (und später mit ihrem Ehemann) kommunizierte. Wenn sie zum Beispiel zum Tanzen gehen wollte, mußte sie ihren Vater um Erlaubnis fragen. Er sagte niemals nein. Aber an der Art, wie er seine Zustimmung ausdrückte, konnte sie erkennen, ob er einverstanden war oder nicht. Wenn er zum Beispiel sagte: »Ja, natürlich, geh doch hin«, wußte sie, daß er nichts dagegen hatte. Doch wenn er etwas äußerte wie: »Wenn du willst, kannst du hingehen«, wußte sie, daß er die Idee nicht besonders gut fand, und blieb zu Hause. Sein Tonfall, sein Gesichtsausdruck und all die anderen Elemente der Sprechweise gaben ihr Hinweise darauf, was er von ihrem Wunsch hielt.

Warum hat ihr Vater nicht einfach gesagt, daß sie zu Hause bleiben soll? Warum war er nicht »ehrlich«? Nun, er *hat* es gesagt, auf eine Weise, die beide verstanden haben. Solange man sogar über die Ehrlichkeit von Kommunikationsgewohnheiten sprechen kann, ist jedes System, das erfolgreich Bedeutungen übermittelt, ehrlich.

Es ist verständlich, daß der griechische Vater nicht gern als Tyrann erscheinen wollte. Doch er *fühlte* sich vielleicht auch nicht als Tyrann, sondern war der ehrlichen Überzeugung, daß er seiner Tochter nichts verboten hatte. Seine Tochter verzichtete aus freien Stücken auf den Tanz. Und es ist viel besser, eine Tochter zu haben, die sich freiwillig gut benimmt, als eine, die nur gehorcht. Und der Tochter war es vielleicht auch lieber, wenn es so aussah, als ob sie freiwillig verzichtete. Vielleicht war sie sogar tatsächlich überzeugt, eigene Entscheidungen zu treffen, da ihr Vater nie ein ausdrückliches Verbot aussprach. Es ist viel besser, sich aus freien Stücken gut zu benehmen, statt zum Gehorchen gezwungen zu werden. So trägt die Indirektheit der Kommunikation dazu bei, den Anschein – und wahrscheinlich auch das Gefühl – von harmonischer Übereinstimmung zu wecken.

Die schützende Rüstung der Indirektheit

Ein weiterer Vorteil sowohl für den Vater als auch für die Tochter in diesem Beispiel ist der Selbstschutz: die Vermeidung von Konfrontation. Die Tochter hat nicht offiziell gesagt, daß sie gern zu der Party möchte; sie hat nur gefragt. Und der Vater hat nicht offiziell gesagt, daß er ihr die Erlaubnis verweigert. Wenn sie unterschiedlicher Meinung sind, ist beides nicht ausgesprochen worden und beide können ihr Gesicht wahren, gleichgültig, was geschieht. Wenn die Tochter trotzdem geht, muß sie ihrem Vater nicht offen trotzen. Wenn sie nicht geht, kann sie sich mit sauren Trauben trösten: »Ich hatte eigentlich sowieso keine Lust.«

Der Selbstschutz-Vorteil der Indirektheit erklärt die Logik solcher tastenden Fragen wie: »Hast du heute abend etwas vor?« Es ist ein Schutz gegen die Zurückweisung, auf die wir stoßen könnten, wenn wir uns offen zu einer Einladung bekennen.

Die Gefahren der Indirektheit

Im Fall des griechischen Vaters und seiner Tochter funktionierte dieses System. Aber wenn der eine seine Absichten ausdrückt, ohne sie offiziell zu machen, während der andere damit rechnet, daß Informationen offen ausgesprochen werden oder andere indirekte Signale und Muster erwartet, kann es leicht zu Mißverständnissen kommen. Angenommen, eine griechisch-amerikanische Cousine, des Griechischen mächtig, kommt zu Besuch und fragt ihren Onkel, ob sie tanzen gehen darf. Er gibt ihr die Erlaubnis auf die Art, bei der seine Tochter immer genau weiß, daß er nicht gerade begeistert von der Idee ist. Die Cousine nimmt seine mehrdeutige Antwort als bare Münze und geht tanzen. Es ist, als würden sie verschiedene Sprachen sprechen, nur schlimmer, weil sie glauben, dieselbe zu sprechen. Der griechische Onkel findet seine amerikanische Nichte (und vielleicht alle jungen Amerikanerinnen) eigensinnig und ungehorsam – und vielleicht sogar ein bißchen unmoralisch. Die Nichte, die nach dem Tanz auf einen grollenden Onkel stößt, hält ihn (und vielleicht alle griechischen Männer) für inkonsequent und jähzornig.

Nur Spaß

Es gibt viele Möglichkeiten, etwas zu sagen und etwas anderes damit zu meinen. Ironie, Sarkasmus, Metaphern und Wortspiele sind solche Mittel und etwas Wundervolles, wenn sie funktionieren. Witze zu machen, ist eine Form von Ironie, die sich sowohl im Sinne eines harmonischen Verhältnisses als auch im Sinne des Selbstschutzes auszahlt. Der Beziehungs-Nutzen liegt in der sinnlichen Befriedigung des gemeinsamen Lachens und in dem Gefühl, auf derselben Wellenlänge zu schwimmen, weil man den gleichen Humor hat. Der Selbstschutz-Vorteil liegt in der Rückzugsmöglichkeit; man kann immer noch sagen: »Ich habe nur Spaß gemacht.«

Die folgende Passage aus Joan Silbers Roman *Household Words* illustriert die komplexen Metamitteilungen – und die indirekte Form des Witzemachens. In dieser Szene reagiert Moe ironisch, als Rhoda mit ihm herumschmust, aber nicht bereit ist, »bis zum Letzten zu gehen«:

> Er sprang auf und hüpfte durch die Gegend, trat dabei mit den Füßen seine Hosenaufschläge herunter und stöhnte: »Es tut nur weh, wenn ich gehe – zum Beispiel. Wer will schon gehen?« Er schlug sich in gespieltem Selbstmitleid vor die Brust und machte sich über sein eigenes Unbehagen lustig. Es wurde eine Art Familienwitz zwischen ihnen.

Wenn man Moes Worte betrachtet, kommt man vielleicht zu dem Schluß, daß er nicht sagt, was er meint. Doch er sagt tatsächlich genau das, was er meint, was weit mehr ist als die übermittelte Information. Es ist klar, daß es ihm körperliches Unbehagen bereitet, wenn Rhoda zwar zärtlich ist, aber nicht mit ihm schlafen will, auch wenn er es nicht offen ausspricht. Daß sein körperliches Unbehagen nicht unerträglich ist, zeigt sich an seinen Witzeleien – und an der offensichtlichen Tatsache, daß er – entgegen seiner Behauptung – noch gehen kann.

Außerdem enthält Moes Humor eine Metamitteilung, die seinen guten Willen ausdrückt. Schon die Tatsache, daß Moe den Witz so regelmäßig wiederholt, daß er zu einer Art Familienwitz wird, läßt die Beziehung dauerhaft und intim erscheinen. Es ist das »Unser Lied«-Phänomen: Gemeinsame Erfahrungen und Assoziationen bestätigen und bestärken die Intimität. Deshalb schmerzt es, wenn wir diese Worte oder Lieder hören, nachdem wir den Partner verloren haben oder die Beziehung zerbrochen ist: Es erinnert uns an den Verlust der Intimität – wie ein Ton, der in der Luft hängt und von niemandem gehört wird. Es ist ein bißchen so, als ob eine Sprache gestorben wäre: die private Sprache, die zwei Menschen geschaffen und benutzt haben.

Das ästhetische Vergnügen
der Indirektheit

Witze und andere Formen von Ironie sind gebräuchlich und befriedigend, weil die Geschicklichkeit beim Senden und Empfangen unausgesprochener Bedeutungen aus sich heraus ästhetisches Vergnügen bereitet – eine Art gesprächsmäßiges: »Guck mal, Mama, keine Hände.« Es ist ein merkwürdiger und rätselhafter Aspekt unseres Menschseins, daß wir alles, was wir können, auf noch kompliziertere und kunstvollere Weise können wollen – noch tiefer tauchen, noch schwierigere Muster stricken, noch klügere Computer bauen, noch bessere Fotos machen. Wie langweilig ist es doch, einfach mit vielen Worten zu sagen, was wir meinen! Es ist viel interessanter, wenn wir es auf lustige oder kryptische oder subtile oder formvollendete Weise sagen. Und wenn der andere den Witz, den Stil, die versteckte Bedeutung versteht – den Code knackt –, bereitet es beiden Vergnügen und sendet eine Metamitteilung des harmonischen Einklangs aus. Der Sprecher fühlt sich klug, weil ihm ein komplizierter Wurf geglückt ist, und der Zuhörer, weil er den Ball gefangen hat. Aber wenn das Zuspiel nicht klappt, wenn jemand den Ball an den Kopf bekommt oder er irgendwo landet, wo ihn keiner mehr findet, ist niemand glücklich. Das Ballspiel ›Kommunikation‹ wird fürs erste abgebrochen.

Warum wir nicht sagen *können*, was wir meinen

Wenn unsere indirekten Kommunikationsversuche uns dauernd ins Stolpern bringen und zu Boden strecken, warum versuchen wir es dann weiter? Warum sagen wir nicht einfach – offen –, was wir meinen?

Wir haben gesehen, daß es befriedigender ist, indirekt zu kommunizieren. Es wäre schrecklich langweilig, einfach zu sagen, was wir meinen, und wir würden die Metamitteilungen des harmonischen Einklangs verlieren. Es ist praktisch und nützlich, in Deckung zu bleiben und nicht offiziell zu machen, was man denkt. Aber sogar wenn wir tatsächlich offen und direkt sein wollten, könnten wir es nicht – aus den folgenden Gründen:

Erstens läßt der Entschluß, die Wahrheit zu sagen, die Frage offen, welchen der unzähligen Aspekte von Wahrheit wir enthüllen wollen. Zweitens reicht Offenheit nicht aus, weil allem, was wir sagen oder hören, unzählige Voraussetzungen zugrunde liegen. Es kommt uns nicht in den Sinn, diese Voraussetzungen präzise zu erläutern, eben weil es Voraussetzungen sind. Drittens würden wir andere oft verletzen, wenn wir einfach sagen würden, was wir denken. Und schließlich machen unterschiedliche Sprechweisen Ehrlichkeit zu einer äußerst zweifelhaften Sache. Wenn wir auf die für uns typische Weise aussprechen, was wir meinen, kann das für jemanden, der eine andere Sprechweise hat, etwas völlig anderes bedeuten. Der Versuch, andere dazu zu bewegen, so zu kommunizieren, wie wir selbst es für normal halten, wird den anderen als Manipulationsversuch erscheinen – und nicht funktionieren. Im folgenden einige Beispiele, warum wir nicht sagen können, was wir meinen.

Welche Wahrheit?

Ellen fuhr zur Hochzeit ihrer Schwester nach Hause. Auf dem Hochzeitsempfang unterhielt sie sich mit vielen Verwandten und alten Schulfreundinnen. Sie erzählte keine Unwahrheiten und hatte auch nicht die Absicht, und doch gab sie unterschiedlichen Leuten sehr unterschiedliche Versionen von ihrem Studentenleben. Und bei einigen Gesprächen hatte sie hinterher das Gefühl, sich falsch dargestellt zu haben.

Bei einigen Unterhaltungen betonte Ellen, wie prima alles lief: Sie mochte die Stadt, in der sie lebte, die Seminare, die sie besuchte, die neuen Freunde, die sie kennengelernt hatte. Sie drückte Befriedigung mit sich und ihrem Leben aus und malte ein rosarotes Bild davon. Aber wenn sie mit anderen Leuten sprach, entwarf sie ein anderes Bild. Sie betonte die negativen Aspekte ihres Lebens: die Gefahren des Großstadtlebens und die Unannehmlichkeiten eines dunklen, engen Apartments: sie klagte darüber, daß das Studium viel Zeit koste und sie kaum Geld und Freizeit hätte.

Beide Bilder entsprechen der Wahrheit. Das heißt, beide zeigten einen Ausschnitt, der sich aus unterschiedlichen Teilwahrheiten zusammensetzte. Und beide waren insofern unwahr, als sie die im anderen Ausschnitt vorhandenen Teile ausließen, wie auch unzählige Aspekte, die in keiner Version auftauchten. Es gibt keine Möglichkeit für Ellen – oder irgendeinen anderen Menschen –, jeden Aspekt der Wahrheit zu erzählen. Wenn wir eine Geschichte für einen speziellen Anlaß konstruieren, machen wir instinktiv einen Hauptpunkt oder ein Hauptziel aus und wählen die Elemente aus, die am besten dazu passen.

Obwohl Ellen nicht bewußt entschied, so zu handeln, malte sie ihr Leben in positiven Farben, wenn sie mit Verwandten oder Freunden ihrer Eltern sprach. Sie wollte vermeiden, daß sie sich Sorgen machten oder gegenüber ihren Eltern irgend etwas wiederholten, das sie beunruhigen könnte. Das negative Bild entwarf sie für alte Freundinnen von der High-School – Frauen ihres Alters, die verheiratet und gelangweilt und ein bißchen neidisch auf ihr unabhängiges Leben und die intellektuellen Anreize waren. Ellen versuchte – instinktiv – den Neid abzuschwächen, statt ihn herauszufordern.

Wir alle haben weder den Raum noch die Zeit, um jedes Detail, jeden Aspekt der Wahrheit zu berichten, selbst wenn wir alles im Gedächtnis behalten könnten – was wir nicht können. Alles, was wir sagen, und jede Information, die wir geben, bedeutet eine Auswahl zwischen unzähligen Möglichkeiten. Die ausgewählten Details repräsentieren einige Aspekte der Wahrheit, wobei wir unweigerlich andere verfälschen oder weglassen. Es ist unmöglich, die ganze Wahrheit zu erzählen.

Offenheit ist nicht genug

Ein Teil der Wahrheit, der zwangsläufig ungesagt bleibt, sind unsere Voraussetzungen – Wahrheitsaspekte, deren Erwähnung uns nicht in den Sinn kommt und nach denen wir meistens auch nicht gefragt werden.

Ein Mann landete auf einem internationalen Flughafen; er trug kein Gepäck bei sich, nur einen Aktenkoffer voller Zettel, die mit rätselhaften Zeichen und Schriftzügen bedeckt waren. Die Zollbeamten fingen an, ihn auszufragen: Wo würde er wohnen? Er sagte, er wüßte es noch nicht. Was hatte er in der Aktentasche? Zettel. Die Beamten hielten ihn eine ganze Weile fest, bevor sie überzeugt waren, daß er nichts Übles im Schilde führte.

Die Tatsache, daß dieser Reisende den Beamten die Wahrheit und nichts als die Wahrheit sagte, löste keine Probleme – es verursachte sie. Da man ihn nicht fragte, erzählte der Mann nicht, daß er Professor an einer amerikanischen Universität war; er sagte auch nichts davon, daß man ihn zu einem Vortrag an der örtlichen Uni eingeladen hatte und er nur eine Nacht bleiben würde (deshalb das fehlende Gepäck). Auch erklärte er nicht, daß es sich bei dem scheinbaren Geheimcode auf seinen Zetteln um Beispielsätze und linguistische Symbole handelte, die als Illustrationsmaterial für seinen Vortrag gedacht waren und für sich genommen oder für Uneingeweihte völlig bedeutungslos waren. Als der Mann – wahrheitsgemäß – antwortete, daß er noch nicht wüßte, wo er wohnen würde, fügte er nicht hinzu, daß er Gast der örtlichen Universität war und man ein Zimmer für ihn reserviert hatte. Er erwähnte auch mit keinem Wort, daß in diesem Moment ein Mitglied des Fachbereichs vor dem Zoll auf ihn wartete.

Er antwortete offen und direkt auf die Fragen, die ihm gestellt wurden, doch das genügte nicht, weil die Beamten nicht ausreichend mit den Umständen vertraut waren, um die richtigen Fragen zu stellen. Da er von sich aus keine relevanten Informationen anbot, machte der Professor den Eindruck, daß er etwas zu verbergen hatte. Und doch war er nicht unehrlich: Er unterließ es einfach, einige Tatsachen zu erwähnen, die für ihn – nicht aber für die Zollbeamten – selbstverständlich waren.

Wir können also das Problem der Indirektheit nicht einfach dadurch lösen, daß wir offen sind, weil es – sowohl beim Sprecher als auch beim Hörer – immer unausgesprochene Voraussetzungen gibt, die voneinander abweichen können. Wir erklären unsere Voraussetzungen nicht ausdrücklich, eben weil es sich um Voraussetzungen handelt – per definitionem Gedanken und Vorstellungen, die nicht erklärt werden, weil man sie für selbstverständlich hält. Wir sind uns dieser Voraussetzungen nicht bewußt, bis wir einen unmißverständlichen Beweis dafür erhalten, daß sie nicht übereinstimmen.

Ein sehr einfaches Beispiel dafür liefert das folgende Gespräch; Ross rief bei Claire an, um sie zum Dinner einzuladen:

88

Ross: Warum kommst du nicht zum Essen rüber?
Claire: In Ordnung, aber ich kann nichts mitbringen. Ich kann nur was mitbringen, was ich mit Schecks bezahlen kann.
Ross: Das ist eine lahme Ausrede!
Claire: Ich könnte noch was beim Co-Op besorgen.
Ross: Aber der liegt gar nicht auf deinem Weg.
Claire: Doch. Ich meine den bei dir.
Ross: Mach dir keine Gedanken. Komm einfach.
Claire: Ich brauch nur zehn Minuten zum Parkplatz, dann komm ich.
Ross: Oh, du hast den Wagen? Ich dachte, du kommst zu Fuß.
Claire: Ja, ich habe den Wagen.
Ross: Es ist Zweiundzwanzig-zweiundzwanzig Regent Street.
Claire: *Was ist* Zweiundzwanzig-zweiundzwanzig Regent Street?!
Ross: Johns Wohnung. Da bin ich.
Claire: Oh, ich dachte, du wärst zu Hause.

Im Laufe dieses Gespräches hörten beide den anderen ständig etwas sagen, das ihnen merkwürdig und unverständlich vorkam, weil Claire ganz selbstverständlich davon ausging, daß Ross zu Hause wäre, und er ganz selbstverständlich davon ausging, daß er aus Johns Wohnung telefonierte. Ross vergaß zu erwähnen, wo er sich aufhielt, und Claire kam nicht auf die Idee, danach zu fragen, weil sie es zu wissen glaubte. Keiner fragte geradeheraus: »Wovon redest du?« Sie ignorierten, was ihnen merkwürdig erschien oder legten es anders aus, bis Claire etwas hörte, worauf sie sich absolut keinen Reim machen konnte: Zweiundzwanzig-zweiundzwanzig Regent Street.

Da wir alle eine individuelle Erfahrungsgeschichte haben, setzen wir oft etwas als selbstverständlich voraus, was anderen nie in den Sinn kommen würde. Wenn sich herausstellt, daß wir von unterschiedlichen Voraussetzungen ausgegangen sind, wirft man uns später vielleicht vor – und wir uns selbst auch –, daß wir die Voraussetzungen nicht genannt haben. Das Recht zu schweigen erweist sich bei Gesprächen als wenig hilfreich. Aber es ist weder normal noch möglich, alle Voraussetzungen zu erwähnen, auf die wir unsere Aussagen stützen. Und wenn sich Probleme ergeben, können wir sie oft gar nicht auf ein bestimmtes Gespräch zurückführen, ganz zu schweigen von den unterschwelligen Voraussetzungen, durch die das Gespräch in die Irre gegangen ist.

Aufrichtig unfreundlich

»Ehrlichkeit« kann auch ein Zeichen oder eine Tarnung für mangelndes Einfühlungsvermögen sein. Das zeigt sich deutlich in Fällen unaufgeforderter oder beständiger Kritik und ähnlich vernichtender Informationen – eine Praktik, die ausführlich in Kapitel 9 erläutert wird. Aber auch in unvermeidbaren Alltagsgesprächen über Wünsche und gemeinsame Pläne kann Ehrlichkeit gefährlich sein.

Ruth zum Beispiel macht eine Geschäftsreise nach Houston, wo ihre Freundin Emma lebt. Sie arrangiert einen Extra-Abend in der Stadt, um sich mit ihr zu treffen. Aber der Abend wird für beide zu einer Enttäuschung. Statt wie früher unter vier Augen zusammenzusitzen und vertrauliche Dinge zu bekakeln, finden die beiden sich bei einem Gruppen-Dinner wieder, das Emmas Mann und eine andere Freundin einschließt.

Emmas Mann war gerade dabei, einen Bericht zu schreiben, den er halbfertig liegen lassen mußte, um an dem gemeinsamen Essen teilzunehmen. Aha, denken Sie jetzt, Emma hätte *ehrlich* sein sollen. Sie hätte ihm sagen sollen, daß sie lieber mit Ruth allein sein möchte, dann hätte er seinen Bericht fertigstellen können und alle wären zufrieden gewesen.

Aber so einfach ist es nicht. Obwohl Ruths Mann mitten in der Arbeit steckte, *wäre* er gekränkt gewesen, wenn seine Frau gesagt hätte, daß sie ihn nicht dabeihaben möchte. Würden Sie sich freuen, wenn Ihre besten Freunde Sie nicht zu einer Party einladen, weil Sie für diesen Abend zufällig schon andere Pläne haben? Ob man andere Pläne hat oder nicht, ist eine Sache – Ihre Sache und eine Sache der Mitteilung. Ob die anderen Sie einladen oder nicht, ist eine andere Sache – und enthält eine Metamitteilung über die Zuneigung Ihrer Freunde.

Was wäre gewesen, wenn Emma versucht hätte, die Metamitteilung in die Mitteilung zu legen und zum Beispiel gesagt hätte: »Ich liebe dich und bin gern mit dir zusammen, aber ich möchte gern mal wieder mit Ruth allein sein«? Das würde in einigen Fällen funktionieren – aber nur in Fällen, wo beide Partner sich auf ein neues System geeinigt haben und damit rechnen, daß solche Metamitteilungen ausgesprochen werden. Dieses System funktioniert nicht deshalb, weil es offen ist, sondern weil es von beiden geteilt wird. Ein gemeinsames Privatsystem enthält die Metamitteilung harmonischer Übereinstimmung: »Wir sprechen dieselbe Sprache.« In diesem Fall gesellt sich noch das Vergnügen an der Regel der Regelmißachtung hinzu, das die Metamitteilung aussendet: »Wir sind uns so nah, wir brauchen keine Zeremonien. Wir können uns offen sagen, was die meisten Leute verschweigen würden.«

Aber bei jemandem, der diesen neuen Stil nicht teilt, wird die Methode überhaupt nicht funktionieren, weil man den Metamitteilungen mehr Glauben schenkt als den Botschaften. Wenn Emmas Mann es als verletzend empfindet, daß man ihm sagt, er sei unerwünscht, wird es ihn auch nicht trösten, wenn Emma protestiert: »Aber ich liebe dich!« Er hört vielleicht sogar alle möglichen anderen Bedeutungen heraus – zum Beispiel, daß sie mit ihrer Freundin über ihn tratschen will oder daß sie kein Vertrauen in seine sozialen Fähigkeiten hat.

Ehrlichkeit – ein Stilproblem

Daß es so schwierig für Ruth und Emma war, sich allein zu treffen, hing auch damit zusammen, daß der Abend auf ein Wochenende fiel – auf einen Freitag. Ruth hatte sich eigentlich am Donnerstag mit Emma treffen wollen, aber schließlich wurde Freitag daraus. Auch diese Entwicklung war ein Ergebnis unterschiedlicher Sprechweisen.

Ruth hatte einen Anruf von Albert erhalten, der auch in Houston lebt, und sie erwähnte, daß sie am Donnerstag geschäftlich in Houston zu tun hätte. Albert rief prompt: »Super! Laß uns Donnerstag abend zusammen essen. Ich halt' mir den Abend frei.« Ruth verspürte ein komisches Ziehen im Bauch – ein Zeichen, daß die Dinge anders liefen als geplant –, aber sie paßte ihre Pläne instinktiv der neuen Entwicklung an. Sie konnte sich mit Emma auch am Freitag treffen.

Warum lehnte Ruth die Einladung von Albert nicht einfach ab? Sie war nicht darauf vorbereitet, sein Angebot auszuschlagen, weil es völlig unerwartet kam. Ruth hatte erwartet, daß Albert einen vagen Vorschlag machen würde, etwa: »Meinst du, wir könnten uns noch treffen?« Dann hätte sie geantwortet: »Bestimmt – vielleicht zum Mittagessen am Donnerstag oder Freitag. Ich ruf' dich vorher noch an.«

Wer manipuliert?

Ruth hatte das Gefühl, zu dem Essen am Donnerstag abend gezwungen worden zu sein. Und doch hatte Albert keineswegs die Absicht, sie unter Druck zu setzen. Er wollte ihr nur seine Freude und Zuneigung zeigen. Albert ging davon aus, daß Ruths geschäftliche Verpflichtungen sie nur tagsüber beanspruchen würden, daß sie also abends Zeit hätte, sich vielleicht sogar langweilen würde. Er wäre verletzt und verwirrt gewesen, wenn er gewußt hätte, daß Ruth eigentlich keine Lust hatte, den Abend mit ihm zu verbringen. Und er würde nicht verstehen, warum sie es nicht offen gesagt hätte. Für Ruth war es schwer, zu sagen, was sie meinte, weil sie damit gleichzeitig auf die andere Art reagieren mußte, in der Albert sagte, was er meinte.

Das Gefühl, manipuliert zu werden, ist häufig das Ergebnis unterschiedlicher Sprechweisen. So sollte Ruth zum Beispiel Theaterkarten für sich und Pam besorgen. Aber die einzigen freien Plätze waren ganz weit hinten, und da Ruth schlecht sehen kann, muß sie dicht bei der Bühne sitzen. Sie rief bei Pam an und legte das Problem dar. Pam, die über Ruths Kurzsichtigkeit Bescheid wußte, sagte das Naheliegende: daß Ruth die Karten nicht kaufen sollte. Aber sie fühlte sich manipuliert. Warum wälzte Ruth die Entscheidung – die Last – auf sie ab, statt ihr einfach zu sagen, daß sie die Karten nicht kaufen würde, weil sie von den hinteren Plätzen nichts sehen konnte?

Doch als Pam ihren Unwillen zum Ausdruck brachte, fühlte wiederum Ruth sich manipuliert. Warum wollte Pam sie dazu zwingen, egoistisch und unhöflich zu erscheinen, wenn es offenkundig freundlicher gegenüber beiden von ihnen war, wenn Ruth ihrer Freundin die Möglichkeit gab, von sich aus abzulehnen, statt sie vor vollendete Tatsachen zu stellen?

Menschen, die Offenheit weder erwarten noch mögen, sind nicht so sehr unwillig als vielmehr unfähig, sie zu gebrauchen. Nachdem Burt zum Beispiel zweimal einen Korb erhalten hatte, als er Minerva zum Essen einladen wollte, war er verunsichert, ob er es ein drittes Mal versuchen sollte. Er wollte die Situation klären und fragte: »Meinst du, daß du tatsächlich nicht kannst, oder willst du mir zu verstehen geben, daß du keine Lust hast, mit mir essen zu gehen und ich dich in Ruhe lassen soll?« Obwohl das den Nagel auf den Kopf traf, konnte Minerva es nicht über sich bringen zu sagen: »Mit *dir* will ich nicht essen gehen – *nie.*« Also sagte sie: »Oh, also, na ja, im Moment habe ich einfach unheimlich viel zu tun«, lachte nervös – und war mehr denn je entschlossen, sich nicht mit Burt abzugeben, weil er sie verunsicherte. Sie gab ihm indirekt einen Korb, weil es ihr als das einzig Richtige in dieser Situation erschien. Sie konnte es nicht über sich bringen, es auf irgendeine andere Weise zu sagen.

In dem Grad, in dem Burt das Gefühl hat, daß Minerva von ihm erwartet, sich zurückzuziehen, ohne es direkt zu sagen, fühlt er sich manipuliert. Als er sie offen fragt, ob sie mit ihm ausgehen mag oder nicht, versucht er diese Manipulation auszuschalten. Aber jetzt fühlt Minerva sich manipuliert, weil Burt sie dazu bringen will, auf eine Weise zu reden, die ihr grob und falsch erscheint. Beide fühlen sich vom anderen manipuliert, obwohl sie beide nur versuchen, eine unangenehme Situation zu beenden – und alles richtig zu machen.

Ähnliches geschieht, wenn zwei Leute, die zusammenstehen und sich unterhalten, unterschiedliche Vorstellungen davon haben, wie dicht man bei einem Gespräch zusammenstehen sollte. Beide versuchen instinktiv, den Abstand herzustellen, der ihnen normal und natürlich erscheint, was dazu führen kann, daß der eine ständig zurückweicht und der andere ihm immer wieder auf die Pelle rückt. So bewegen sie sich dann einmal quer durch den Raum. Jeder fühlt sich – und wird tatsächlich – vom anderen manövriert. Aber keiner will den anderen bewußt zu irgend etwas zwingen. Beide versuchen einfach, die Situation in Ordnung zu bringen. Die Gefahr – und Ungenauigkeit – eines Begriffes wie »Manipulation« besteht darin, daß er andere dafür verantwortlich macht, wie wir auf sie reagieren.

Der Nutzen der Indirektheit

Warum können wir nicht einfach sagen, was wir meinen? Warum muß Kommunikation so oft indirekt sein – in Metabotschaften angedeutet, aus Betonungen herausgehört, an der Mimik abgelesen – statt daß wir geradeheraus und mit klar verständlichen Worten sagen, was wir wollen?

Erstens ist da der Beziehungs-Gewinn. Es ist viel besser, wenn wir bekommen, was wir wollen, nämlich verstanden werden, ohne zu sagen, was wir meinen. Es gibt uns das angenehme Gefühl, auf derselben Wellenlänge zu schwimmen. Dieses Gefühl ist es, das den Zauber jener Gespräche ausmacht, wo wir nur ein paar Worte sagen – oder gar nichts – und uns völlig verstanden fühlen. Es ist der erstrebte Jackpot der Kommunikation, für den wir das Ritual der Geburtstagsgeschenke und andere Liebst-du-mich-Spiele auf uns nehmen.

Zweitens ist da der Selbstschutz-Gewinn. Wenn das, was wir wollen oder denken, auf keine positive Reaktion stößt, können wir es zurücknehmen oder – vielleicht aufrichtig – beteuern, daß wir es nicht so gemeint haben.

Die Beziehungs- und Selbstschutz-Belohnungen entsprechen den zwei Grundbedürfnissen, die uns zur Kommunikation treiben: den gleichzeitig vorhandenen und widerstreitenden menschlichen Bedürfnissen nach Verbundenheit und Unabhängigkeit. Da jede Demonstration der Verbundenheit eine Bedrohung der Unabhängigkeit bedeutet und jede Demonstration der Unabhängigkeit eine Bedrohung der Verbundenheit, wird die Indirektheit zum Rettungsfloß der Kommunikation, mit dem wir uns bei einem Gespräch über Wasser halten können, statt mit zugehaltener Nase hineinzuspringen und blinzelnd wieder an die Oberfläche zu kommen.

Durch Indirektheit geben wir anderen eine ungefähre Vorstellung von unseren Absichten, wir testen das Interaktionswasser aus, bevor wir uns zu weit vorwagen – ein instinktiver Versuch, unsere Bedürfnisse und die der anderen in ein ausgewogenes Verhältnis zu bringen. Statt einfach mit unseren Absichten herauszuplatzen, komme was da wolle, strecken wir unsere Fühler aus, tasten uns an die Ansichten anderer und an ihre potentiellen Reaktionen heran und formen unsere eigenen Ansichten im Lauf dieses Prozesses.

Der Reiz und die Tücken von Sprache sind zwei Seiten derselben Medaille. Ein einziges Wort, eine kleine Geste kann eine Bedeutung annehmen, die weit über den Buchstabensinn hinausgeht. Aber man kann auch subtile Signale übersehen und Bedeutungen heraushören, die gar nicht beabsichtigt waren, unabhängig von ihrem Wahrheitsgehalt. Unsere Fähigkeit, mit ganz wenigen Worten ganz viel zu sagen, birgt zwangsläufig die Gefahr der Fehlkommunikation in sich.

Wenn andere merkwürdig auf unsere Worte reagieren, möchten wir unsere Absichten vielleicht manchmal offener und klarer zum Ausdruck bringen. Und weil wir wissen, daß andere oft indirekt vorgehen oder aufgrund eines anderen Gesprächsstils vielleicht nicht meinen, was wir sie sagen hören, können wir in einigen Situationen und bei einigen Menschen um Klärung bitten. Aber wir müssen uns auch bewußt sein, daß manche Leute sich herausgefordert fühlen, wenn die Bedeutung ihrer Worte in Zweifel gezogen wird, und daß viele Leute den Versuch, über Sprechweisen zu reden, als unangenehm empfinden. Deshalb sollten wir uns vor allem klarmachen, daß Mißverständnisse normal und natürlich sind und nichts damit zu tun haben, daß mit dem anderen – oder der Beziehung – etwas nicht stimmt.

Die Gesprächssignale und -muster, mit denen wir indirekte Metamitteilungen aussenden, erfüllen noch eine weitere Funktion im Gespräch: sie geben unseren Aussagen einen Rahmen. Das ist das Thema des folgenden Kapitels.

Kapitel 5

Rahmung und Neurahmung

Laute Stimmen am Nebentisch setzen Sie davon in Kenntnis, daß sich ein Streit zusammenbraut. Überrascht hören Sie – zwei Sekunden später – brüllendes Gelächter. Was Sie für einen Streit hielten, war in Wahrheit nur eine derb-deftige Unterhaltung.

Sie hauen Ihrem Freund kräftig auf den Rücken oder boxen ihn in die Seite und irgendwie weiß er, daß Sie ihm freundlich gesonnen sind und ihm nichts Böses wollen. Aber wenn Onkel Charlie Klein-Butch liebevoll in die Wange kneift, tut das weh, und Butch entwickelt eine lebenslange Abneigung gegen Onkel Charlie.

Maria macht eine spöttische Bemerkung über Gordons Vorliebe für scheußliche Krawatten; Gordon guckt gekränkt und meint protestierend, daß mehrere Leute ihn speziell in dieser Beziehung mit Komplimenten überschüttet hätten. Maria lacht, gibt ihm einen freundschaftlichen Knuff und sagt: »Verstehst du keinen Spaß?«

Diese banalen Ein- und Mißverständnisse sind eine Frage des *Rahmens* – ein neuer Begriff, der sich auf ein ebenfalls von Gregory Bateson entwickeltes Modell bezieht. Rahmung ist eine Methode, um anderen zu zeigen, in welcher Absicht wir etwas sagen oder tun und um herauszufinden, in welcher Absicht die anderen etwas sagen oder tun. Es ist ein weiterer Aspekt der Indirektheit in Gesprächen. Ge-

97

sprächssignale und -muster, wie sie in Kapitel 3 vorgestellt wurden, setzen unsere Äußerungen in einen Rahmen:
sie senden Metamitteilungen darüber aus, wie wir die Situation einschätzen, welche Absichten wir mit unseren Worten
verbinden und was wir von unserem Gesprächspartner halten.

Dieses Kapitel erläutert den Prozeß der Rahmengebung
auf den verschiedenen Ebenen eines Gesprächs. Subtile Signale wie Tonhöhe, Stimmklang, Intonation und Mimik, in
Verbindung mit den gesprochenen Worten, wirken zusammen und geben jeder Äußerung einen ernsten, witzigen,
neckenden, wütenden, höflichen, groben, ironischen oder
irgendeinen anderen Rahmen. Diese kleinen, flüchtigen
Rahmengebungen spiegeln und erzeugen die größeren Rahmen, die den jeweiligen übergeordneten Vorgang erkennbar
machen. Äußerungen mit dem Rahmen »Informationen geben« können Teil des umfassenderen Aktivitätsrahmens
»Unterricht« sein. Neckereien und Komplimente können
Teil des größeren Rahmens »Umwerbung« sein. Und ein
Ratschlag kann zu einer Beschützerhaltung gehören. Alles,
was mit der Art und Weise zusammenhängt, in der wir
etwas sagen, trägt zur Schaffung des Standpunktes (»Footing«) bei, den wir in einem Gespräch beziehen und der den
Rahmen für unsere Beziehungen setzt.

Rahmungen können nur indirekt vorgenommen werden, durch Metamitteilungen. Wenn Sie versuchen, einen
Rahmen anzusprechen, geben Sie indirekt einen neuen
Rahmen. Manchmal fühlen wir uns durch die scheinbare
Freundlichkeit anderer herabgesetzt, weil die Anteilnahme
eine subtile und wenig schmeichelhafte Neurahmung
unserer Welt umfaßt. Wenn wir deutlich merken, daß die
Rahmungen widersprüchlich sind, fühlen wir uns wie ge-
lähmt, gefangen in der Beziehungsfalle, die Bateson als
double-bind bezeichnete. Wir können auf Rahmenwechsel,
die uns unangenehm sind, entweder direkt reagieren, durch
Metakommunikation, oder indirekt, durch einen neuer-

lichen Rahmenwechsel. Viele Leute halten automatisch an dem von anderen gesetzten Rahmen fest; andere widersetzen sich automatisch fremden Rahmengebungen. Der beste Ansatz ist, sich bewußt zu machen, wann ein Rahmenwechsel stattfindet, und der Situation entsprechend zu entscheiden, ob man ihn akzeptieren oder ablehnen will.

Im folgenden sollen diese Rahmenaspekte näher erklärt werden.

Was ist ein Rahmen?

Das folgende Beispiel unterschiedlicher indirekter Sprechweisen, das inzwischen recht vertraut klingen wird, illustriert auch den Prozeß der Rahmengebung.

Monika fragt Jay: »Wo wollen wir heute abend essen gehen?« Er nennt ein Restaurant; sie gehen hin; das Essen ist scheußlich; Monika brummelt verärgert: »Als ich neulich mit Sandra hier war, hat es auch grauenhaft geschmeckt.« Jay fühlt sich ausgetrickst: »Warum hast du das nicht gesagt?« Monika ist sich keiner Schuld bewußt: »Du hast mich nicht gefragt.« Und sie bringt nun ihrerseits Vorwürfe an: »Dir ist es doch egal, was ich möchte. Wir machen sowieso immer nur, was du willst.«

Jay hat den Eindruck, daß Monika nie sagt, was sie will, und hinterher beleidigt ist, wenn sie es nicht bekommt. Für was hält sie ihn, für einen Gedankenleser? Er kann sich nicht vorstellen, daß sie durchaus weiß, was sie will, aber davor zurückschreckt, ihm ihren Willen aufzudrängen, wenn sie nicht in ungefähr einschätzen kann, was er will. Als sie fragt, wo sie essen gehen wollen, erwartet sie, daß Jay etwas Vages antwortet (zum Beispiel: »Wozu hättest du denn Lust?«) und damit die Frage an sie zurückgibt. Monika würde dann vielleicht etwas weniger vage reagieren mit: »Nichts Großes« oder »Ich habe heute spät zu Mittag gegessen«. Sie will mit ihrer Frage die Verhandlungen darüber eröffnen, wozu sie beide Lust hätten und wieviel Lust, so daß man sich schließlich auf etwas einigen könnte, das beide zufriedenstellt. Aber statt in Verhandlungen zu treten, stellt Jay eine Forderung.

Monika für ihren Teil kann sich nicht vorstellen, daß Jay, wenn er ein bestimmtes Restaurant nennt, einfach nur eine Idee in den Raum stellt – seine Art, die Verhandlungen zu eröffnen. Er will lediglich einen Vorschlag machen, keine Forderung stellen. Monika erwartet, daß man eine Verhandlung allgemein beginnt und allmählich spezifisch wird, während Jay erwartet, daß man mit dem Spezifischen beginnt und das Thema nach und nach ausweitet; das führt dazu, daß Monika nie dazu kommt, ihre Wünsche zu äußern und daß sie Jay für egoistisch hält, während Jay denkt, daß sie nicht weiß oder nicht sagt, was sie will, und ihn immer zwingt, die Entscheidungen zu treffen.

Als Monika fragt: »Wo wollen wir heute abend essen gehen?«, schwenkt sie keine Flagge mit der Aufschrift: Frage = erster Verhandlungsschritt. Als Jay den Namen eines Restaurants nennt, hält er kein Spruchband hoch, auf dem zu lesen stände: Vorschlag = erster Verhandlungsschritt. Doch so sind ihre Worte gemeint – das sind die Rahmen, die sie ihren Aussagen geben. Unsere Worte enthalten keine Gebrauchsanweisung. Wir etikettieren unsere Äußerungen nicht mit dem Namen des Rahmens. Wenn wir es versuchen würden, müßten wir für jedes gesprochene Wort einen Rahmenverweis anbringen – und müßten wiederum den Rahmen als Rahmen kenntlich machen – in einer unendlichen Rückwärtsbewegung.

Rahmen bleiben unbenannt

Da es in der Natur der Rahmung liegt, daß sie indirekt signalisiert wird, weckt die Benennung des Rahmens einen neuen Rahmen. Wenn eine Mutter zu ihrem halbwüchsigen

Sohn sagt: »Ich möchte mich mal kurz mit dir unterhalten«, antwortet er vielleicht: »Was hab' ich jetzt wieder gemacht?« Er erwartet etwas viel Gravierenderes als eine harmlose Plauderei, die sich nur ergeben kann, wenn man sie nicht beim Namen nennt. Wenn man schon sagen muß: »Ich rede mit dir« oder »Ich will das erklären«, ist man wahrscheinlich nicht mehr dabei, einfach nur zu reden oder zu erklären, sondern hat bereits eine bestimmte Entnervtheits-Stufe erreicht. Wenn alles reibungslos läuft, erfüllen die Rahmen ihre Funktion, ohne bemerkt oder benannt zu werden.

Wenn Sie jemanden dazu bewegen wollen, seine Rahmen zu benennen, indem Sie ihn fragen, wie er seine Aussage gemeint hat oder was er dabei zu tun glaubt, wird Ihr Gesprächspartner sich wahrscheinlich angegriffen oder kritisiert fühlen. Er geht dann möglicherweise zum Gegenangriff über: »Was *meinst* du mit: Wie ich das gemeint habe?!« Weil wir erwarten, daß Kommunikation wie von selbst funktioniert, sendet schon die Thematisierung von Intentionen eine beunruhigende Metamitteilung über die Beziehung aus.

In den meisten Fällen stimmen Sprecher und Hörer mehr oder weniger darin überein, in welchem Rahmen sich ihr Gespräch bewegt. Shirley und Eric zum Beispiel telefonieren miteinander. Plötzlich schnauzt Eric: »Hör auf!« Shirley ist nicht gekränkt; sie ahnt, daß Eric nicht sie, sondern seinen Hund meint, obwohl sie nicht sehen kann, wo Eric hinschaut. An der Art und Weise, wie er redet, kann sie hören, wo seine Stimme hinschaut. Eric muß nicht hastig erklären: »Warte mal einen Moment. Ich muß unser Gespräch kurz unterbrechen, um mit meinem Hund zu reden, der gerade dabei ist, den Teppich zu verspeisen.«

Anders als Menschen können Hunde den Rahmen nur am Klang der Stimme und an nichtsprachlichen Zeichen erkennen und nicht an der Bedeutung des gesprochenen Wortes. Das führte bei Erics Hund zu einem Rahmenirrtum. Nachdem Shirley richtig vermutet hatte, daß die Aufforderung dem Hund gegolten hatte, gab sie ihrer Verwunderung Ausdruck, daß Eric mit Dialekt sprach, wenn er mit dem Hund redete. Eric erklärte, daß er und sein Hund sich immer so unterhalten würden und fügte zur Veranschaulichung hinzu: »Ich sage zum Beispiel ›Los, hol den Ball.‹« Der Hund, der noch immer in Hörweite saß, konnte die Worte »Ich sage zum Beispiel« nicht verstehen und konnte daher auch den Zitat-Rahmen der Äußerung nicht begreifen: »Was ich zu dem Hund sagen *würde*, wenn ich mit ihm spielen wollte.« Er fühlte sich statt dessen zum Spielen aufgefordert und fing an, durchs Zimmer zu toben, auf der Suche nach einem geeigneten Objekt. (Seine Wahl fiel auf einen ausgestopften Frosch.)

Es gibt Situationen, wo auch Menschen Schwierigkeiten mit dem Rahmenverständnis haben. Zum Beispiel beim geschriebenen Wort. Bei schriftlichen Äußerungen können wir keine Gesprächssignale benutzen, wir müssen also Rahmenänderungen etikettieren oder auf andere Weise ausflaggen – durch Überschriften, Überleitungssätze und einführende Formulierungen wie »Zusammengefaßt« oder »Einleitend«. Beim Sprechen brauchen wir diese Etikettierungen nicht, weil wir die wechselnden Rahmen an der Stimme erkennen. Deshalb ist es zum Beispiel schwer einzuschätzen, wie etwas gemeint war, wenn man ein Gesprächstranskript liest. (Das hat bedeutsame Implikationen für Gerichtsverfahren, die sich auf »verbatim« protokollierte Zeugenaussagen oder auf Transkripte von Tonbandaufnahmen stützen.)

Wenn wir uns vorstellen, was wir sagen würden, und dann die Worte aufschreiben, gehen alle Elemente der mündlichen Aussage (Tonhöhe, Tempo, Intonation) verloren – und damit oft der Rahmen, der andere wissen läßt, wie unsere Worte gemeint sind. Deshalb werden Briefe so oft mißverstanden. Die Bedeutung der Worte ist klar, aber dem Leser entgeht häufig, welche Absicht der Schreiber damit verbindet oder welche Haltung er gegenüber dem Adressaten einnimmt: Meint er es zynisch, liebevoll, verärgert, neckend?

Eine Professorin korrigierte die Arbeit einer besonders begabten Studentin, zu der sie ein gutes Verhältnis hatte. Die Professorin hatte in dem Kurs viel Aufhebens davon gemacht, daß die vorgeschriebene Seitenzahl auf keinen Fall überschritten werden dürfte. Die Studentin hatte sich zwar an das Limit gehalten, aber eine Menge Platz herausgeschlagen, indem sie die Arbeit auf einem Computer geschrieben und mit einem winzigen Zeichensatz ausgedruckt hatte. Die Professorin neckte die Studentin in ihrem schriftlichen Kommentar: »Wer Computer benutzt, schummelt.« Die Studentin verbrachte eine schlaflose Nacht, weil sie sich ernsthaft des Betrugs beschuldigt fühlte. Wäre die Bemerkung mündlich gefallen, hätte die Studentin am Lächeln und der freundlichen Art der Professorin gemerkt, daß der Vorwurf scherzhaft und nicht ernst gemeint war.

Wenn etwas Wichtiges auf dem Spiel steht, greifen viele Leute lieber zum Telefon als zum Kugelschreiber und am allerliebsten würden sie ein persönliches Gespräch führen. Wenn es wichtig ist, ganz klar zu machen, was man meint, glaubt man, bessere Chancen zu haben, wenn man die Bedeutung mit der Stimme einrahmen kann, und noch bessere Chancen, wenn man auch non-verbale Signale wie Mimik, Gestik und Körperhaltung einsetzen kann, die die Rahmensetzung zusätzlich unterstreichen.

Wenn bei einer Rundfunkstation die Alarmanlage getestet wird, muß ausdrücklich auf den Rahmen hingewiesen werden: »Dies ist ein Probealarm! Dies ist nur ein Probealarm!« Wie gefährlich es ist, wenn die Beteiligten den Rahmen nicht erkennen, zeigte sich, als Orson Welles *Krieg der Welten* von H. G. Wells im Radio vorlas. Viele Zuhörer, die erst später eingeschaltet hatten, glaubten, daß das Ende der Welt tatsächlich gekommen sei. Wenn sie ein Buch genommen und es in der Mitte aufgeschlagen hätten, wären sie nicht in Panik geraten, weil das Buch als solches seinen Inhalt deutlich als Fiktion rahmt. Beim Rundfunk ergibt sich der Rahmen allein aus dem gesprochenen Wort.

Manchmal entgeht Lesern sogar der explizite Rahmen des gedruckten Wortes. Ein Mann, der mit der *New York Times* nicht vertraut war, entdeckte ein Exemplar bei seinem Freund und begann, darin zu lesen. Mit kaum verhüllter Panik im Gesicht blickte er hoch und meinte: »Das ist eine äußerst beunruhigende Zeitung.« Es stellte sich heraus, daß er eine Prophezeiung über den kurz bevorstehenden Untergang der Welt gelesen hatte – ohne die viereckige Umrandung und den diskret angebrachten Hinweis »Anzeige« zu bemerken.

Die Ausbeutung der Rahmen: Werbung und Witze

Werbeleute bedienen sich regelmäßig unserer Rahmengewohnheiten. In Werbespots für rezeptfreie Arzneimittel traten früher Männer in weißen Kitteln auf, die sich lobend über bestimmte Produkte ausließen. Der weiße Kittel, ein gewichtiges Gehabe und ein sachlich-nüchterner Tonfall rahmten den Mann als Mediziner und ließen seine Äußerungen wissenschaftlich fundiert klingen, ohne daß das eine oder andere explizit in der Werbung ausgesprochen wurde. Moderne Werbefachleute gehen nicht mehr so plump vor; es ist nicht mehr üblich, Schauspieler als weißbekittelte Ärzte auftreten zu lassen, man erreicht denselben Effekt durch respekteinflößende Stimmen oder durch Darsteller, die jovial und herzlich wirken und deren Tonfall deutlich macht, daß sie ihrem Publikum ein streng gehütetes Geheimnis anvertrauen.

Viele Witze hängen in ihrer Wirkung von unseren Rahmengewohnheiten ab, weil sie auf eine bestimmte Interpretationsebene anspielen und am Ende plötzlich den Rahmen wechseln. Zum Beispiel bei dem Witz, wo ein Mann mit einer Peitsche unterm Arm in eine Stadt kommt und anbietet, Reisende für die Hälfte des üblichen Preises in die nächste Stadt zu bringen. Es findet sich eine kleine Gruppe von Leuten zusammen; sie bezahlen den geforderten Preis und folgen dem Mann, in der Annahme, daß er Pferd und Wagen an der nächsten Straßenecke abgestellt hat. Sie biegen um die Ecke – und um die nächste – aber von einer Kutsche ist nichts zu sehen. Na ja, denken sie, dann wird die Kutsche wohl vor der Stadt stehen. Sie verlassen die Stadt, aber von Pferd und Wagen keine Spur. Nachdem sie ein gutes Stück Weges zur nächsten Stadt hinter sich haben – zu Fuß –, protestieren sie: Wo bleiben Pferd und Kutsche? »Wer hat etwas von einer Kutsche gesagt?« entgegnet der Mann. »Ich sagte, ich würde euch in die nächste Stadt bringen, und das tue ich.« Er mußte nichts von einem Pferd oder einer Kutsche sagen. Die Peitsche hatte für den nötigen Rahmen gesorgt. Und Leute, die diesen Witz hören, müssen am Schluß den Rahmen wechseln und ihre Auslegung des Wortes »bringen« revidieren. Die erfolgreiche Durchführung eines solchen Rahmenwechsels ist das »Mitkriegen« eines Witzes.

Witzemacher, Werbeleute und Hochstapler bedienen sich bewußt unseres gewohnheitsmäßigen Rahmenverständnisses. Aber weil Rahmungen indirekt und nicht explizit erfolgen, kann es auch zu Mißverständnissen kommen, wenn wir gar nicht die Absicht haben, jemanden in die Irre zu führen. Wie bei anderen Formen der Indirektheit, bilden auch Rahmungen sowohl schützende Rüstung wie empfindliches Weichteil der Kommunikation.

Rahmen in der Öffentlichkeit:
Bei der Arbeit / Dienstfrei

Unterschiede im konventionellen Rahmenverständnis können in öffentlichen Situationen Verwirrung stiften und Mißverständnisse schaffen. Die »Mainstream«-Konvention in Amerika verlangt zum Beispiel, daß Arbeiter beschäftigt aussehen müssen, auch wenn sie gar nichts zu tun haben, während es in anderen Kulturen üblich ist, sich »cool« zu geben – d. h. nicht beschäftigt – selbst wenn man es ist. Eine Frau betritt ein Postamt und stellt erfreut fest, daß sie die einzige Kundin ist und der Schalterbeamte offenbar nichts zu tun hat. Er summt vor sich hin, wiegt sich im Takt und blättert müßig in einigen Papieren herum, seine Bewegungen sind ruhig und lässig, er zeigt keinerlei Anzeichen von Hektik. Daher ist die Kundin verärgert, als der Beamte keine Anstalten macht, ihr zu helfen oder ihre Anwesenheit überhaupt zur Kenntnis zu nehmen.

In Wahrheit war der Beamte mit einer wichtigen Aufgabe befaßt. Als er fertig war, wandte er sich freundlich an die Kundin, um sie zu bedienen. Wenn er sich den Anschein großer Betriebsamkeit und Hektik gegeben hätte, verbunden mit entschlossenen, zielgerichteten Bewegungen, hätte er die Metamitteilung »Ich bin sehr beschäftigt« ausgesandt. Die Kundin hätte die Botschaft verstanden, während sie auf den Schalter zuging, und hätte nicht erwartet, sofort bedient zu werden. (Genausogut hätte der Beamte diese Signale natürlich aussenden können, um den Eindruck großer Geschäftigkeit zu vermitteln, obwohl er sich in Wahrheit langweilte.)

Das *Footing*

An dem Tag, als ein schwerer Schneesturm die gesamte Stadt lahmlegte, erwartete Anne ein wichtiges Express-Paket. Am nächsten Morgen rief sie beim Postamt an und fragte, ob die Chance bestände, daß ihre Eilsendung ausgeliefert würde. Der Mann am Telefon sagte: »Nein, Ma'am!« Sie fragte: »Werden überhaupt keine Eilsendungen zugestellt?« Er lachte verächtlich und erwiderte mit sarkastischem Unterton: »Nein, Ma'am. Alles, was hier ist, bleibt hier, und alles, was nicht hier ist, kommt auch nicht her. Hier geht nichts rein oder raus.« Sein Ton sagte, daß er das für absolut selbstverständlich hielt. Anne ärgerte sich: »Könnte ich nicht kommen und mein Paket selbst abholen?« »Nein, das können Sie nicht!« schnaubte der Beamte, aufs höchste gereizt. »Das Postamt ist geschlossen. Ich sitze nur hier, weil ich gestern abend nicht nach Hause kommen konnte.« Woraufhin Annes Groll zusammenschmolz. Sie sagte: »Oh, das tut mir leid. Es ist nett von Ihnen, daß Sie die Anrufe entgegennehmen.«

Als Anne jemanden am Telefon hörte, stand der Rahmen für sie fest: »Das Geschäft ist offen.« Aber für den gestrandeten Postbeamten galt ganz selbstverständlich der Rahmen: »Außer Dienst.« Als er Anne mitteilte, daß er am Abend zuvor nicht nach Hause kommen konnte, setzte er sie nicht nur von seinem Rahmen in Kenntnis, sondern wechselte auch seinen Standpunkt im Gespräch – er war nicht länger der »unkooperative Angestellte«, sondern sprach von »Mensch zu Mensch«.

Dieser Standpunkt, das sogenannte *footing*, ist ein von dem Soziologen Erving Goffman geprägter Begriff für eine Form der Rahmengebung, die das Verhältnis der Sprecher zueinander deutlich macht. Ein und dieselbe Information kann von unterschiedlichen Standpunkten – und mit radikal anderen Wirkungen – gegeben werden. Angenommen, ein Mann, der sich standhaft weigert, Sie ohne Ausweis in das

Schwimmbad zu lassen, sagt: »Wie soll ich wissen, daß Sie sich nicht heimlich hineinstehlen wollen?« Stellen Sie sich vor, wie anders die Wirkung wäre, wenn er sagen würde: »Ich wünschte, ich könnte Sie hereinlassen. Ich glaube auch nicht, daß diese Vorschrift sehr sinnvoll ist, aber ich muß mich leider daran halten.« Beim zweiten Beispiel beziehen Kartenkontrolleur und Kunde den Standpunkt: »Wir beide gegen das System.« Beim ersten besagt der Standpunkt: »Ich und das System gegen Sie.«

Solche Rahmenwechsel können eine Situation verbessern – oder verschlimmern. Eine Professorin wollte in die Sportanlage ihres Fachbereichs und stellte fest, daß sie ihren Ausweis vergessen hatte. Der Student am Eingang beharrte darauf, daß er ihr ohne Ausweis keinen Einlaß gewähren könnte. Sie erklärte, daß sie ein Mitglied des Fachbereichs sei, daß sie regelmäßig schwimmen gehe und daß ihre Begleiterin, auch eine Angehörige des Lehrkörpers, ihre Identität bezeugen könne. Der Student bestand darauf, daß sie lieber noch mal nachsehen sollte, ob sie ihren Ausweis nicht doch dabei hätte, denn ohne Legitimation könne er sie auf keinen Fall hereinlassen.

Die Professorin durchwühlte vergeblich ihre Tasche. Schließlich wies sie darauf hin, daß sie ihren Ausweis schon einmal vergessen und der Kontrolleur damals einfach ihre Nummer in den Computer eingetippt hätte. Woraufhin der junge Mann entgegnete, daß er das auch gleich tun würde, aber wenn er sie erst eine Weile nach dem Ausweis suchen ließe, würde sie in Zukunft zweimal nachdenken, bevor sie ihren Ausweis wieder vergessen würde. Das veränderte den Rahmen von: »Ich tue nur meinen Job« zu: »Ich erteile Ihnen eine Lektion«. Angesichts des Rollenunterschieds bezog der Student durch diesen Rahmen einen unverschämten Standpunkt gegenüber der Professorin.

Die Macht und Gefahr von Rahmen

Die Professorin schrieb einen Beschwerdebrief an den Leiter der Sportanlage. Er antwortete, er sei überzeugt, daß sie die Absichten des Studenten, der nur seine Pflicht erfüllt habe, mißverstanden hätte.

Die Macht der Rahmen besteht darin, daß sie ihre Arbeit im Verborgenen erledigen. Sie erlauben uns, zu meinen, was wir sagen, ohne daß wir sagen, was wir meinen, und geben uns damit die Möglichkeit, im nachhinein alles abzustreiten und – vielleicht aufrichtig – zu beteuern: »So habe ich das nicht gemeint«, oder dem anderen vorzuwerfen: »Wie kommst du denn darauf? Du spinnst ja!« Dieser defensive Vorteil, den wir als Rahmensetzer haben, verkehrt sich ins Gegenteil, wenn uns die von anderen gesetzten Rahmen unbehaglich sind. Es ist weitaus schwieriger, den Rahmen einer Äußerung zu kritisieren als den konkreten Inhalt einer Aussage.

Die meisten von uns haben den starken Drang, mit dem Rahmenwinden zu segeln. Eine Kursänderung gegen die herrschende Windrichtung ist äußerst anstrengend und risikoreich und bringt das Gesprächsboot leicht zum Kentern. Aber es gibt zwei gute Möglichkeiten, um Gesprächsrahmen in den Griff zu bekommen und nicht von ihnen umgepustet zu werden. Beide Methoden haben damit zu tun, daß wir den Rahmen ändern, indem wir aus ihm heraustreten. Die eine ist die Metakommunikation und die andere ein unausgesprochener Rahmenwechsel.

Den Rahmen durchbrechen

Das beste Beispiel für den Impuls, im Rahmen zu bleiben, und für die zwei Methoden, um aus ihm herauszutreten, stammt aus meiner persönlichen Erfahrung. Ich werde also den Rahmen der unpersönlichen Darstellung, den ich in diesem

Buch gesetzt habe, durchbrechen – den Standpunkt wechseln, von dem aus ich mich an den Leser wende – und ein persönliches Erlebnis schildern. (Ich habe diesen Standortwechsel ausdrücklich angekündigt, weil ich ihn in gedruckter Form nicht dadurch signalisieren kann, daß ich leiser spreche, eine entspannte Körperhaltung annehme, ein freundliches Lächeln aufsetze oder ähnliche Signale aussende.)

Ich hielt einen Vortrag vor großem Publikum. Zwei Leute in der ersten Reihe – ein Ehepaar – nervten mich. Sie machten dauernd abfällige Bemerkungen, stellten ellenlange Fragen, bezweifelten meine Thesen und brachten mich aus dem Konzept. Die Metamitteilung ihrer Kommentare und Fragen lautete, daß alles, was ich sagte, dumm und falsch war.

Das war mir noch nie passiert. Also reagierte ich darauf mit den Mitteln, die in der Vergangenheit immer funktioniert hatten, wenn ich kritische Zwischenfragen in konstruktive Beiträge umdeuten wollte: Ich blieb »cool«; ich dankte den Fragern, weil sie so interessante Aspekte ansprachen, und ging bei meinen Antworten auf Themen ein, die ich sowieso erörtern wollte. Doch diese Werkzeuge versagten mir bei dieser Rahmenerneuerung den Dienst, weil das Pärchen nicht daran dachte, mich bei meiner Reparaturarbeit zu unterstützen. Sie gaben sich nicht mit ein, zwei oder drei Fragen zufrieden; sie krähten ihre Fragen einfach in den Raum, statt per Handzeichen auf sich aufmerksam zu machen; sie antworteten ausführlich auf meine Antworten, so daß jede Frage sich zu einem ausgedehnten Wortabtausch entwickelte; und sie ignorierten boshaft jeden meiner Versuche, ihre langen Antworten abzukürzen.

Ich war allmählich so genervt von den langen Unterbrechungen und den Zweifeln an meiner Glaubwürdigkeit, daß ich anfing, Witze auf Kosten meiner Kritiker zu machen. Schließlich reagierte ich auf einen besonders vernichtenden Angriff – der Mann meinte verächtlich, daß Leute, die einander nicht verstehen, zweifellos unterbelichtet sein müßten – mit einem leidenschaftlichen, atemberaubend gut formulierten und exzellent begründeten Vortrag; ich legte ausführlich dar, welch großer Irrtum es sei, Sprechweisen mit so unbegründeten und wertbefrachteten Attributen wie Intelligenz gleichzusetzen. Nur meine engsten Freunde hätten meine gesteigerte und mitreißende Eloquenz als Ausdruck meiner Wut deuten können. Am Schluß des Vortrags fühlte ich mich wie die Siegerin nach einer gewonnenen Schlacht: körperlich und emotional erschöpft, aber froh, alles glücklich überstanden zu haben.

Trotz meines Sieges über das streitbare Paar erkannte ich am nächsten Morgen, daß ich die Situation ziemlich schlecht gehandhabt hatte, weil ich in dem Rahmen geblieben war, den die beiden mir vorgegeben hatten: sie hatten mich in einen Kampf verstrickt, der uns drei zum Mittelpunkt des Interesses machte und der die beiden vom übrigen Publikum abhob und ins Rampenlicht stellte. Jedesmal, wenn ich lang und breit auf ihre Attacken einging, bestätigte ich diesen Rahmen und ermutigte die beiden, eine neue Runde einzuläuten. Ich hätte den Rahmen durchbrechen sollen, entweder durch Metakommunikation – direkt ansprechen, was vor sich ging – oder durch eine indirekte Änderung des Rahmens.

Metakommunikation

Metakommunikation ist ein Begriff, mit dem Gregory Bateson die Kommunikation über die Kommunikation bezeichnet – die Benennung des Rahmens. Ich hätte geradeheraus sagen können, daß die ausgedehnten Unterbrechungen mich daran hinderten, meine vorbereiteten Themen vorzutragen, oder sogar, daß ich mich angegriffen fühlte. Ich hätte auch die unmittelbare Interaktion im Rahmen meines Vortrages analysieren können. Die Frau hatte sich zum Beispiel vehement gegen meine These verwahrt, daß Leute manchmal anders wirken, als sie beabsichtigen. Sie hatte sich in ihrem Erste-Reihe-Sitz nach vorn gelehnt und lauthals protestiert: »Jeder sensible Mensch merkt doch, was für einen Eindruck er macht, und wenn er einen anderen Eindruck macht, als er will, ändert er ganz einfach sein Verhalten!« Ich hätte sie fragen können, ob sie in diesem Moment die Absicht hatte, meinen Vortrag zu stören, grob zu erscheinen und mich zu verunsichern. Hatte sie bemerkt, daß sie diesen Eindruck machte? Hielt sie sich selber für einen sensiblen Menschen?

Aber die Aufmerksamkeit auf das Störpotential ihres Verhaltens zu lenken, hätte den kriegerischen Rahmen verstärkt, weil ich ihn beim Namen genannt und die Konfrontation offen gemacht hätte. Über meine persönliche Reaktion zu sprechen, hätte ihn ebenfalls vertieft und mich verwundbarer gemacht, als meine Rolle als Vortragsrednerin erlaubte. Mit anderen Worten, Metakommunikation ändert den Rahmen, aber sie gibt dem alten Rahmen auch Substanz, indem sie ihn zum Thema des neuen – der Metakommunikation – macht. Metakommunikation trägt die Metamitteilung der Verbundenheit in sich – so als wenn Sie jemanden anrufen, um ihm zu sagen, daß Sie nie wieder mit ihm sprechen wollen.

Um aus dem Rahmen herauszutreten, hätte ich auch sagen können: »Es sind fünfundsiebzig Leute in diesem Raum. Sie beide haben eine Menge Fragen gestellt; geben Sie den anderen auch mal eine Chance.« Das ändert den Rahmen, ohne ihn zu benennen. Auf diese Weise hätte ich die Situation wieder unter Kontrolle bringen können, ohne einen Kraftakt in der eigentlichen Streitfrage durchzuführen (»Das ist meine Show und Sie stören!«), sondern durch die leichte Anspannung eines unbeteiligten Muskels (Herstellung der Chancengleichheit). Bei einem solchen Rahmenwechsel wäre es eine Art Nebenprodukt und nicht der Hauptzweck, daß weitere Störungen abgeblockt und die Aufmerksamkeit von diesem Paar abgelenkt würde.

Neurahmung im Rahmen der Zustimmung

Ein glücklicher Zufall bescherte mir die perfekte Fortsetzung dieses Beispiels. Am nächsten Tag wurden meine Rahmen auf ganz andere Weise verändert – getarnt als Lob und Zustimmung. Ich hielt einen Vortrag vor einer kleinen Gruppe von Psychotherapeuten. Sie taten alles andere, als meine Thesen zu attackieren – sie gingen im Gegenteil begeistert darauf ein. Sie griffen meine Ideen auf und setzten sie durch psychologische Begriffe in einen neuen Rahmen: »Ich verstehe, was du meinst; er verhielt sich feindselig.« Unglücklicherweise war das, was als Verständnisbeweis offeriert wurde, in Wahrheit das genaue Gegenteil. Ich hatte nämlich gerade zu erklären versucht, daß das fälschlicherweise als feindselig gedeutete Verhalten nur Ausdruck eines anderen Gesprächsstils war und nichts mit bösen Absichten zu tun hatte.

Der Anlaß bescherte mir noch ein weiteres drastisches Beispiel für eine Neurahmung. Ich beschloß, mein Erlebnis vom vorangegangenen Abend zu benutzen, um das Rahmenmodell zu erläutern, wie ich es auch hier gerade getan habe. Sobald ich meine Schilderung der Ereignisse beendet hatte und bevor ich zur Analyse schreiten konnte, streckte die neben mir sitzende Psychotherapeutin die Hand aus, berührte mich leicht an der Schulter und meinte: »Laß uns das im Rollenspiel wiederholen.« Durch diese Geste gab sie der Interaktion einen neuen Rahmen: ich war plötzlich die Patientin und sie meine Therapeutin!

Eine Reaktion wie: »Hey, ich bin nicht deine Patientin!« wäre in diesem Fall eine Möglichkeit der Metakommunikation gewesen. Um mich dem Rahmenwechsel zu verweigern, ohne ihn direkt anzusprechen, hätte ich sagen können: »Wart' mal, ich bin mit meinem Beispiel noch nicht fertig.«

Lob ist genauso frustrierend wie Kritik, wenn wir den Eindruck haben, daß die Anerkennung sich in einem falschen Rahmen bewegt – wie in dem Lied »Killing me softly«: »telling my whole life in his words«. Wir wollen unser Leben mit unseren eigenen Worten erzählen. Und es ist frustrierend, Hilfe zu erhalten (wie bei dem »hilfreichen« Rollenspiel, das mir angeboten wurde), wenn diese Hilfe von einem Standpunkt erfolgt, der uns unbehaglich ist. Es macht keinen Spaß, umarmt zu werden, wenn einem dabei die Luft abgewürgt wird.

Neurahmung als Herabsetzung

Manchmal hat man das Gefühl, als unterlegen abgestempelt zu werden, ohne daß man genau sagen könnte warum; vor allem in Situationen, wo andere scheinbar nur Nettes gesagt haben.

Kurz nach ihrer Scheidung fuhr Marjorie über die Weihnachtstage nach London. Als sie sich von ihren Freunden Julian und Barb verabschiedete, drückte Barb ihr liebevoll den Arm und meinte lächelnd: »Du mußt nicht extra nach London fahren, um Weihnachten nicht allein zu sein. Nächstes Jahr kannst du das Fest mit uns verbringen.«

Marjorie bedankte sich für das freundliche Angebot. Aber sie fühlte sich hundeelend. Ihre aufregende Reise nach London erhielt plötzlich einen neuen Rahmen und wurde als der verzweifelte Versuch dargestellt, einem einsamen Weihnachtsfest zu entfliehen. Doch weil diese Neurahmung in Form einer scheinbar großzügigen Geste erfolgte, dachte Marjorie nicht daran zu protestieren. Sogar wenn es ihr in den Sinn gekommen wäre, hätte sie nichts gesagt, weil jeder Protest einen Mißklang in die bis dahin harmonische Unterhaltung gebracht hätte.

Wir fühlen uns durch eine derartige Kommunikation verunsichert, weil sie uns in eine Zwickmühle bringt: in einen Konflikt zwischen Mitteilung und Metamitteilung. Die Mitteilung sagt: »Wir sind deine Freunde; wir wollen, daß du glücklich bist.« Die Metamitteilung sagt: »Du armes Ding!«, und prompt *fühlen* wir uns wie ein »armes Ding« – und entsprechend elend.

Bei anderer Gelegenheit erwartete Marjorie den Besuch ihrer Freundin Caroline, die – wie Marjorie – als erfolgreiche Börsenmaklerin arbeitete. Als sie Sophia gegenüber erwähnte, daß Caroline kommen würde, meinte diese: »Oh, wie schön für dich! Da kannst du dir ja noch was abgucken.« Diese Bemerkung gab dem freundschaftlichen Besuch einer Gleichgestellten einen neuen Rahmen und machte Marjorie zur glücklichen Nutznießerin des überlegenen Intellekts ihrer Freundin. So gesehen ist die Bemerkung beleidigend, weil Marjorie in ihrem Status herabgesetzt wird. Aber die Beleidigung liegt nicht in den Worten, sondern in den unterschwelligen Voraussetzungen – mit anderen Worten, in der Rahmengebung.

Ein paar Freunde gehen in ein Restaurant. Es ist eine Art feste Gewohnheit bei ihnen, daß sie gegenseitig von ihrem Essen probieren, vor allem, wenn es etwas Ungewöhnliches ist. Karen bietet Laura ein Stückchen geröstete Ente an und Laura akzeptiert. Sie bietet dann ihrerseits Karen an, einmal von ihren Kammuscheln zu probieren; Karen lehnt ab, wobei sie beschwichtigend sagt: »Du hast nicht so viele. Laß nur.«

Laura fühlt sich plötzlich gemein, weil sie ihr eigenes Essen rücksichtslos an sich reißt. Karen verzichtete scheinbar edelmütig auf Lauras Angebot, ein Eindruck, der noch verstärkt wurde, weil sie selbst gerade etwas von ihrer Ente abgegeben hatte. Karen schien zu sagen, daß sie zwar gern von den Muscheln kosten würde, sich aber den Genuß versagte, um Laura nichts wegzunehmen. (Vielleicht erwartete Karen in Wahrheit, daß Laura – etwas hartnäckiger – auf ihrem Angebot bestehen würde.) Wahrhaft edelmütig wäre es gewesen, wenn Laura so getan hätte, als hätte sie keinen Appetit; Laura hätte dann guten Gewissens all ihre Muscheln allein essen können, ohne das Gefühl zu haben, Karen etwas vorzuenthalten.

Karens Edelmut, gerahmt durch die Art und Weise ihres Verzichts, ist ein Ausdruck der klassischen »Märtyrermutter«-Haltung (»Kümmert euch nicht um mich – ich sitze gern im Dunkeln«). Es ist eine anachronistische Haltung, bei der man einerseits edelmütig sein will, aber auch Anerkennung dafür erwartet – aber wenn man sich seinen Edelmut als Verdienst anrechnen läßt, rahmt man das Verhalten der anderen automatisch als egoistisch. Wer solche Schuldgefühle weckt, muß dabei nicht zwangsläufig in böser Absicht handeln. Es genügt, daß man seinen Edelmut offiziell macht. Der neue Rahmen, in dem das Verhalten der anderen erscheint, ist ein Nebenprodukt des Rahmens, den man sich selber gibt.

Rahmen-Bewahrer und Rahmen-Brecher

Ein Mann und eine Frau gehen die Straße entlang. Als sie die Kreuzung erreichen, kommt ein Auto. Der Fahrer des Wagens stoppt an der Ecke und bedeutet den beiden per Handzeichen, die Straße zu überqueren. Solche scheinbare Nettigkeit ist, in gewisser Hinsicht, eine Art unangebrachter Selbstherrlichkeit. Wenn ein Zebrastreifen vorhanden ist, gebietet es das Gesetz, und nicht der Edelmut des Fahrers, die Fußgänger über die Straße zu lassen. Wenn der Fahrer sie über die Straße winkt, läßt er sich einen äußerlich festgeschriebenen Situationsablauf als eigenes Verdienst anrechnen – wie Karen, die Laura ihre eigenen Muscheln zum Geschenk macht.

Wie reagiert das Paar an der Kreuzung auf diesen Rahmenwechsel? Die Frau beschleunigt ihre Schritte und eilt über die Straße. Der Mann bleibt stehen und signalisiert dem Fahrer des Wagens, daß er weiterfahren soll.

Die Frau akzeptiert spontan den vom Fahrer gesetzten Rahmen: »Ich erlaube Ihnen, die Straße zu überqueren.« Sie beschleunigt ihren Schritt, um die nette Geste mit einer ebenso netten Geste zu erwidern und den Fahrer nicht länger aufzuhalten als nötig. Der Mann lehnt den vom Fahrer gesetzten Rahmen spontan ab und ersetzt ihn durch einen eigenen: »Nein, danke, *ich* erlaube *Ihnen*, daß Sie weiterfahren.«

Obwohl es so scheinen mag, als ob derjenige, der den Vortritt erhält, in der überlegenen Position ist, gilt das lediglich für die Mitteilungs-Ebene. Was die Ebene der Metamitteilung angeht, hat derjenige, der *entscheidet*, wem dieses Recht zukommt, die Oberhand, gleichgültig, wer das Recht dann ausübt. Deshalb fühlen sich viele Frauen durchaus nicht privilegiert, wenn man ihnen solche Vorrechte wie aufgehaltene Türen eröffnet. Der Vorteil, als erste durch eine Tür zu gehen, ist weniger entscheidend für sie als der Nachteil, das Recht von jemandem gewährt zu bekommen, der sich durch seine edelmütige Geste als Herr des Wegerechts aufspielt.

Die meisten von uns neigen dazu, sich entweder grundsätzlich an gegebene Rahmen zu halten oder grundsätzlich dagegen aufzubegehren. Wer im allgemeinen zu trotzigen Reaktionen neigt, wenn er sich unter Druck gesetzt fühlt, wird die von anderen gesetzten Rahmen instinktiv ablehnen. Wer eher zum Nachgeben neigt, wenn er sich unter Druck gesetzt fühlt, wird sich instinktiv in den von anderen gesetzten Rahmen einpassen. Unsere Reaktionen richten sich eher nach unseren Gewohnheiten als nach der spezifischen Situation.

Besser wäre es, wenn wir lernen würden, sowohl auf die eine wie die andere Weise zu reagieren – den Rahmen akzeptieren oder ablehnen – je nach gegebener Situation. Der erste Schritt zur Erlernung dieser Kontrolle ist zu erkennen, wann wir uns mit einem vorgegebenen Rahmen unwohl fühlen und zu verstehen, mit welchen Sprechweisen diese Rahmen erzeugt werden. Der zweite Schritt besteht darin, Methoden der Rahmenverweigerung oder des Rahmenwechsels einzuüben, indem wir andere Sprechweisen ausprobieren. In einigen Fällen lohnt es sich vielleicht sogar, zur Metakommunikation zu greifen, also den Rahmen anzusprechen, ob wir den Begriff dabei benutzen oder nicht.

Rahmendynamik

Rahmen sind nichts Statisches wie Bilderrahmen, sondern ergeben sich aus ständig wechselnden Interpretationslinien und neu ausgehandelten Standpunkten. Die Rahmung, die in einem bestimmten Moment abläuft, wird Teil dessen, was den nächstfolgenden Rahmen ausmacht und wird ihrerseits von den Rahmen, die kurz zuvor entstanden sind, mitbestimmt. Der Standpunkt, den wir in einem bestimmten Moment beziehen, wird vom Standpunkt beeinflußt, den wir vor einer Minute – und vor einem Jahr – bezogen haben. Wir alle reagieren in jedem Moment auf andere und lösen Reaktionen in anderen aus. Wir neigen zu der Annahme, daß wir auf das reagieren, was andere sagen, ohne uns bewußt zu machen, daß die anderen mit ihren Worten vielleicht schon auf uns reagiert haben. Wir wissen sehr genau, daß wir mit einer bestimmten Äußerung reagiert haben, weil der andere vorher dies oder jenes gesagt hat, aber wir merken vielleicht nicht, daß der andere mit dieser bestimmten Bemerkung auf etwas reagiert hat, was wir gesagt haben – gerade eben, gestern oder letztes Jahr. Kommunikation ist ein ständig in Bewegung befindlicher Fluß, bei dem alles gleichzeitig Reaktion und Anstoß, Anstoß und Reaktion ist. Wir bewegen uns fortwährend in einem komplizierten Tanz, der sich dauernd ändert, aber aus vertrauten Schrittfolgen besteht. Die ständig wechselnden Rhythmen und Sequenzen richten sich an subtilen Metamitteilungen aus, die dem Geschehen von einem Moment zum anderen einen neuen Rahmen geben.

Bei einigen dieser Beispiele über Rahmungen und Neurahmungen ging es darum, daß man sich herabgesetzt oder unterstützt, manipuliert oder kontrolliert fühlte. Dieser Aspekt der Rahmengebung läßt sich unter dem Begriffspaar Macht und Solidarität fassen – eine der grundlegenden Dimensionen menschlicher Kommunikation. Und das ist das Thema des folgenden Kapitels.

Kapitel 6

Macht und Solidarität

Jack besucht seine Großmutter im Pflegeheim. Sie prahlt damit, daß sie »ganz dicke« mit den Pflegerinnen sei, denn sie sagen Millie zu ihr. Jack gefällt das gar nicht, weil er denkt, daß man seine Großmutter nicht mit dem nötigen Respekt behandelt. Jack glaubt, daß die Pflegerinnen ihr gegenüber einen Standpunkt einnehmen, mit dem sie ihre Machtposition hervorkehren; seine Großmutter dagegen hält es für einen Ausdruck der Solidarität, wenn die Pflegerinnen sie beim Vornamen nennen.

Die Begriffe *Macht* und *Solidarität* beschreiben die Art und Weise, wie wir mit Verbundenheit und Unabhängigkeit in der realen Welt jonglieren. Macht hat etwas damit zu tun, daß man andere beherrscht – eine Erweiterung der Verbundenheit – und daß man sich der Herrschaft durch andere entzieht – eine Erweiterung der Unabhängigkeit: der Wunsch, nicht unterdrückt zu werden. Aber Macht hat auch etwas mit Statusbewußtsein zu tun, weil ein höherer Status das Recht impliziert, andere zu beherrschen und sich der Herrschaft anderer zu widersetzen. Solidarität ist der Wunsch, freundlich zu sein und ein harmonisches Verhältnis herzustellen, aber auch Macht begründet gleichberechtigte Standpunkte zwischen Menschen, in dem Sinne, daß niemand dem anderen etwas vorschreiben kann.

Es ist leicht nachvollziehbar, warum ein höherer Status

121

dazu führt, daß wir anderen sagen können, was sie zu tun haben: Arbeitgeber erteilen ihren Angestellten Befehle; Eltern ihren Kindern; Lehrer ihren Schülern; Ärzte den Schwestern und Patienten. Aber sogar in Situationen scheinbar gleichberechtigter Standpunkte – unter Freunden oder zwischen Liebes- oder Geschäftspartnern – lösen die Bedürfnisse nach Verbundenheit und Unabhängigkeit häufig Machtkonflikte aus.

Indirektheit macht es möglich, Macht auszuüben, ohne so zu wirken. Der Vater, der seine Tochter wissen läßt, was sie seiner Meinung nach tun sollte, ohne es offen auszusprechen, will seinen Willen durchsetzen. Aber er möchte lieber das Gefühl haben, daß er seinen Willen bekommt, weil seine Tochter dasselbe will (Solidarität), und nicht, weil er ihr den Arm umdreht (Macht). So kann Macht als Solidarität getarnt werden. Sich dessen bewußt zu sein, birgt jedoch auch die Gefahr, einen aufrichtigen Ausdruck von Solidarität als Machtspiel und Herabsetzung mißzuverstehen. Wenn Sie mir die Hand schütteln und extra fest zudrücken – tun Sie das, um mir zu zeigen, daß Sie mich mögen – oder um mich wissen zu lassen, daß Sie stärker sind? Ich könnte darin sowohl die eine wie die andere Botschaft sehen – gleichzeitig, welche Absicht Sie haben.

Macht und Solidarität sind auf paradoxe Weise miteinander verknüpft; sie schließen sich beide gegenseitig aus und ein. Liebe impliziert den Wunsch, dem anderen zu gefallen; wenn wir also andere dazu kriegen, uns zu lieben, ist das eine Methode, um zu bekommen, was wir wollen. Auf diese Weise schließt Solidarität Macht ein. Furcht führt dazu, daß wir tun, was der Furchteinflößer will; wenn wir also anderen Angst einjagen, ist das ebenfalls eine Methode, um zu bekommen, was wir wollen – und um Liebesbeweise zu erhalten. Auf diese Weise schließt Macht Solidarität ein.

Die Dimensionen sind außerdem verknüpft, weil Liebe immer auch die Angst vor dem Verlust der Liebe umfaßt. So können also sowohl Liebe als auch Angst dazu führen, daß man sich beherrscht fühlt (oder es ist) und daß man andere beherrscht (oder es versucht).

Es ist ein Paradox wie bei dem Bild mit der Vase und den zwei Gesichtern. Beide Motive sind gleichzeitig vorhanden, und wir können beide sehen, aber immer nur eins zur Zeit. Auf dieselbe Weise können wir immer nur eine Seite der Macht/Solidarität-Dimension zur Zeit sehen. Wenn jemand versucht, mir seinen Willen aufzuzwingen – mich zu manipulieren –, dann liebt er mich nicht, er benutzt mich. Es ist schwer zu erkennen – weil es widersprüchlich *ist* –, daß er mich liebt *und* benutzt. Der Liebende möchte, daß die Geliebte tut, was er will *und* daß sie frei ist. Solche Paradoxien halten die Kommunikation (und die Beziehung) in einem Zustand des Ungleichgewichts, das ständiger Korrektur bedarf.

Wie ist das mit den Vornamen?

Das Beispiel von der Frau im Altersheim ist gut geeignet, um mit der Erklärung der Macht/Solidarität-Dimension zu beginnen, denn Anredeformen gehören zu den gebräuchlichsten Methoden, um Status und Zuneigung zu demonstrieren. Solidarität herrscht, wenn zwei Leute sich gegenseitig beim Vornamen nennen. Macht herrscht, wenn nur einer den anderen beim Vornamen nennt. Angenommen, ein Mann sagt zu seinem Dienstboten: »Wenn die Gäste eintreffen, führen Sie sie bitte ins Wohnzimmer, Stefan« – kann Stefan darauf antworten: »Gern, Ronald.«? Wenn die Lehrerin Hänschen auffordert, den Übungstext laut vorzulesen, kann Hänschen dann fragen: »Welche Seite, Margarete?« Wenn der Arzt oder Zahnarzt oder Psychotherapeut seine Sekretärin oder Sprechstundenhilfe »Marie« nennt, kann Marie ihn dann auch duzen?

Alter, Geschlecht und Status spielen hier alle eine Rolle. In gewisser Weise ist das Generationsverhältnis ein Modell für das Verhältnis von Macht und Solidarität. Jeder Erwachsene kann jedes Kind beim Vornamen nennen, aber Kinder müssen zumindest einige Erwachsene mit Titel und Nachnamen anreden (Herr, Frau oder Doktor Soundso). Die Art und Weise, wie man mit Kindern spricht – man duzt sie, streichelt ihnen über den Kopf, stellt ihnen persönliche Fragen –, ist ein Ausdruck der Zuneigung. Aber sie spiegelt auch einen unterschiedlichen Status wider, weil das Recht, Zuneigung zu demonstrieren, nicht reziprok ist.

Ähnlich verhält es sich, wenn der Geschäftsmann, Herr Warren, den Fahrstuhlführer mit »Guten Morgen, Jimmy« begrüßt. Herr Warren möchte freundlich sein, aber Jimmy wird durch diese Anrede vielleicht an den Statusunterschied erinnert. Wenn Jimmy in der Eingangshalle steht und sich mit dem Hausmeister unterhält, berührt Herr Warren ihn vielleicht leicht am Arm, wenn er vorbei möchte. Im umgekehrten Fall würde Herr Warren wahrscheinlich erwarten, daß Jimmy stehenbleibt und »Entschuldigen Sie bitte« sagt.

Wenn eine Frau den Durchgang versperren würde, wäre Herr Warren vielleicht auch so frei, sie durch eine freundliche Berührung darauf aufmerksam zu machen, daß sie im Weg steht. Aber wenn es sich bei dem Hindernis um einen Herrn im dreiteiligen Anzug handeln würde, würde Herr Warren sich eines derartigen körperlichen Kontakts enthalten und »Entschuldigen Sie bitte« sagen (mit anderen Worten, sich eher formell als freundschaftlich verhalten). Jemand, der bewußt freundlich sein will, gilt leicht als überheblich, wenn seine Form der Freundlichkeit nicht reziprok ist oder nicht dieselbe, die er gegenüber Gleichgestellten zeigen würde.

Frauen geraten oft in die Fänge dieser Paradoxie. Sie werden weit häufiger beim Vornamen genannt und körperlich berührt als Männer. Talk Show-Gastgeber, Quizmaster, Studenten und andere reden einen promovierten Mann weit häufiger mit »Doktor« an als eine promovierte Frau. Wenn es um den Kontakt mit fremden Leuten geht, ist es bei Reiseleitern, Verkaufspersonal oder telefonischen Auftragsdiensten in Amerika üblich, weibliche Kunden mit dem Vornamen anzureden. In gewisser Hinsicht ist das ein herabsetzendes Verhalten: ein Zeichen mangelnden Respekts. So wie Leute sich die Freiheit herausnehmen, Kinder zu tätscheln und mit dem Vornamen anzureden, nehmen sie sich auch bei Frauen eher die Freiheit zu solchen Vertraulichkeiten heraus.

Trotzdem bleibt die Tatsache bestehen, daß Leute, die Frauen auf diese Weise behandeln, nett sein wollen: Der Gebrauch von »Miss« oder »Mrs.« (ganz zu schweigen von »Ms.«!) würde vielen Amerikanerinnen albern vorkommen, wie alles, was ungewohnt ist. Viele Frauen ziehen es vor, mit dem Vornamen angeredet zu werden, weil der Gebrauch von Titeln und Nachnamen etwas Distanzierendes hat. Und Frauen stören sich eher als Männer an distanzierendem Verhalten.

»Danke, Süße«

Eine erfolgreiche junge Geschäftsfrau traf sich mit einem vielversprechenden Bewerber für ihre Firma bei einem zwanglosen Essen. Das Restaurant hatte eine Selbstbedienungstheke, an der man sich Kaffee holen konnte. Die Geschäftsfrau war gerade dabei, sich einen Kaffee einzugießen, als ein Mann neben ihr auftauchte. Er bat sie, ihm auch eine Tasse einzuschenken. Sie kam der Bitte gern nach. Er sagte: »Danke, Süße. Nächstes Mal bin ich dran.«

Obwohl die Frau nichts dagegen gehabt hatte (was nicht bei allen Frauen so wäre), dem Mann einen Kaffee einzugießen, fühlte sie sich durch die vertrauliche Anrede in ihrem Status herabgesetzt. Sie sagte zu dem Fremden: »Danke, aber nennen Sie mich nicht ›Süße‹.«

Der Mann wurde fuchsteufelswild. Er schimpfte wie ein

Rohrspatz und warf ihr schließlich vor:»Ich wette, Ihr Mann nennt sie auch Süße und Sie sind ganz wild danach.« Das war natürlich genau der Punkt. Er war nicht ihr Mann, also durfte er sie nicht so anreden, wie ein Ehemann es tun könnte. Doch der Mann hatte es nett gemeint und fand es deshalb ungerecht, daß sie beleidigt war. Er war sich bewußt, daß die Anrede»Süße« eine Metamitteilung der Solidarität enthält. Die Frau reagierte auf die Metamitteilung der Herablassung.

Unglücklicherweise gibt es keinen Ausdruck, den dieser Mann hätte benutzen können, um seine freundschaftlichen Gefühle zu demonstrieren, ohne herablassend zu wirken. »Kumpel«,»Alter« oder»Sportsfreund« wären bei einer Frau nicht angebracht. Alle traditionellen Ausdrücke der Zuneigung für Frauen gelten mittlerweile als herablassend, eben weil sie nur für Frauen benutzt werden. Deshalb ist es so frustrierend, mit Frauen (oder anderen Menschen, die »anders« sind) in Situationen umzugehen, wo man an reine Männergesellschaften gewöhnt ist. Die traditionell im Umgang mit Männern benutzten Sprechweisen wirken Frauen gegenüber unhöflich, aber die traditionell im Umgang mit Frauen benutzten Sprechweisen implizieren, daß man sie weniger respektvoll behandelt als einen Mann.

Der Arzt, der seiner Patientin oder Sprechstundenhilfe freundschaftlich auf die Schulter klopft und sagt:»Wie geht's uns denn heute, Sally?«, hat vielleicht den ehrlichen Wunsch, freundlich und herzlich zu sein. Aber weil die Patientin oder Sprechstundenhilfe nicht gut zurückklopfen und ihrerseits fragen kann:»Und wie geht's dir heute, Richie?«, enthält die Bemerkung des Arztes eine (möglicherweise unbeabsichtigte) Metamitteilung der Statusüberlegenheit. Die dem Arzt zur Verfügung stehenden Möglichkeiten, Anteilnahme oder Nähe zu zeigen – die Benutzung des Vornamens, Berührungen und Fragen nach dem Befinden –, sind paradoxerweise gleichzeitig Ausdruck seines höheren Status und damit herablassend.

Viele von uns reagieren angesichts solcher gemischter Metamitteilungen entweder, indem sie die Herablassung übelnehmen und die Anteilnahme nicht beachten, oder indem sie die Anteilnahme würdigen und die Herablassung ignorieren. Wie beim Anblick eines Doppelbildes, können wir nicht beide Motive gleichzeitig betrachten. Aber sie sind beide da. Wenn man sich nur über die Herablassung ärgert oder nur die Anteilnahme anerkennt, ignoriert man die Hälfte der Kommunikation.

Macht ablehnen

Die Beispiele machen erneut den Zwickmühlencharakter der Kommunikation deutlich. Wie soll ein wohlwollender Arzt sich verhalten? Viele Patienten reagieren wenig begeistert auf die Aufforderung, ihren Arzt zu duzen, weil sie das Gefühl haben, daß ein realer Statusunterschied besteht – einer, den sie nicht vergessen möchten, wenn sie ihr Leben und ihre Gesundheit in seine Hände legen.

Sogar ganz junge Patienten reagieren auf die Metamitteilungen in der Sprechweise eines Arztes. Der Hausarzt des vierjährigen Benny Clarke war ein alternativer Typ. Alle nannten ihn Ralph, und er verwickelte seine kleinen Patienten immer in eine kumpelhafte Plauderei, bevor er sie untersuchte. Eines Tages mußte Ben zu einem Spezialisten, der eher dem traditionellen Medizinerbild entsprach. Hinterher meinte Ben anerkennend zu seinem Vater: »Also, *das* ist mal 'n klasse Arzt!« Als der Vater nachfragt, erklärt Ben: »Er spricht wie ein Arzt.«

Wenn ein Arzt seine Patienten und Angestellten auffordert, ihn beim Vornamen zu nennen oder ihm persönliche Fragen zu stellen, entsteht leicht der Eindruck, daß er eine falsche Gleichheit herstellen will. Wenn eine Ärztin das tut, verliert sie möglicherweise sogar mehr an Respekt als ihr männlicher Kollege und mehr, als ihrem Medizinerstatus gut tut. Der Versuch, sich »einfach als guter Kumpel« zu geben, wenn Sie es nicht sind, kann heuchlerisch wirken und Ablehnung provozieren, wenn die berufliche Autorität wieder ins Spiel kommt – zum Beispiel wenn der Arzt anordnet, daß ein Patient oder eine Sprechstundenhilfe seinen ärztlichen Anweisungen Folge leistet. Und Lehrer, die ihre Schüler zu Solidaritätsbezeugungen ermutigen, finden sich plötzlich mitten im Machtlager wieder, wenn sie Zensuren geben oder Entscheidungen über Versetzungen fällen müssen.

Für gewöhnlich liegt es in der Entscheidung von Ärzten, Vorgesetzten, Professoren und älteren Leuten, ob sie anderen erlauben, sie beim Vornamen zu nennen oder andere Vertraulichkeitsbeweise von sich zu geben. (Frauen in solchen Positionen finden sich dieses Vorrechts gelegentlich beraubt, wie oben erläutert.) Wer Privilegien gewährt, gibt sich automatisch den Rahmen der Statusüberlegenheit. Und jeder, der anderen erlaubt, eine gewisse Statusgleichheit zu demonstrieren, hat zweifellos feste Vorstellungen davon, welche Freiheiten nicht dazugehören. Eine Professorin zum Beispiel hatte nichts dagegen, daß ihre Studenten sie beim Vornamen nannten und strebte eher einen freundschaftlichen als einen autoritären Stil an. Dennoch war sie ziemlich verärgert, als ein männlicher Student ihr zu einer akademischen Auszeichnung gratulierte und seine Anerkennung darin gipfeln ließ, daß er ihr kichernd und glucksend auf die Schulter klopfte – oder als sie einen anderen Studenten bat, ihr etwas herüberzureichen und er in scherzhaft neckendem Ton entgegnete: »Sag erst schön ›bitte, bitte‹.«

Solidarität untergräbt Macht. Wir können nicht beides haben. Der Sozialarbeiter, der versucht, von einer Straßenbande akzeptiert zu werden, verliert Autorität. In dem Maß, in dem er auf seiner Autorität – oder dem Recht, in bestimmten Situationen davon Gebrauch zu machen – besteht, kann er nicht als Gleicher unter Gleichen von der Bande akzeptiert werden.

Solidaritätsbezeugungen von jemandem mit scheinbar höherem Status können den gegenteiligen Effekt haben und herablassend wirken. Vertraulichkeitsbekundungen von jemandem mit scheinbar niedrigerem Status können ins Gegenteil umschlagen und unverschämt wirken. Und oft führt das eine zum anderen. Statusunterschiede werden durch Sprechweisen ausgedrückt und aufrechterhalten, aber sie können auch unbeabsichtigt ins Spiel kommen, weil Sprechweisen immer auch Metamitteilungen über den Status aussenden, ob beabsichtigt oder nicht.

Neurahmung im Rahmen der Macht / Solidarität-Dimension: Unangebrachte Verbrüderung

In Kapitel 5 wurden Beispiele für Äußerungen vorgestellt, die Unbehagen verursachen, weil der Sprecher einen Standpunkt bezieht, der dem Hörer unangemessen erscheint. Manchmal hängt die Unangemessenheit mit dem jeweiligen Status zusammen. Dann ist die Macht / Solidarität-Dimension im Spiel. Lob zum Beispiel stößt auf wenig Dankbarkeit, wenn der Lobspender sich damit den Anschein der Überlegenheit gibt – und sich zum Richter unseres Verhaltens aufschwingt.

Eine freiberufliche Autorin, die außerdem dem Lehrkörper einer Journalistenschule angehört, erhielt einen Brief, in dem sie zu ihrem erfolgreichen Artikel in einer großen Zeitung beglückwünscht wurde. Im folgenden ein kurzer Auszug aus diesem Brief. Beurteilen Sie selbst, welchen Standpunkt die Verfasserin des Briefes gegenüber der Journalistin bezieht:

Ich schreibe Ihnen nach all dieser Zeit, weil ich Ihren Artikel gelesen habe, der mich ziemlich beeindruckt hat. Sie haben genau beschrieben, was viele Leute in dieser Position bewegt hat, und ich bin vor kurzem zu demselben Ergebnis gekommen. Ich danke Ihnen, daß Sie unsere Perspektive so klar vertreten haben. Zu schade, daß wir nie darüber diskutiert haben, als ich in New York war. Es wäre sicher ein äußerst interessantes Gespräch geworden. Nach der Lektüre Ihres Artikels bin ich überzeugt, daß wir in dieser Sache einer Meinung sind und in vielen Punkten übereinstimmen.

Gute Arbeit! Machen Sie weiter so!

Die Journalistin staunte nicht schlecht über diesen Brief einer ehemaligen Schülerin, die wesentlich jünger und selbst keine Journalistin war. Durch die Formulierung des Lobes – die Verfasserin des Briefes erklärt, »ziemlich beeindruckt« zu sein, sie gratuliert der Journalistin, weil sie zu demselben Ergebnis kommt wie sie selbst und unterstellt, daß die Autorin die Sache sicher gern mit ihr besprochen hätte, wenn sie nur geahnt hätte, daß sie einer Meinung waren – bezieht die Verfasserin einen Standpunkt, der sie als überlegen einrahmt. Eine Ermunterung wie »Gute Arbeit! Machen Sie weiter so!« kann implizieren, daß Ihr Ansporner bereits seit ewigen Zeiten an der Ziellinie gewartet und nach Ihnen Ausschau gehalten hat.

Wer Solidarität demonstriert, wo es unangebracht wirkt, macht sich unbeliebt. Eltern, die versuchen, sich genauso zu kleiden oder zu reden wie ihre Kinder im Teenageralter, bekommen von ihren Sprößlingen oft zu hören, daß sie alles falsch machen. In Wahrheit zielt die Kritik wahrscheinlich eher darauf, daß die Eltern Aufnahme in eine Gruppe fordern, der sie nicht wirklich angehören – also eine unangebrachte Solidarität demonstrieren.

Ein Teenager-Junge spielte seinem Vater, einem Liebhaber klassischer Musik, seine neueste Rockplatte vor. Der Vater war hellauf begeistert und begann zu erklären, warum er die Musik für künstlerisch gelungen hielt. Statt sich darüber zu freuen, war der Junge verärgert: »Kann ich nicht mal irgendwas für mich haben?« Er wollte sich – in Sachen Musik – als der Experte fühlen, und sein Vater sollte der Außenseiter sein. Als der Vater die Platte lobte, hatte der Junge das Gefühl, daß ihm die Musik weggenommen wurde.

Wenn Eltern sich für die Musik, Kleidung oder Sprache ihrer Kinder begeistern, wollen sie sich vielleicht nur solidarisch zeigen und haben gar nicht die Absicht, ihre Kinder zu kontrollieren. Doch Kinder erleben die Toleranzbemühungen oder Nachahmungsversuche ihrer Eltern häufig als machtorientierten Übergriff. Und oft *wird* Solidarität demonstriert, um Einfluß zu nehmen: es ist kein Zufall, daß Formulierungen wie »Freunde gewinnen« und »Einfluß nehmen« so oft im selben Zusammenhang fallen.

Einfluß und Freunde gewinnen

Der Verkäufer, der Ihnen aufmunternd auf den Rücken klopft und Sie mit dem Vornamen anredet, ruft wahrscheinlich eher Ihr Befremden als Ihr Entzücken wach, wenn er sich benimmt, als hätten Sie bereits zusammen in der Sandkiste gespielt. Sie empfinden diese Solidarität nicht nur als unangemessen, sondern haben auch das Gefühl, daß er auf Freundschaft macht, weil er Sie – in aller Freundschaft – zum Kauf seines Produktes überreden will.

Ein Verkäufer berät Sie bei der Auswahl eines neuen Anzuges; er tritt einen Schritt zurück, erklärt, daß der Anzug »wie für Sie gemacht« sei und gibt Ihnen das Gefühl, einfach atemberaubend attraktiv auszusehen. Vielleicht versucht er, ehrlich zu entscheiden, was Ihnen am besten steht, wie ein Freund es tun würde – vielleicht träumt er aber auch von einem atemberaubenden Profit.

Eine Frau sieht sich an einem Kosmetikstand um. Die Verkäuferin fängt an, sie freundlich zu beraten und ist bald dabei, Kosmetikproben im Gesicht der Kundin zu verteilen.

Sie tränkt einen Wattebausch mit teurer Flüssigkeit, fährt damit über die Stirn der Kundin und hält ihr die Watte dann triumphierend unter die Nase: »Und Sie haben gedacht, Ihr Gesicht wäre sauber! Nun schauen Sie sich das an!« Da es sechs Uhr abends in einer schmutzigen Stadt ist, hatte die Kundin keinen Grund anzunehmen, daß ihr Gesicht sauber sei. Aber ihre guten Manieren, ihr Impuls, nicht zu widersprechen, sondern Solidarität zu bewahren, halten sie davon ab, herausfordernd zu entgegnen: »Wer· hat gesagt, daß mein Gesicht sauber ist?«

Dann macht die Verkäuferin ein Angebot, das einen großen Vertrauensbeweis darstellt: »Fühlen Sie mal mein Gesicht. Ist die Haut nicht schön glatt?« Die angeborene Freundlichkeit der Kundin läßt nicht zu, dieses Angebot abzulehnen und irgend etwas anderes zu sagen als: »O ja, Ihre Haut ist wirklich ganz glatt.« Ein weiterer Triumph für die Verkäuferin: »Das liegt daran, daß ich dieses Produkt benutze!«

Da die Kundin zugestimmt hat, daß ihr Gesicht schmutziger ist als erwartet und daß die Frau, die dieses Produkt anwendet, eine äußerst glatte Haut hat, gerät sie in eine Argumentationslinie, an deren logischem Ende der Produktkauf steht. Um den Kauf abzulehnen, müßte sie sich als jemand darstellen, der eine schmutzige, runzlige Haut haben möchte. Auf diese Weise nutzen Verkaufsstrategen unsere Gesprächsgewohnheiten; sie stellen Solidarität her, um Kontrolle zu gewinnen.

Leute, die als Verkäufer arbeiten, sind oft Experten für die Produkte, die sie anbieten (oder tun zumindest so) – seien es nun Kosmetika, Computer oder Elektrogeräte. Aber wer ein Geschäft betritt, um sich unverbindlich beraten zu lassen, kann leicht in einen Kunden verwandelt werden. Dann ist es fraglich, ob der Computerverkäufer den Computer empfiehlt, der den Bedürfnissen des Kunden am ehesten gerecht wird, oder denjenigen, der die höchste Provision bringt.

Wenn ein Verkäufer sich vom Beantworten von Fragen

aufs Verkaufen verlegt (ein allmählicher Vorgang natürlich), ähnelt das dem Rahmenwechsel, der eintritt, wenn ein
Lehrer, der den Schülern beim Lernen geholfen hat, plötzlich die Rolle wechselt und die Leistungen zensiert. Lehrer
geraten meistens unfreiwillig und sogar unbewußt in diesen Rahmenkonflikt; die auf Solidarität basierende (aber
machtbefleckte) Lehrerrolle ist ihr angestrebtes Ziel. Im
Verkaufsgeschäft ist es wohl eher andersherum: Die auf Solidarität basierende Rolle des Informationsgebers ebnet nur
den Weg zur Macht – zum Verkauf des Produkts.

Unangebrachte Distanz

Wie Solidarität kann auch Distanz zweierlei Wirkung haben. Wer Abstand hält, weil er höflich oder rücksichtsvoll
sein möchte, wozu auch gehören kann, daß er andere mit
Titel und Nachnamen anredet, kann als überheblich gelten –
als hochnäsig oder snobistisch. Stellen Sie sich einen Halbwüchsigen vor, der nach bestandenem Examen nach Hause
kommt und plötzlich nur noch in wohlgesetzten, höflichen
Worten mit seiner Familie spricht. Die Angehörigen reagieren darauf möglicherweise mit: »Bist du böse auf uns?« oder
sie fragen: »Hältst du dich für was Besseres?« Mangelnde
Solidarität kann also leicht als anmaßende Überlegenheits-
demonstration aufgefaßt werden.

Eine sehr höfliche Sprechweise (mit dem Ziel, Solidarität
zu bewahren), die Optionen läßt oder Distanz hält, ist identisch mit einer Sprechweise, die Ehrerbietung oder niedrige-
ren Status anzeigt. So kann »Höflichkeit« als Selbstab-
wertung verstanden werden. Das bringt Leute, die eine
konventionell höfliche Sprechweise haben – zum Beispiel
Frauen und Leute aus den Südstaaten (außerhalb der Südstaaten) –, leicht in eine Zwickmühle. Ihre Art, Solidarität
herzustellen, weckt den Eindruck von Schwäche: sie wirken
unsicher und wischi-waschi. Durch solche Umgangsformen

erwirbt man sich vielleicht Sympathien, aber keine Beförderungen.

Es gibt andere Formen der Selbstherabsetzung, die nicht auf Sympathie stoßen. Ein berühmter Redner nimmt an einer Tagung teil, hält seinen Vortrag und verschwindet dann sofort wieder. Seine Kollegen tuscheln, ob er sich wohl für zu bedeutend hält, um seine Zeit damit zu verschwenden, anderen Rednern zuzuhören. Tatsächlich flieht der Mann so schnell aus der Konferenz, weil die soziale Interaktion mit Leuten, die er nicht gut kennt, eine Qual für ihn ist. Da er nicht weiß, wie er auf andere zugehen soll, steht er immer allein in der Ecke, schaut niemanden an und macht einen unnahbaren Eindruck. Wenn dann keiner mit ihm spricht, ist er gekränkt. Was als Machtdemonstration wahrgenommen wird, ist in Wahrheit fehlgeschlagene Solidarität. Er fühlt sich nicht zu gut für die anderen, er fühlt sich im Gegenteil nicht gut genug.

Ehrgeiz

Die Überzeugung, daß es den Leuten um Macht geht, obwohl sie vielleicht in Wahrheit Solidarität anstreben, spielt auch eine große Rolle bei der Einschätzung des Ehrgeizes – einer Eigenschaft, der man in unserer Gesellschaft mit gemischten Gefühlen begegnet. Ehrgeiz ist Ausdruck des Wunsches nach sowohl Macht als auch Solidarität. Aber wir neigen dazu, Ehrgeiz als etwas rein Machtorientiertes zu betrachten.

Ehrgeiz zielt einerseits auf die Herrschaft über andere: wir wollen unseren Willen durchsetzen und wissen, daß unser Wort Gewicht hat. Aber Ehrgeiz zielt auch darauf, geliebt zu werden: wir möchten Anerkennung finden und wissen, daß unsere Worte Gehör finden. Die Wirkung dieser beiden Bestrebungen kann dieselbe sein, aber die Motive sind unterschiedlich.

Politisch tätig zu sein – ob innerhalb oder außerhalb der politischen Arena als solcher – erfordert einen Verhaltens- und Gesprächsstil, den viele von uns grundsätzlich für un- aufrichtig halten. Aber wie in vielen anderen Bereichen, wo es um Erfolg und Einfluß geht, umfaßt auch die Politik beide Aspekte des Ehrgeizes. Menschen wollen politischen Ein- fluß gewinnen, um Macht zu bekommen, aber auch, um von so vielen Menschen wie möglich geliebt zu werden.

Politische Fähigkeiten – zum Beispiel ein gutes Gedächt- nis für Namen und persönliche Einzelheiten – sind einfach Weiterentwicklungen der Kontaktfähigkeit im zwischen- menschlichen Bereich. Ein Kommentator hat den typischen Politiker einmal als jemanden beschrieben, der »den Raum bearbeiten« kann; er nannte Hubert Humphrey als Muster- beispiel für diese Fähigkeit. Humphrey gleite in einen Raum, wo Dutzende von Leuten beim Essen säßen, er gehe an jeden Tisch und begrüße alle Gäste mit Namen und ma- che irgendeine persönliche Bemerkung.

Man kann dieses Verhalten zynisch beurteilen und sagen, daß Politiker Interesse heucheln, um Sympathien und – letztlich – Stimmen zu sammeln. Diese Betrachtungsweise wird von Film und Fernsehen gefördert: Der typische Politi- ker spricht am Telefon, während sein Assistent eilig eine Karteikarte heraussucht und sie ihm rüberreicht. Der Politi- ker greift hastig danach und bellt ins Telefon: »Ich finde es großartig, daß Sie angerufen haben! Sie haben mir enorm geholfen! Großartig! Meine Empfehlung an Mary und die kleine Jennifer!«

Aber diese Überschwenglichkeit kann genausogut auf- richtig sein. Das Modell für derartige Manipulationen ist ein Mensch, der anderen spontan sympathisch ist, weil er sich an ihre Namen und an persönliche Einzelheiten erinnert und es aufrichtig genießt, persönlichen Kontakt – wie oberfläch- lich auch immer – mit unzähligen Leuten herzustellen. Wer Verhalten heuchelt, kann nur deshalb Erfolg haben, weil es immer einige Menschen gibt, bei denen dieses Verhalten echt ist. Ehrgeizige Menschen streben sowohl nach Macht als auch nach Solidarität, nur das Mischungsverhältnis dieser beiden Motive ist unterschiedlich.

Macht und Solidarität zu Hause

Viele Alltagsstreitigkeiten lassen sich durch die paradoxen Rahmen von Macht und Solidarität erklären. Nehmen wir zum Beispiel ein amüsantes, aber nicht ungewöhnliches Gespräch, das von einem der Beteiligten aufgezeichnet wurde und später von einem der ersten professionellen Gesprächsanalytiker, dem Soziologen Harvey Sacks, analysiert wurde. Im folgenden ein Transkript des Gesprächs. Es fand in Bills Haus statt. Ethel und Ben sind Bills Eltern, und Max ist ihr Stief-Schwiegervater. Ethel und Ben wollen Max überreden, einen Hering zu essen; Max weigert sich.

Ben: Du mußt unbedingt... ah... mmh-Ey, ich sag' dir, das ist der beste Hering, den du je gegessen hast.

Ethel: Hol noch ein paar, damit Max auch was abkriegt.

Ben: Wahnsinn!

Max: Ich möchte nichts.

Ben: Im Mayfair gibt's das zwar nicht, aber es ist einfach köstlich.

Ethel: Wie heißt es?

Ben: Lasko, aber der Hering macht's – das ist der Grund – also der Typ hat früher schon mal gesagt, daß es der beste ist. Es ist dieser Nova Scotia-Hering.

Ethel: Warum ist das der beste?

Ben: Weil er aus kaltem Wasser kommt. Weil Fisch aus kaltem Wasser immer

Max: (?) wenn sie... uh... kann

Ethel: Mmmm.

Ben: Fisch aus kaltem Wasser ist –

Ethel: Oooooh, Max probier mal.

Ben: So was Gutes hast du noch nie gegessen.

Ethel: Geschmacht. Mmm. Oh, es ist köstlich, Ben, gibst du mir bitte mal eine Serviette.

Bill: Laß mich noch ein bißchen Brot abschneiden.

Ben: Phantastisch, was?

Ethel: Köstlich. Geschmacht, Max.

Max: Was?

Ethel: Geschmacht. – Max, nur ein kleines Stück.

Max: Ich möchte nichts.

Ben: Du wirst – du solltest lieber was essen, du kriegst bestimmt Hunger, bevor wir da sind.

Max: Und?

Ben: Nimm schon. Los. Ich will nicht, daß du uns krank wirst.

Max: Ich werd' da was essen.

Ben: Häh?

Max: Wenn wir da sind, werd ich was essen.

Ben: Klar, aber du solltest vorher schon was nehmen. Willst du dich noch ein bißchen hinlegen und ein Nickerchen halten?

Max: Nein.

Ben: Komm schon. Willst du nicht aufstehen und noch ein kleines Schläfchen halten? Also *ich* schon.

Max: (?)

Ben: – in einer Minute. Das ist Spitze. Das ist echt Spitze.

Ethel: Mmm.

Ben: Ehrlich. Nimm schon.

Max: Ich möchte nicht (?)

Ben: Bitte, ich will nicht, daß du uns krank wirst.

Max: Ich werde nicht krank.

Ben: Oooooh, das ist so –

137

Ethel: Es schmeckt ein bißchen wie –
Ben: Isses nich' – isses nich' –
Ethel: – zergeht auf der Zunge, was?
Ben: Mhm. Vielleicht sollten wir – sollten wir
einen mit nach Haus nehmen.
Bill: Wo hastes her?
Ethel: Alpha Beta.
Bill: Hier bei euch?
Ethel: Mmhm.
Bill: Hm.
Ethel: Hm – pack deinen Teller lieber ordentlich
voll, Ben. Bist du mal so lieb und füllst das
um, dann füll ich es wieder für dich *auf*.
Ben: Aber klar doch.
Ethel: Dank dir.
Ben: Max weiß gar nicht, was ihm entgeht.
Bill: *Er* weiß es.
Ben: Ich will nicht, daß er krank wird. Ich will, daß
er ordentlich ißt.

Sacks erklärt in seiner Analyse, daß Max' Frau vor kurzem
gestorben ist. Ethel und Ben fühlen sich daher für Max verantwortlich, und für sie umfaßt diese Verantwortung, daß
sie dafür sorgen, daß Max ordentlich ißt. Wenn seine Frau
noch leben würde, wäre es ihre Aufgabe, Max zum Essen zu
bringen – oder ihn davon abzuhalten.

Als Max die Aufforderung ablehnt, wird er in ihren Augen zu einem starrsinnigen alten Mann. Wie Sacks es formuliert: »Man kann sich richtig vorstellen, wie er bei jeder
neuerlichen Nachfrage zunehmend altert und die beiden
sich sagen: ›Oh, mein Gott, da ist dieser alte Mann und will
nichts essen; er wird bestimmt krank.‹« Doch Max sieht das
anders: »Seit 35 Jahren hat man ihm gesagt, was und wann
er zu essen hat. Jetzt, wo er keine Frau mehr hat, die ihm
vorschreibt, was er essen soll, wird er verdammt noch mal
selbst entscheiden, was er essen möchte. Aber sobald er in

derartige Situationen kommt, überlegt sich irgend jemand: ›Mein Gott, Max ist ganz allein, jemand muß sich um ihn kümmern.‹« Während *sie* denken, daß »er ohne jeden Grund halsstarrig« ist, denkt *er*, daß »er ihnen klarmachen muß, daß sie ihn nicht zu irgend etwas zwingen können, damit sie ihn nicht wie ein kleines Kind behandeln.«

Was für Ethel und Ben den Rahmen der Solidarität hat – sie kümmern sich um Max –, hat für Max den Rahmen der Macht – sie behandeln ihn wie ein kleines Kind. Was für ihn ein Akt der Unabhängigkeit ist – »Ich kann essen, was ich will« –, ist für sie ein Zeichen mangelnder Verbundenheit – er hat niemanden, der sich um ihn kümmert. Alle bleiben innerhalb ihres eigenen Rahmens und damit gefangen in dem übergeordneten Rahmen eines Interessenkonflikts, der sich wie in einer Spirale immer weiter hochschraubt.

Ein Jonglierakt

Wie bei jeder menschlichen Kommunikation sind auch bei diesem Gespräch die nebeneinander bestehenden und widerstreitenden Bedürfnisse nach Unabhängigkeit und Verbundenheit, die sich teilweise in dem Balanceakt zwischen Macht und Solidarität widerspiegeln, von zentraler Bedeutung. Zwischen Ethel, Ben und Max geht es nicht um Heringe, sondern um Anteilnahme und Unabhängigkeit, um Liebe und Freiheit.

Bei jeder Kommunikation kämpfen wir darum, unsere Unabhängigkeit zu bewahren und uns der Herrschaft anderer zu widersetzen, ohne ihre Liebe zu verlieren. Und wir bemühen uns nach Kräften, den anderen unsere Liebe zu zeigen – geben also unserem Bedürfnis nach Nähe nach und möchten, daß die anderen unsere Wünsche teilen oder zumindest verstehen – ohne die anderen zu vereinnahmen oder selbst vereinnahmt zu werden, mit anderen Worten, ohne daß Solidarität in Macht umschlägt.

Dieselben Sprechweisen können Solidarität oder ein Machtgefälle implizieren. Eine Solidaritätsbekundung, mit der man seine Verbundenheit zeigen will, kann als Aufdringlichkeit (eine Verletzung der Unabhängigkeit), als Herablassung (geheuchelte Solidarität) oder als Unverschämtheit (unliebsame Verbrüderung) verstanden werden. Andererseits kann eine höfliche Sprechweise, mit der man seine Rücksichtnahme (durch Unaufdringlichkeit) zeigen möchte, als Zeichen von Erfolglosigkeit (mangelnde Macht), Snobismus (Überheblichkeit) oder Anmaßung ausgelegt werden.

Die bislang erläuterten Gesprächsdimensionen und -prozesse sind Teil jeder Kommunikation: Gesprächssignale und -mittel senden Metamitteilungen über Verbundenheit und Unabhängigkeit aus. Mit diesen indirekten Metamitteilungen geben wir unseren Aussagen einen bestimmten Rahmen, drücken unsere Gefühle aus und verhandeln immer wieder neu über unsere Beziehung zueinander, wozu auch das Jonglieren mit der relativen Macht und Solidarität gehört, die in diesen Beziehungen mitschwingen. Diese Mechanismen sind in jedem Gespräch am Werk, aber sie werden besonders deutlich, und in ihren Auswirkungen besonders schmerzlich empfunden, wenn es sich um regelmäßige Gespräche im privaten Bereich handelt. Der nächste Abschnitt dieses Buches zeigt, wie die Mechanismen des Gesprächsstils in engen Beziehungen wirken: in Partnerschaften und in der Familie.

Teil III
Gespräche zu Hause:
Der Gesprächsstil in engen Beziehungen

Kapitel 7

Warum es immer schlimmer wird

Ich hielt einen Vortrag über Sprechweisen, einen Vortrag über Indirektheit, falschverstandene Absichten, über hitzige Streitereien um Kleinigkeiten, wie die Frage, wo man essen geht und ob man auf eine Party will oder nicht. Als ich meinen Vortrag beendet hatte, bat ich um Fragen aus dem Publikum. Eine Frau, die ziemlich weit hinten saß, hob die Hand und sagte: »Als ich meinen Freund kennenlernte, in der Anfangsphase unserer Beziehung, hatten wir solche Probleme nie. Jetzt sind wir seit zwei Jahren zusammen und haben sie dauernd. Woran liegt das?« Das ist eines der großen Rätsel enger Beziehungen: Warum wird es nicht immer besser, sondern immer schlimmer?

Vielleicht glauben wir nur, daß es in langwährenden Beziehungen immer schlimmer wird, weil wir uns nicht klar machen, daß Kommunikation von Natur aus etwas Mehrdeutiges ist und daß es unterschiedliche Sprechweisen gibt; wir erwarten also, daß Liebe und Verständnis Hand in Hand gehen. Wenn es dann zu den unvermeidlichen Mißverständnissen kommt, sind wir überzeugt, daß jemand versagt hat: wir selber, der andere oder die Liebe.

Je enger der Kontakt zwischen zwei Menschen ist, desto mehr Möglichkeiten haben beide, ihre individuellen Verhaltensweisen zu zeigen und mißverstanden zu werden. Die einzig ihnen bekannte Methode, um Probleme zu lösen, ist,

143

darüber zu sprechen. Aber wenn ein Problem durch unterschiedliche Sprechweisen verursacht wird, läßt es sich durch vermehrtes Sprechen kaum lösen. Statt dessen bedeutet eine verstärkte Anstrengung für gewöhnlich, daß man mehr von dem tut, was man immer getan hat – man intensiviert die Sprechweise, die die Reaktion des anderen hervorruft. So treiben beide sich gegenseitig und ungewollt zu einer Intensivierung ihres widersprüchlichen Verhaltens, in einer sich hochschraubenden Spirale, die beide die Wände hochgehen läßt.

Der Schmerz über diese wechselseitige Verschlimmerung hat auch damit zu tun, daß wir uns so sehnlichst wünschen, gerade in unserem Zuhause eine perfekte Kommunikation zu erreichen. Unsere engsten Beziehungen bilden heute anstelle von Religion, Clan und reinem Überlebenskampf das Fundament unseres Lebens, und viele von uns (vor allem, aber nicht ausschließlich Frauen) sehen in der Kommunikation den Grundstein dieses Fundaments.

Hinzu kommt, daß eine Verschlechterung der Kommunikation unseren Erwartungen diametral entgegenläuft. Von dem Menschen, mit dem wir seit langem zusammenleben, denken wir: »Wer, wenn nicht du, sollte mich verstehen?« Von diesem Menschen mißverstanden zu werden, tut weh, nicht wegen der kleineren Ärgernisse, daß man im falschen Restaurant landet oder die schöne Party verpaßt, sondern weil dieses Mißverstehen eine Metamitteilung über die Beziehung enthält: »Wenn wir uns nach all dieser Zeit noch immer nicht verstehen, stimmt etwas mit unserer Beziehung nicht.« Und – noch schmerzlicher: »Wenn du, vor dem ich mein Innerstes nach außen gekehrt habe, mein wahres Selbst nicht magst, dann muß mein wahres Selbst ganz schön schrecklich sein.«

All dies bedeutet, daß Platitüden wie »Wahre Liebe kann nichts erschüttern« oder »Wenn man sich wirklich liebt, kriegt man alles hin« nicht notwendigerweise stimmen. Je mehr man sich liebt, desto unrealistischer werden vielmehr die Erwartungen an ein perfektes Verständnis und desto schmerzlicher erlebt man die Metabotschaft des Mißverständnisses. Was wiederum der Grund ist, warum so viele Leute, die nicht alles hinkriegen, zu dem Schluß kommen, daß sie sich nicht mehr lieben oder – noch unlogischer – noch nie geliebt haben.

Auch hinsichtlich der Erwartung, daß die Ehe einfach eine Fortsetzung glücklich turtelnder Verliebtheit bedeute, erweist sich die Realität der Beziehung zumeist als herbe Enttäuschung. Aber wenn man frisch verliebt ist und jemanden umwirbt, geht man von einer Position der Distanz aus und sucht aufmerksam nach Anzeichen, daß der andere uns näher kommen möchte. Wie unter einem Vergrößerungsglas bekommen dabei ganz kleine Zeichen eine große – und wundervolle – Bedeutung. In langen Beziehungen geht man von einer Position der Nähe aus und sucht argwöhnisch nach Anzeichen, daß der andere sich entfernen will. Und derselbe Vergrößerungsmechanismus führt dazu, daß man wahrscheinlich findet, was man sucht.

Gegen Ende von Ingmar Bergmans Film *Szenen einer Ehe* treffen Johan und Marianne sich viele Jahre nach ihrer Scheidung wieder. Marianne fragt: »Warum sprechen wir jetzt alles aus? Ich weiß. Weil wir jetzt nämlich keine Anforderungen aneinander stellen.« Es hat nichts damit zu tun, daß die beiden reifer oder klüger geworden wären, nur die Situation hat sich verändert. Da sie nicht mehr verheiratet sind, verlangen sie weniger voneinander und brauchen nicht länger die Metamitteilungen einer vollkommen harmonischen Übereinstimmung.

Nachdem Dennis und Jean ungefähr ein Jahr miteinander gegangen waren, meinte Dennis: »Am Anfang hatte ich das Gefühl, daß ich dir alles sagen kann. Jetzt nicht mehr.« Er suchte nach einer Erklärung: »Ich schätze, am Anfang konnte ich dir alles sagen, weil wir nichts zu verlieren hatten. Jetzt habe ich Angst, daß etwas kaputtgeht, wenn ich was Falsches sage.« Das ist einer der Hauptgründe, warum es immer schlimmer wird. Je näher man jemandem ist und je länger diese Nähe anhält, desto mehr hat man zu verlieren, wenn man den Mund aufmacht.

Wachsende Vertrautheit: Der Mythos

Volksweisheit und gesunder Menschenverstand sagen uns, daß zwei Menschen sich um so besser verstehen, je länger sie sich kennen. Für dieses wachsende Verständnis muß man einfach ehrlich miteinander reden. Wie Jake, der Ehemann in Jules Feiffers Stück *Grown Ups*, es ausdrückt: »Ich sage offen, was ich denke. Du unterbrichst mich nicht. Wenn ich fertig bin, sagst du offen, was du denkst. Und damit ist die Sache dann ein für allemal erledigt.« Das klingt unbestreitbar logisch – sowohl für uns als auch für Louise, die zustimmend erwidert: »In Ordnung, wenn du es so haben willst, in Ordnung, fang an.« Doch zwei Sätze später gehen Jake und Louise sich an die Gurgel und am Ende des Stücks lassen sie sich scheiden.

Die Überzeugung, daß man sich nur zusammensetzen und miteinander reden muß, um das gegenseitige Verständnis zu fördern und Probleme zu lösen, geht von der Voraussetzung aus, daß wir sagen können, was wir meinen und daß unsere Worte auch so verstanden werden, wie wir sie meinen. Dieser Geschehensablauf ist jedoch äußerst unwahrscheinlich, wenn die Sprechweisen sich unterscheiden. Darüber hinaus denken wir – wenn wir sagen, was wir meinen – häufig nur an die Mitteilung. Aber Zuhörer – einschließlich uns selbst, wenn wir anderen zuhören – reagieren am stärksten auf die Metamitteilungen. Und daher ist es sehr unwahrscheinlich, daß die erwarteten Vorzüge der Ehrlichkeit mit der Realität der Kommunikation Schritt halten können.

Diese Kluft zwischen Erwartung und Realität besteht nicht nur in privaten, sondern auch in internationalen Beziehungen. Das Konzept von Gipfelkonferenzen zwischen

Staatsoberhäuptern basiert auf der Überzeugung, daß die Verständigung um so besser funktioniert, je länger ein Mensch der Gesellschaft eines anderen ausgesetzt wird. So war zum Beispiel in *Newsweek* zu lesen: »Befürworter des Gipfeltreffens argumentieren, daß selbst für den Fall, daß die Sitzungen zu keinem Erfolg in der Sache führen sollten, sie doch auf jeden Fall das Verständnis der Politiker füreinander fördern würden.«

Aber sowohl in internationalen als auch in privaten Beziehungen versetzt die Realität unseren Erwartungen häufig einen harten Schlag (wovon unsere Erwartungen erstaunlich unberührt bleiben). *Newsweek* setzt seine Ausführungen fort und schreibt: »Aber Jimmy Carter und Helmut Schmidt haben auf vier aufeinanderfolgenden Sitzungen miteinander geredet, was ihre gegenseitige Antipathie lediglich verstärkt hat.« Selbst wenn Angehörige verschiedener Kulturen sich nicht unsympathisch sind, gibt es keinen Grund zu der Hoffnung, daß sie dieselben Eindrücke von einem Gespräch mitnehmen. Dazu *Newsweek*: »Während des Versailler Gipfeltreffens im letzten Jahr haben alle Parteien sich nach Kräften bemüht, in den explosiven Fragen des Ost-West-Handels und der Währungsintervention eine gesichtswahrende Sprache des Kompromisses zu finden. Doch sobald die Konferenz vorüber war, haben sämtliche amerikanischen und europäischen Teilnehmer völlig entgegengesetzte Versionen über die Verhandlungsergebnisse abgegeben.«

Jede Seite glaubte wahrscheinlich, daß die andere die Verhandlungsergebnisse absichtlich verfälschte oder veränderte. Wahrscheinlicher ist jedoch, daß die Teilnehmer anders aufgefaßt haben, was gesagt wurde, selbst wenn ihre Auffassungen übereinstimmten.

Wachsende Vertrautheit: Die Realität

Als Ronnie und Bruce sich kennenlernten, wollten sie sich am liebsten jeden Wunsch von den Augen ablesen. Es machte ihnen nichts aus, wenn sie nicht bekamen, was sie wollten; sie waren einfach überglücklich, einander gefunden zu haben und eifrig bestrebt, dem anderen zu gefallen. Wenn das gelegentlich bei einer gemeinsamen Unternehmung endete, zu der keiner von beiden Lust hatte, so merkten sie es nicht, und beide genossen das Gefühl, dem anderen eine Freude zu bereiten. Wenn die Wahrheit herauskam, lachten sie darüber und schrieben es dem Umstand zu, daß sie ja gerade erst dabei waren, sich kennenzulernen.

In der Anfangszeit ihrer Beziehung rechneten Ronnie und Bruce damit, daß es gelegentlich zu Mißverständnissen kommen würde. Daß sie darüber sprechen konnten, schien Beweis genug, daß beide guten Willens waren und durch die ständig wachsende Vertrautheit würden sich solche Mißverständnisse in Zukunft sicher vermeiden lassen. Doch aus der Zukunft wurde eine Gegenwart voll mit Mißverständnissen, und allein die Tatsache, daß sie überhaupt entstanden, wurde zu einem ständigen Ärgernis.

Gleichzeitig brachte das Paarleben es mit sich, daß Ronnie und Bruce bei Entscheidungen immer öfter Rücksicht auf die Wünsche des anderen nehmen mußten, bis das Leben wie eine endlose Kette von kleineren Verhandlungen wirkte. Als diese Verhandlungen immer verwirrender und komplizierter wurden, schoben beide die Schuld immer öfter auf den anderen und nicht mehr auf die Situation oder den Kommunikationsprozeß.

In längeren Beziehungen wachsen mit der Zeit viele kleine Enttäuschungen zu einem Riesenberg heran. Liebe und Enttäuschung schließen einander nicht aus (trotz anderslautender Volksweisheiten). Ganz im Gegenteil – je länger zwei Menchen zusammen sind, um so mehr Gelegenheit haben sie, das Verhalten des anderen zu beobachten – und zu mißbilligen, vor allem, wenn jede kleine Handlung Auswirkungen auf das Leben des anderen hat.

Wenn die Beziehung länger andauert und unterschiedliche Verhaltensweisen zu Mißverständnissen führen, gibt jedes neue Mißverständnis unserer schlechten Meinung über den Partner neue Nahrung und neue Bestätigung: Sie ist unvernünftig, er ist unkooperativ, sie rücksichtslos, er egoistisch, sie herrschsüchtig, er unsozial. Und jedes neue Beweisstückchen wird in den bereits überquellenden Munitionsbeutel gestopft, in dem die vielen klitzekleinen Vorwürfe gesammelt werden, bis wir einen Riesensack zusammenhaben.

Wenn man über lange Zeit miteinander kommuniziert, entwickelt man eine bestimmte Erwartungshaltung, was das Verhalten des anderen angeht. Wenn man etwas erwartet, sieht man es oft, bevor es eingetreten ist. Der Wunsch, eine erwartete Attacke auf dem Bergpaß abzuwenden, führt mitunter dazu, daß man am Fuß des Berges mit gezücktem Schwert gegen Luftgestalten kämpft.

Viel Lärm um nichts

Einer der betrüblichen Aspekte enger Beziehungen ist der Streit um Kleinigkeiten. Einer der Gründe, warum die Mücke so oft zum Elefanten wird, ist, daß im Kontext enger Beziehungen jede Äußerung unter dem schweren Gewicht eines Rahmens wackelt, der alles mit der Frage erdrückt: »Liebst du mich noch?« Wenn die Sprecher unterschiedliche Vorstellungen davon haben, welchen Rahmen man seinen Äußerungen und Liebesbeweisen geben sollte, schrauben die Mißverständnisse sich wie in einer Spirale immer weiter hoch.

Im folgenden ein Gespräch, das zwischen zwei Menschen stattfand, die zusammenlebten und sich liebten. Mike bereitete das gemeinsame Abendessen vor:

Mike: Was für eine Salatsoße soll ich machen?
Ken: Öl und Essig, was sonst?
Mike: Was meinst du mit »was sonst«?
Ken: Also, ich nehme immer Öl und Essig, aber
wenn du willst, können wir auch was anderes
ausprobieren.
Mike: Heißt das, du magst es nicht, wenn ich andere
Salatsoßen mache?
Ken: Nein, heißt es nicht. Nur zu! Mach irgend-
was anderes.
Mike: Nicht wenn du lieber Öl und Essig möchtest.
Ken: Möchte ich nicht. Mach ein Joghurt-Dres-
sing.

Mike macht ein Joghurt-Dressing, schmeckt es ab und ver-
zieht das Gesicht.

Ken: Schmeckt es nicht?
Mike: Ich weiß nicht, wie man Joghurt-Dressing
macht.
Ken: Nun, wenn du es nicht magst, schmeiß es
weg.
Mike: Macht ja nichts.
Ken: Was »macht ja nichts«? Es ist doch nur ein
bißchen Joghurt.
Mike: Du machst ein Riesentheater um nichts.
Ken: *Du* machst ein Riesentheater!

Wie konnte es passieren, daß die beiden wegen einer Salatsoße in Streit – und echten Frust – gerieten? Sie haben
den Rahmen, in den der andere seine Äußerungen stellte,
mißverstanden. Beide blieben innerhalb ihres eigenen Rahmens; und beide interpretierten die Intentionen des anderen
im Sinne des übergeordneten Rahmens »Magst du mich?«.
Der Ärger fing an, als Ken auf Mikes Frage antwortete:
»Öl und Essig, was sonst?« Mike verstand das – und vielen

150

Leuten würde es ebenso gehen – als Forderung nach der Art Dressing, die Ken am liebsten mochte: Öl und Essig. Und die Zusatzfrage »was sonst?« schien die Metamitteilung auszusenden: »Eine idiotische Frage. Das solltest du eigentlich wissen.«

Mike hatte eine Option erwartet, zum Beispiel: »Mach, was dir gefällt« oder allerhöchstens eine vage Präferenzangabe wie: »Vielleicht etwas Kremiges«. Tatsächlich *gab* Mike die erwartete Option. Aber er tat es durch eine ironische Sprechweise; er implizierte: »Ach, du kennst mich doch. Ich bin nicht besonders phantasievoll. Ein richtiges Gewohnheitstier. Richte dich also nicht nach mir. Mach, was dir gefällt.«

Ken setzte die Zusatzfrage »was sonst?« durch den Klang seiner Stimme und durch seinen Tonfall in einen selbstironischen Rahmen. Aber Mike nahm diese Signale nicht wahr, weil er in der gegebenen Situation nicht mit einer ironischen Reaktion rechnete. Mike erkannte in Kens Worten vielmehr den Rahmen »herrschsüchtige Forderung«. Das überraschte ihn kein bißchen, weil er schon oft das Gefühl gehabt hatte, daß Ken ihn herumkommandierte. Was ihn wirklich kränkte, war etwas anderes: Ken wollte offenbar andeuten, daß er nicht ganz normal war, weil er überhaupt fragte. Er wollte rücksichtsvoll sein, und Ken führte den Rahmen »Herablassung« ein. Mike fing an, sich selber leid zu tun, weil er an einen so egoistischen und tyrannischen Liebhaber geraten war.

Mike und Ken versuchten beide das Mißverständnis zu klären, aber alles was sie taten, um die Situation zu verbessern, machte sie nur noch schlimmer. Als Mike die Ironie nicht verstand, wollte Ken einen Vorschlag zur Güte machen und sagte »Mach ein Joghurt-Dressing«.

»Joghurt-Dressing« stand für »irgendwas anderes«. Aber Mike verstand »Joghurt-Dressing« als »Joghurt-Dressing«. Von Mikes Warte aus forderte Ken zuerst Öl und Essig, verlangte dann ein Joghurt-Dressing und ordnete abschließend an, den Joghurt wegzuwerfen. Für ihn wurde Ken von Minute zu Minute herrschsüchtiger.

Ken für seinen Teil konnte nicht verstehen, warum Mike es halsstarrig ablehnte, eine Salatsoße seiner Wahl zu machen, dann ein Dressing zubereitete, das er gar nicht wollte, und sich schließlich weigerte, die Soße wegzuwerfen, als sie sich als ungenießbar entpuppte – und immer eingeschnappter reagierte, obwohl Ken sich alle Mühe gab, nett zu sein.

Je länger Mike und Ken zusammenlebten und auf ihre jeweils typische Art miteinander sprachen, desto öfter tauchten solche Mißverständnisse auf. Mike sah sich immer öfter in der Meinung bestätigt, daß Ken ein egoistischer Tyrann war, der ihn heruntermachen wollte, und Ken sah sich immer öfter in der Meinung bestätigt, daß Mike launisch und mimosenhaft war. Mike fühlte sich ungefähr zwanzigmal am Tag in seinen Gefühlen verletzt, und Ken hatte allmählich den Eindruck, daß er kaum noch den Mund auftun konnte, ohne etwas Falsches zu sagen. All diese Mißverständnisse – die Ken und Mike nicht als Mißverständnisse, sondern als Charakterfehler oder als Gleichgültigkeit des anderen deuteten – untergruben die aufrichtige Zuneigung, die sie füreinander empfunden hatten, und machten ihr tägliches Zusammenleben zu einer nicht abreißenden Kette von Enttäuschungen und Kränkungen. Schließlich trennten sie sich.

Mike und Ken haben nie wirklich verstanden, warum sie über eine Salatsoße in Streit gerieten. Viele Menschen stehen ratlos – und entnervt – vor der Frage, welche haarsträubende Bemerkung sie gemacht haben könnten, um ein Desaster heraufzubeschwören. Der Schriftsteller Georges Simenon notierte in seinem Tagebuch: »Was habe ich nur gesagt, das diese schmerzhafte Krise hat auslösen können? ... Die Worte wirken wie Säure, die auf eine Brandwunde träufeln.« Oft versperrt uns die Konzentration auf die gesprochenen Worte den Blick auf die eigentlichen Auslöser einer Krise, denn die wahren Schuldigen sind nicht einzelne

Worte, sondern der Klang unserer Stimme, die Intonation oder unausgesprochene Andeutungen und Unterstellungen.

Komplementäre Schismogenese

Als Mike und Ken sich über die Salatsoße stritten, stritten sie in Wahrheit um Liebe: Nimmst du Rücksicht auf meine Wünsche? Warum greifst du mich an, wenn ich nett zu dir bin? Bei dem Versuch, das abhanden gekommene Wohlwollen neu zu etablieren, zeigten sie ironischerweise immer übertriebenere Formen des Verhaltens, das die negative Reaktion des anderen auslöste. Ken reagierte immer herrschsüchtiger, Mike immer beleidigter auf die scheinbare Herrschsucht bzw. Überempfindlichkeit des anderen. Gregory Bateson hat für diesen Prozeß den Begriff der komplementären Schismogenese geprägt: ein Prozeß, bei dem zwei Leute immer extremere Formen eines Verhaltens demonstrieren, das ein inkongruentes Verhalten beim anderen auslöst, so daß sie sich gegenseitig wie in einer hochschraubenen Spirale zu immer stärkeren Manifestationen des inkongruenten Verhaltens anstacheln.

Mary Catherine Bateson erläutert Gregory Batesons Konzept der komplementären Schismogenese folgendermaßen:

> Die Situation, die er zeichnete, ist ein bißchen wie ein Streich, den man jemandem mit einer elektrisch heizbaren Bettdecke mit zwei Schaltern spielen kann. Kehrt man die Position der Schalter um, dann wird der erste Versuch einer der beiden Personen unter der Decke, die Temperatur zu verändern, einen Zyklus von sich verschlimmernden Fehleinstellungen in Bewegung setzen – mir ist kalt, also stelle ich den Schalter an meiner Seite auf wärmer,

dir wird es zu heiß, und du stellst deinen Schalter auf kühler, worauf meine Seite kälter wird und so weiter. Der Versuch einer Korrektur verstärkt den Fehler... Sind Schaltung und Bettdecke erst einmal an der verkehrten Stelle, dann ergeben alle Bemühungen, die Sache zu ändern, nur Beschönigungen oder Schlimmeres.

Unterschiede im Gesprächsverhalten gleichen solchen vertauschten Schalteranschlüssen. Die komplementäre Schismogenese in einem Gespräch läßt sich an einem einfachen Beispiel erläutern: Angenommen, zwei Leute unterhalten sich und der eine spricht einen Hauch lauter als der andere. Wenn die beiden einen ähnlichen Gesprächsstil haben, werden sie die Lautstärke allmählich angleichen, so daß schließlich beide ungefähr gleich laut sprechen. Aber wenn ihre Vorstellungen darüber, was eine normale Lautstärke ist, auseinandergehen, löst die andere Sprechweise Unbehagen aus. Der etwas Lautere versucht vielleicht, den Leiseren zu einer höheren Phonzahl zu bewegen, indem er selbst einen Tick lauter redet – um mit gutem Beispiel voranzugehen. Der etwas Leisere versucht vielleicht, den etwas Lauteren zu bewegen, seine Phonzahl ein bißchen zu senken, indem er ebenfalls mit gutem Beispiel vorangeht und selbst noch einen Tick leiser spricht. Bei dem Versuch, die Situation zu retten, wird der eine immer lauter und lauter, der andere immer leiser und leiser, bis der eine brüllt und der andere flüstert. Beide provozieren sich gegenseitig ungewollt zu einer Intensivierung des als befremdlich empfundenen Verhaltens. Ihre Sprechweisen werden sich nicht ähnlicher, sondern immer verschiedener. Auf diese Weise führt die komplementäre Schismogenese dazu, daß der Graben zwischen zwei Gesprächspartnern immer tiefer wird.

Äußerlich oder rückblickend betrachtet, halten wir ein solches Verhalten vielleicht für irrational oder halsstarrig und fragen uns, warum man sich immer mehr auf ein bestimmtes Verhalten versteift, statt die Taktik zu ändern. Aber wenn wir in der Situation drinstecken, denken wir nicht daran, die Taktik zu ändern, weil wir unsere Sprechweisen für normal und angemessen halten. Wir suchen anderswo nach den Ursachen der Probleme und reden weiter so, wie wir es seit jeher getan haben.

Miriam wollte sich aus der Freundschaft mit Liz zurückziehen. Ihr war klar geworden, daß sie kaum noch wagte, den Mund aufzumachen, weil sie immer Angst hatte, Liz zu einer bissigen oder verletzenden Antwort zu provozieren. Je besser sie sich kannten, desto schlimmer wurde es. Eines Tages fragte Liz sie ganz direkt, warum sie sich so rar mache. Miriam wollte ehrlich sein, aber sie war auch fest überzeugt, daß man nie etwas sagen sollte, was andere verletzen könnte. Also erzählte sie Liz, daß sie in letzter Zeit sehr beschäftigt gewesen wäre und sich nur selten verabredet hätte, was für sich genommen nicht gelogen war. »Das ist nicht der Grund!« polterte Liz – zutreffenderweise. »Wenn man will, hat man immer Zeit.« Miriam, die sich durch Liz' schroffe Reaktion angegriffen und in die Enge getrieben fühlte, suchte nach Ausflüchten, räumte aber schließlich ein: »Naja, irgendwie wollte ich mich vielleicht wirklich ein bißchen zurückziehen, weil ich mich durch unsere Freundschaft wohl ein bißchen eingeengt fühlte, und das war, naja, irgendwie fand ich das nicht so gut.« Liz gab sich zufrieden: »Das hört sich schon besser an.«

Trotzdem sollte dies eines der letzten Gespräche zwischen den beiden bleiben, weil es Miriam nur erneut in ihrem Entschluß bestärkte, die Freundschaft zu beenden. Die direkte, vorwurfsvolle Art, in der Liz lospolterte: »Das ist nicht der Grund!«, traf zwar den Nagel auf den Kopf, gab Miriam aber das Gefühl, überrumpelt, in die Enge getrieben und kritisiert zu werden. Mit einem Wort, ein äußerst unangenehmes Gefühl. Sie selbst hätte in einer vergleichbaren Situation gesagt: »Vielleicht ist das einer der Gründe, aber ich habe den Eindruck, daß da noch etwas anderes ist. Von mir selber weiß ich, daß ich, auch wenn ich sehr beschäftigt bin, Zeit finde, mich mit Leuten zu treffen, wenn mir wirklich etwas daran liegt.« Eine so formulierte Antwort hätte Miriam in die Lage versetzt, sich allmählich vorzutasten und nach und nach mit der Wahrheit herauszurücken. Doch weil Miriam wußte, daß Liz zu Frontalangriffen neigte und sie wahrscheinlich zu Eingeständnissen zwingen würde, die Miriam lieber nach und nach gemacht hätte, reagierte sie noch zaghafter, ausweichender und zögerlicher – mit genau dem verbalen Katz-und-Maus-Spiel, das Liz immer derartig auf die Nerven ging, daß sie Miriam am liebsten am Kragen gepackt und die Worte aus ihr herausgeschüttelt hätte.

Wer reagiert?

Kommunikation ist ein System. Alles, was gesagt wird, ist gleichzeitig Auslöser und Reaktion, Reaktion und Auslöser. Die meisten von uns neigen dazu, sich auf die erste Hälfte dieses Prozesses zu konzentrieren, während sie die zweite ignorieren oder herunterspielen. Wir gehen davon aus, daß wir auf das reagieren, was andere sagen oder tun, ohne uns bewußt zu machen, daß die anderen mit ihren Worten und Taten zum Teil schon auf uns reagieren und daß unsere Reaktionen nicht am Ende des Prozesses stehen, sondern neue Reaktionen auslösen werden, in einem kontinuierlichen Fluß. Wenn Probleme auftauchen, geben wir uns aufrichtig Mühe, sie zu lösen, aber wir denken in Intentionen, nicht in Verhaltensweisen. Wenn der Gesprächsstil unterschiedlich ist und man sich Extra-Mühe gibt, die Situation zu verbessern, führt das oft dazu, daß man mehr vom selben tut – und alles schlimmer macht.

Die Paradoxie von Liebe und Ehe

Warum findet man gerade bei Partnern in engen Beziehungen so oft gravierende Stilunterschiede? Ich glaube, es liegt an einer Paradoxie, die in unser System selbstbestimmter Ehen miteingebaut ist. Wir wählen unsere Partner häufig nach ihrer romantischen Anziehungkraft aus, die durch kulturelle Unterschiede noch gesteigert wird. Aber wenn wir uns dann in längeren Beziehungen einrichten, erwarten wir Kameradschaft und Verständnis. Und die entwickeln sich überwiegend über kulturelle Gemeinsamkeiten. Unsere Enttäuschung und unsere Liebe haben dieselben Wurzeln.

Aber auch zwischen Partnern aus demselben Land, derselben Stadt – oder demselben Häuserblock – kommt es dauernd zu Reibereien der beschriebenen Art. Es liegt daran, daß viele unserer engsten und wichtigsten Beziehungen jene zwischen Männern und Frauen sind – und Männer und Frauen weisen mit Sicherheit unterschiedliche Sprechgewohnheiten auf. Ein Mann-Frau-Gespräch ist immer ein interkulturelles Gespräch. Das nächste Kapitel erklärt, warum das so ist und welche Bedeutung es hat.

Kapitel 8

Gespräche in intimen Beziehungen:
Seine und ihre

Mann-Frau-Gespräche sind interkulturelle Kommunikation. Kultur ist einfach ein Netzwerk von Gewohnheiten und Verhaltensmustern, das sich aus vergangenen Erfahrungen zusammensetzt, und Frauen und Männer haben unterschiedliche Erfahrungen gemacht. Von Geburt an behandelt man sie anders, man spricht anders mit ihnen, und die Folge ist, daß sie selber anders sprechen. Jungen und Mädchen wachsen in verschiedenen Welten auf, selbst wenn sie im selben Haus groß werden. Und als Erwachsene leben sie in verschiedenen Welten und vertiefen die Verhaltensmuster, die sie in der Kindheit eingeübt haben. Diese kulturellen Unterschiede umfassen auch unterschiedliche Erwartungen darüber, welche Aufgabe dem Gespräch in Beziehungen zukommt und in welcher Form es dieser Aufgabe gerecht werden sollte.

In Kapitel sieben habe ich erklärt, wie die komplementäre Schismogenese − eine sich wechselseitig hochschraubende Spirale − Verhaltensunterschiede in langen Beziehungen verstärken kann. Um deutlich zu machen, wie geschlechtsspezifische Gesprächsgewohnheiten zu Mißverständnissen und damit zur komplementären Schismogenese in engen Beziehungen führen können, will ich zunächst einige dieser Unterschiede erläutern.

Er sagte / sie sagte :
Geschlechtsspezifische Sprechweisen

Jeder weiß, daß sich in langwährenden Beziehungen die Voraussetzungen ändern. Aber Frauen und Männer haben oft unterschiedliche Vorstellungen davon, wie sie sich ändern sollten. Viele Frauen denken: »Nach all dieser Zeit solltest du eigentlich wissen, was ich will, ohne daß ich es dir lang und breit erklären muß.« Viele Männer denken: »Nach all dieser Zeit sollten wir eigentlich in der Lage sein, uns offen zu sagen, was wir wollen.«

Diese inkongruenten Erwartungen umreißen einen der entscheidenden Unterschiede zwischen Männern und Frauen. Wie in Kapitel zwei ausgeführt, ist Kommunikation immer ein Balanceakt zwischen den widersprüchlichen Bedürfnissen nach Verbundenheit und Unabhängigkeit. Jeder Mensch hat beide Bedürfnisse, aber Frauen haben oft ein relativ größeres Bedürfnis nach Verbundenheit und Männer ein relativ größeres Bedürfnis nach Unabhängigkeit. Verstanden zu werden, ohne genau zu sagen, was man meint, bestärkt das Gefühl von Verbundenheit, und deshalb ist Frauen diese Gesprächsform besonders lieb.

Wenn man ohne viel Worte verstanden werden möchte, muß man seine Absichten auf irgendeine andere Form sinnfällig machen – durch die Art und Weise des Sprechens oder durch Metamitteilungen. Und so ist es nicht verwunderlich, daß Frauen oft stärker als Männer auf die Metamitteilungen in einem Gespräch achten und eingehen. Männern kommt es mysteriös vor, wenn Frauen auf diese Weise über Bedeutungen mutmaßen. Sie sprechen dann von »weiblicher Intuition« (wenn sie die Mutmaßungen für richtig halten) oder von »Dinge hineininterpretieren« (wenn sie die Mutmaßungen für falsch halten). Tatsächlich können diese Mutmaßungen falsch sein, weil Metamitteilungen nicht offiziell gemacht werden. Und selbst wenn sie zutreffen, stellt sich immer noch die Frage, in welchem Ausmaß sie zutreffen: Wie bedeutsam sind die vorhandenen Metamitteilungen?

In Kapitel zwei habe ich auch erläutert, daß Metamitteilungen eine Form der Indirektheit sind. Frauen neigen eher zur Indirektheit und versuchen häufig, Übereinstimmung durch Verhandlungen zu erzielen. Diese Tendenz hängt auch damit zusammen, daß Verhandlungen Solidaritätsbekundungen ermöglichen, was Frauen lieber ist, als Macht zu demonstrieren (obwohl, wie in Kapitel sieben erläutert, das Motiv durchaus dasselbe sein kann: nämlich seinen Willen durchzusetzen). Unglücklicherweise werden Macht und Solidarität in derselben Währung gehandelt: Sprechweisen, die auf Solidarität zielen, setzen gleichzeitig den Rahmen für Machtdemonstrationen. Frauen, die einfach nur nett sein wollen, werden oft für unsicher, unschlüssig oder unterwürfig gehalten.

Wenn der Stil anders ist, liegen Mißverständnisse immer in der Luft. Wenn ein unterschiedlicher Gesprächsstil zu Mißverständnissen führt, versuchen Männer und Frauen, sie zu klären, indem sie sich aussprechen. Dieses ohnehin risikoreiche Unterfangen wird in Gesprächen zwischen Männern und Frauen noch gefährlicher, weil sie andere Vorstellungen und Gewohnheiten haben, was die Bedeutung solcher Aussprachen und die richtige Herangehensweise angeht.

Die folgenden Beispiele zeigen, wie diese Unterschiede, die ihre Wurzeln im kindlichen Spielverhalten haben, sich herausbilden und wie sie sich in unserer Kultur auf die Mann-Frau-Gespräche in intimen Beziehungen auswirken.

Frauen achten auf die Metamitteilungen

Sylvia und Harry feierten ihre goldene Hochzeit in einem Erholungsort in den Bergen. Einige der Gäste waren übers Wochenende angereist, andere nur zur Feier selbst: eine

Cocktailparty, gefolgt von einem festlichen Abendessen. Während des Essens kam der Oberkellner zu Sylvia an den Tisch. »Es gibt heute abend so reichlich zu essen«, sagte er, »das Hotel hat als Dessert noch eine besondere Überraschung vorbereitet, und die meisten Gäste haben auch schon auf dem Cocktailempfang etwas gegessen – was halten Sie davon, die Menüfolge abzukürzen und die Hochzeitstorte morgen zum Lunch zu servieren?« Sylvia bat die anderen am Tisch um ihre Meinung. Alle Männer waren dafür: »Natürlich, das ist vernünftig. Laß die Torte für morgen.« Alle Frauen waren dagegen: »Nein, das Fest ist jetzt. Laß die Torte heute abend servieren.« Die Männer waren auf die Mitteilung fixiert: die Torte als Essen. Die Frauen konzentrierten sich auf die Metamitteilung: Eine spezielle Torte gibt dem Anlaß einen festlichen Rahmen.

Warum sind Frauen stärker auf Metamitteilungen eingestimmt? Weil sie stärker auf Verbundenheit fixiert sind, d. h. auf zwischenmenschliche Beziehungen, und Beziehungen zwischen Menschen werden durch Metamitteilungen hergestellt und aufrechterhalten. Wenn man bei einer Beziehung die Temperatur messen und die Lebenszeichen abchecken wollte, wären die Metamitteilungen – was gesagt wird und wie – die Meßinstrumente.

Jeder kann diese Signale erkennen, doch ob man darauf achtet oder nicht, ist eine andere Sache – eine Sache der Sensibilisierung. Wenn man dafür sensibilisiert ist, kann man seine Fühler nicht einfach wieder einrollen; sie stecken in der ausgefahrenen Position fest.

Wenn man Bedeutungen entschlüsseln will, können Signale aufgefangen werden, die nicht absichtlich ausgesandt wurden – wie ein harmloser Vogelschwarm, der auf einem Radarschirm erscheint. Die Vögel sind da – aber sie bedeuten vielleicht nicht, was der Betrachter vermutet. Maryellen zum Beispiel wirft einen besorgten Blick auf Larry und fragt: »Was ist los?«, weil er die Stirn runzelt. Da Larry nur ans Essen gedacht hat, gibt ihre anteilnehmende

Bemerkung ihm das Gefühl, unter Überwachung zu stehen.

Die unterschiedliche Konzentration auf Mitteilungen und Metamitteilungen kann dazu führen, daß Männer und Frauen beinahe jede Äußerung anders auffassen. Harriet beschwert sich bei Morton: »Warum fragst du mich nicht, wie mein Tag war?« Er entgegnet: »Wenn du mir was zu erzählen hast, erzähl es doch. Wieso brauchst du eine Einladung?« Der Grund ist, daß Harriet eine Metamitteilung des Interesses erwartet: einen Beweis, daß Morton Anteil daran nimmt, was sie tagsüber erlebt hat, unabhängig davon, ob sie was zu erzählen hat oder nicht.

Viel Ärger zwischen Männern und Frauen entsteht – ausgerechnet – durch Pronomen. Frauen fühlen sich oft verletzt, wenn ihre Partner in Situationen, wo sie selbst »wir« oder »uns« benutzen würden, »ich« oder »mir« sagen. Wenn Morton ankündigt: »Ich mache einen Spaziergang«, hat Harriet das deutliche Gefühl, unerwünscht zu sein, obwohl Morton später behauptet, sie hätte ihn gern begleiten können. Sie hat sich ausgeschlossen gefühlt, weil er »ich« gesagt und nicht gefragt hat: »Möchtest du mitkommen?« Das, was wir nicht sagen, kann ebenso als Metamitteilung aufgefaßt werden wie das, was wir sagen.

Es ist schwer, solche Mißverständnisse zu klären, weil jede/r von der Logik seiner oder ihrer Position überzeugt ist und von der Unlogik – oder Unzurechnungsfähigkeit – des anderen. Harriet weiß genau, daß sie Morton immer fragt, wie sein Tag gewesen ist und daß sie niemals ankündigt: »Ich mache einen Spaziergang«, ohne ihn zum Mitkommen aufzufordern. Wenn er anders mit ihr redet, muß er anders fühlen. Aber Morton würde sich nicht ungeliebt fühlen, wenn Harriet es versäumen würde, sich nach seinem Tag zu erkundigen, und wenn sie einen Spaziergang machen wollte, würde er einfach fragen: »Kann ich mitkommen?« Da er weiß, daß er selbst im umgekehrten Fall nie so reagieren würde wie Harriet, kann er nicht glauben, daß es irgendeinen Grund für ihre merkwürdigen Reaktionen gibt.

Mitteilungen und Metamitteilungen
in Gesprächen zwischen... Erwachsenen?

Jules Feiffer dramatisiert diese Prozesse mit ebenso erschreckender wie amüsanter Authentizität in seinem Stück *Grown Ups*. Um zu veranschaulichen, was passiert, wenn Männer und Frauen Probleme ausdiskutieren und sich dabei auf unterschiedliche Gesprächsebenen fixieren, wollen wir uns kurz dem Inhalt dieses Stückes zuwenden.

Jake kritisiert Louise, weil sie nicht antwortet, als die gemeinsame Tochter Edie nach ihr ruft. Jakes Bemerkung löst einen Streit aus, obwohl beiden bewußt ist, daß es sich im Grunde um eine Lappalie handelt.

> Jake: Also, es ist mir egal, ob es wichtig ist oder nicht – wenn ein Kind nach seiner Mutter ruft, sollte die Mutter antworten.
>
> Louise: Jetzt bin ich also eine schlechte Mutter.
>
> Jake: Das habe ich nicht gesagt.
>
> Louise: Ich sehe es an deinem Blick.
>
> Jake: Ist das dein neuestes Talent? Blicke deuten?

Louise ignoriert Jakes Mitteilung – die Frage, ob sie auf Edies Rufen antwortet oder nicht – und stürzt sich auf die Metamitteilung: Jake will andeuten, daß sie eine schlechte Mutter sei, was Jake beharrlich bestreitet. Als Louise erklärt, auf welche Signale sie reagiert hat, wertet Jake diese Signale nicht nur geringschätzig ab, er ist stinksauer, weil Louise ihn nicht für seine Worte, sondern für sein Aussehen – seinen Blick – verantwortlich macht.

Dieses typische Verhaltensmuster wiederholt und verstärkt sich im weiteren Verlauf des Stücks.

> Louise: Da ich ja eine so schreckliche Mutter bin, möchtest du die Scheidung?
>
> Jake: Ich halte dich nicht für eine schreckliche

Mutter und, nein danke, ich möchte keine
Scheidung. Wieso fragst du mich jedesmal,
wenn ich einen strittigen Punkt zwischen
uns anspreche, ob ich die Scheidung will?

Je stärker Jake bestreitet, daß seine Äußerungen irgend
etwas anderes als die reine Mitteilung enthalten, desto mehr
reitet Louise auf versteckten Anspielungen herum, desto
heftiger leugnet wiederum Jake und so weiter:

Jake: Ich habe eine Sache auf den Tisch gebracht,
die du mit Edie machst. Du hast wahrscheinlich nicht bemerkt, daß es mir schon
seit einiger Zeit aufgefallen ist, aber ich
habe bis jetzt absichtlich nichts davon gesagt, weil ich gehofft hatte, daß du es selbst
merken und damit aufhören würdest und
außerdem – es tut mir leid, Schatz, wenn ich
das sagen muß – wußte ich, daß wir uns mit
genau der Art Streit im Kreise drehen würden, die wir jetzt haben, wenn ich davon anfange. Das wollte ich vermeiden. Aber das
hat nicht geklappt, und da wir jetzt schon
mal dabei sind, würde ich mit deiner Erlaubnis gern darüber reden.
Louise: Du merkst nicht, wie du mich damit runter-
machst?
Jake: Was?
Louise: Wenn du mich für so dumm hältst, warum
bleibst du dann mit mir zusammen?
Jake: *Verdammt noch mal! Warum muß hier eigentlich immer alles so kompliziert sein!?*

Es muß kompliziert sein, weil Louise und Jake auf unterschiedliche Ebenen der Kommunikation konzentriert sind.
Wie in Batesons Beispiel von der elektrischen Heizdecke mit

den vertauschten Schaltern erhöhen beide die Energiezufuhr für unterschiedliche Problemgebiete. Jake versucht, sein konkretes Anliegen zu erläutern, indem er es überdeutlich erklärt, was Louise einen weiteren Beweis dafür liefert, daß er sie herablassend behandelt – und es noch unwahrscheinlicher macht, daß sie auf den konkreten Punkt, statt auf die empfundene Herablassung eingeht.

Was Jake und Louise über den simplen Ärger hinaus zur Weißglut treibt, ist ihre unterschiedliche Sichtweise der Metamitteilungen. Wenn Jake entschieden bestreitet, daß seine Aussagen versteckte Bedeutungen und Untertöne haben, spricht er Louise die Herrschaft über ihre eigenen Gefühle ab. Louises Versuche, unausgesprochene Bedeutungen zu thematisieren und die Metamitteilung zur Mitteilung zu machen, geben Jake das Gefühl, daß sie ihm Worte in den Mund legt – und ihm die Herrschaft über seine eigenen Gedanken abspricht.

Dasselbe passiert, wenn Louise Jake erklärt, daß er von Edie manipuliert wird:

>Louise: Warum läßt du sie nicht mal zu dir kommen? Warum gehst du immer zu ihr?
>Jake: Du willst, daß ich Machtspiele mit einer Neunjährigen treibe? Sie soll das Gefühl haben, daß ich mich für sie interessiere. Irgend jemand muß ja Interesse an ihr zeigen.
>Louise: Du liebst sie also mehr als ich.
>Jake: Das habe ich nicht gesagt.
>Louise: Doch, hast du.
>Jake: Du kannst nicht zuhören. Du hast nie gelernt, wie man zuhört. Für dich ist Zuhören die reinste Fremdsprache.

Wieder reagiert Louise auf Jakes Implikation – daß er Edie mehr liebt als sie, weil er sofort rennt, wenn Edie schreit. Und wieder beruft Jake sich auf den Buchstabensinn und bestreitet, daß seine Worte irgendeine weiterreichende Bedeutung hätten.

Während des gesamten Streits ist Louise auf ihre Gefühle fixiert – sie fühlt sich von Jake heruntergemacht –, während Jake auf ihre Handlungen fixiert ist – sie antwortet nicht, wenn Edie nach ihr ruft:

> Louise: Du redest davon, was ich Edie antue, was glaubst du, was du mir antust?
> Jake: Jetzt ist nicht der Moment, darüber zu reden, was wir aneinander antun.

Da Louise nur über die Metamitteilung spricht und Jake nur über die Mitteilung, kann das Gespräch keinen von beiden zufriedenstellen, und sie enden, wo sie begonnen haben – nur wütender:

> Jake: Das ist nicht der Punkt!
> Louise: Es ist *mein* Punkt.
> Jake: Es ist hoffnungslos!
> Louise: Dann laß dich doch scheiden.

Die öffentliche Meinung (und viele Eltern und Lehrer) sagen uns, daß Bedeutungen durch Worte vermittelt werden, so daß Männer, die dazu neigen, Worte wörtlich zu nehmen, durch die öffentliche Meinung unterstützt werden. Dabei muß es nicht zwangsläufig so sein, daß Männer die Bedeutungshinweise, die durch die Sprechweise ausgesandt werden, einfach ableugnen – sie nehmen sie vielleicht tatsächlich nicht wahr. Und wenn sie manchmal doch das unbestimmte Gefühl haben, daß eine unausgesprochene Bedeutung mitschwingt, tun sie das Gefühl als unbegründet ab. Schließlich ist es ja nicht gesagt worden. Manchmal ist das eine Ausflucht – eine plausible Erklärung ist besser als ein blödes Gefühl im Bauch. Aber manchmal ist es auch eine aufrichtige Überzeugung. Auch Frauen neigen dazu, die

Realität ihrer Gefühle anzuzweifeln. Und wenn ihr Bauch ihnen sagt, daß ihr Gefühl richtig ist, fehlen ihnen vielleicht nichtsdestotrotz die Argumente, um ihren Standpunkt zu untermauern, was sie darauf reduziert, ständig zu wiederholen: »Du hast es gesagt. Hast du wohl.« Wenn wir wissen, daß Metamitteilungen ein realer und wesentlicher Bestandteil der Kommunikation sind, können wir unsere Gefühle besser verstehen und rechtfertigen.

»Red' mit mir«

Eine beliebte Zeitung brachte einen Artikel über das Thema, was Ehefrauen an ihren Männern am meisten stört. Die am häufigsten erhobenen Vorwürfe lauteten: »Er hört mir nicht mehr zu« und »Er redet nicht mehr mit mir«. Der Politikwissenschaftler Andrew Hacker stellte fest, daß mangelnde Kommunikation bei Frauen ganz oben auf der Liste der Scheidungsgründe steht, während Männer diesen Grund wesentlich seltener angeben. Da Ehepartner Teilnehmer derselben Gespräche sind – warum sind Frauen unzufriedener damit? Weil sie andere Erwartungen an ein Gespräch haben und auch den grundsätzlichen Zweck von Gesprächen anders beurteilen.

Wenden wir uns zunächst dem Vorwurf zu: »Er redet nicht mit mir.«

Der starke, schweigsame Typ

Zu den verbreitetsten Stereotypen über den amerikanischen Mann gehört das des starken, schweigsamen Typs. Jack Kroll, der anläßlich des Todes von Henry Fonda den Charakter des Schauspielers beschrieb, benutzte Formulierungen wie »stille Kraft«, »beunruhigende Schweigsamkeit«, »leicht entzündliche Katatonie« und »Gefühl von kontrol-

168

lierter Macht«. Kroll erklärte, daß Fonda niemanden sehen lassen wollte, wie »die Räder sich drehen«, daß er »die Maschinerie« vor öffentlichen Blicken verbergen wollte. Kroll zufolge war die daraus resultierende Schweigsamkeit zwar auf der Bühne äußerst erfolgreich, für Fondas Familie jedoch äußerst nervenzerreibend.

Das Bild des schweigsamen Vaters ist weit verbreitet und wird oft zum Modell für den Liebhaber oder Ehemann. Aber was uns anzieht, kann sich als backsiger Fliegenfänger entpuppen, an dem wir hilflos festkleben. Viele Frauen finden den starken, schweigsamen Typ reizvoll als Liebhaber, aber aufreizend langweilig als Ehemann. Ein Gedicht von Nancy Schoenberger beginnt mit den Zeilen: »It was your silence that hooked me, / so like my father's«. Adrienne Rich spricht in einem ihrer Gedichte von einem aufreizend stummen Ehemann, dem »husband who is frustratingly mute«. Trotz der anfänglichen Anziehungskraft solch essentiell männlicher Schweigsamkeit gibt sie Frauen in längeren Beziehungen allmählich das Gefühl, mit dem Kopf gegen eine Betonwand zu rennen.

Zusätzlich zu diesen Rollenbildern männlichen und weiblichen Verhaltens – Ergebnis und Ursache der Bilder – haben Männer und Frauen unterschiedliche Vorstellungen davon, welche Aufgabe dem Gespräch in Beziehungen zukommt und auf welche Weise es dieser Aufgabe gerecht werden sollte. Diese Unterschiede haben ihre Wurzeln in der Umwelt, in der Männer und Frauen lernen, wie man Gespräche führt: in der Kindheit, beim Spiel mit Gleichaltrigen.

Geschlechtsspezifische Sozialisation

Kinder, deren Eltern einen ausländischen Akzent haben, reden akzentfrei. Sie lernen, so zu sprechen wie ihre Spielgefährten. Auf dieselbe Weise, in der kleine Mädchen und Jungen lernen, Wörter auszusprechen, lernen sie auch, wie man Gespräche führt: von ihren Spielgefährten. Im Alter zwischen fünf und fünfzehn Jahren, wenn Kinder einüben, wie man sich unterhält, spielen sie überwiegend mit gleichgeschlechtlichen Freunden. Es ist also nicht überraschend, daß sie andere Sprechweisen und andere Vorstellungen über den Sinn und Zweck von Gesprächen entwickeln.

Die Anthropologen Daniel Maltz und Ruth Borker weisen darauf hin, daß Jungen und Mädchen eine unterschiedliche Sozialisation durchlaufen. Kleine Mädchen neigen zum Spiel in kleinen Gruppen oder, noch häufiger, in Zweiergruppen. Im Zentrum ihres sozialen Lebens steht für gewöhnlich die beste Freundin, und Freundschaften werden geschlossen, aufrechterhalten und abgebrochen, indem man miteinander redet – vor allem über »Geheimnisse«. Wenn ein kleines Mädchen das Geheimnis ihrer Freundin an ein anderes Mädchen verrät, hat sie damit vielleicht eine neue beste Freundin gefunden. Die Geheimnisse als solche können wichtig oder unwichtig sein, doch ob man sie erzählt oder nicht, ist enorm wichtig. Für Neulinge ist es immer schwer, in solche festen Gruppen einzudringen, aber jedes Mädchen, das aufgenommen wird, ist ein gleichberechtigtes Mitglied. Mädchen mögen kooperative Spiele; wenn sie nicht kooperieren können, bricht die Gruppe auseinander.

Kleine Jungen spielen eher in größeren Gruppen, oft draußen, und sie verbringen ihre Zeit eher mit Aktivitäten als mit Worten. Für Jungen ist es leicht, in eine Gruppe hineinzukommen, aber nicht jeder wird als gleichwertiges Mitglied akzeptiert. Einmal in der Gruppe müssen Jungen um ihren Status kämpfen. Eine der zentralen Ausdrucksformen dieses Statuskampfes ist das Gespräch in Form von sprachlichen Darbietungen: Jungen erzählen Geschichten und Witze, sie kritisieren und sabotieren die sprachlichen Darbietungen der anderen Jungen und müssen ihre eigenen Geschichten – und ihren Status – gegen die Angriffe ihrer

Freunde verteidigen. Ihre Unterhaltungen entwickeln sich oft zu Streitgesprächen über das Thema, wer der Beste in irgend etwas ist.

Von Kindern zu Erwachsenen

Feiffers Stück trägt den ironischen Titel *Grown Ups*, weil erwachsene Männer und Frauen, die versuchen miteinander zu kommunizieren, oft genauso klingen wie kleine Kinder: »Hast du gesagt!« / »Habe ich nicht!« Erwachsene Männer und Frauen reden wie Kinder, weil sie die divergierenden Vorstellungen und Gewohnheiten ihrer Kindheit beibehalten – die sie nicht als Vorstellungen und Gewohnheiten betrachten, sondern als allgemein übliche und selbstverständliche Sprechweisen.

Frauen erwarten von ihren Partnern, daß sie eine neue und verbesserte Version ihrer besten Freundin abgeben. Deshalb haben sie eine Schwäche für Männer, die von ihren Geheimnissen erzählen. Wie Jack Nicholson einmal seinem Filmpartner riet: »Erzähl ihr von deiner schweren Kindheit – das klappt immer.« Männer erwarten, daß man etwas zusammen *macht*, und haben nicht den Eindruck, daß etwas fehlt, wenn man sich nicht pausenlos das Herz ausschüttet.

Wenn man sich aber das Herz ausschüttet und Probleme diskutiert, kann das für Männer und Frauen etwas völlig anderes bedeuten. Viele Frauen finden, daß eine Beziehung funktioniert, solange man daran arbeitet und sich ausspricht. Viele Männer finden, daß eine Beziehung nicht funktioniert, wenn man dauernd daran arbeiten und sich aussprechen muß. Wenn die Frau versucht, das Gespräch in Gang zu halten, um die Beziehung zu pflegen, und der Mann das tunlichst vermeidet, um die Beziehung nicht zu gefährden, haben beide das Gefühl, daß der andere die Beziehung leichtfertig aufs Spiel setzt.

Sich aussprechen

Wenn Gespräche (egal welcher Art) einmal in Gang sind, haben Männer und Frauen gelegentlich sehr unterschiedliche Vorstellungen davon, wie sie geführt werden sollten. Zum Beispiel Dora und Tom: Dora ist guter Stimmung und fühlt sich wohl mit Tom. Nach dem Essen macht sie es sich in einem Sessel gemütlich und erzählt Tom von einem Problem bei der Arbeit. Sie geht davon aus, daß er ihr interessierte Fragen stellt, Verständnis zeigt und ihr versichert, daß ihre Gefühle völlig normal sind. Und sie erwartet, daß er das Vertrauen, das sie ihm entgegenbringt, erwidert, indem er von einem eigenen Problem berichtet. Statt dessen sabotiert Tom ihre Geschichte, geht auf belanglose Nebenaspekte ein, reißt Witze darüber, bezweifelt ihre Auslegung des Problems und gibt ihr Ratschläge, wie es zu lösen und in Zukunft zu vermeiden sei.

Frauen sind auf diese unter Männern üblichen Reaktionen nicht gefaßt und beurteilen sie auf der Grundlage ihrer eigenen Erfahrungen und Gewohnheiten – als negativ. Wenn Tom auf unwichtige Nebenaspekte eingeht oder Witze reißt, glaubt Dora, daß es ihm gleichgültig sei, was sie erzählt, und daß er nicht richtig zuhört. Wenn Tom ihre Auslegung der Ereignisse anzweifelt, hat sie den Eindruck, daß er sie kritisieren und ihr sagen will, sie sei nicht ganz normal, während sie doch das Gegenteil bestätigt haben möchte. Wenn Tom ihr erklärt, wie sie das Problem lösen soll, kommt sie sich wie seine Patientin vor – sie hört eine Metamitteilung der Herablassung, in der sich der männliche Konkurrenz-Ethos im Gegensatz zur weiblichen Gleichheits-Etikette widerspiegelt. Und da Tom nicht von sich aus über eigene Probleme redet, will er offenbar andeuten, daß er keine hat.

Hier kann leicht der Prozeß der komplementären Schismogenese einsetzen: Dora bittet um Nähe, und Toms Reaktionsweise gibt ihr ein Gefühl von Distanz. Sie verdoppelt ihre Anstrengungen, um die Intimität wieder herzustellen – auf die einzig ihr bekannte Weise: indem sie mehr und mehr von sich offenbart. Tom verdoppelt seine Anstrengungen, indem er noch eindringlichere Ratschläge erteilt. Je mehr Probleme sie preisgibt, desto unfähiger fühlt sie sich, bis nicht nur Tom, sondern auch sie selbst sich für ein problembeladenes Nervenwrack hält. Und Tom, dessen Bemühungen, ihr zu helfen, nicht anerkannt werden, fragt sich, warum sie ihn um Rat bittet, wenn sie ihn nicht annehmen will.

»Du hörst mir nicht zu«

Der zweite Vorwurf, den Frauen über ihre Ehemänner vorbringen, lautete: »Er hört mir nicht mehr zu.« Bei Männern, die nichts davon halten, Probleme und Geheimnisse zur Gemeinschaftsförderung zu erzählen, stimmt es wahrscheinlich, daß sie ihren Frauen nicht zuhören. Aber manchmal fühlen Männer sich auch zu Unrecht beschuldigt: »Ich *habe* zugehört!«, und manchmal stimmt es. Sie haben zugehört.

Ob jemand zuhört oder nicht, kann nur die betreffende Person selbst wirklich wissen. Doch unser Urteil darüber, ob jemand uns zuhört oder nicht, hängt von wahrnehmbaren Signalen ab – nicht nur von verbalen Antworten, sondern auch vom Blickkontakt und kleinen Zuhörgeräuschen wie »mhm«, »aha« und »genau«. Diese Zuhörgeräusche signalisieren freie Fahrt für das Gespräch; wenn sie an falschen Streckenabschnitten angebracht werden, können sie ein reibungslos dahingleitendes Gespräch sehr schnell aus der Bahn werfen.

Maltz und Borker berichten auch, daß Frauen und Männer unterschiedliche Methoden haben, um zu zeigen, daß sie zuhören. Frauen in der Zuhörerrolle machen – und erwarten – mehr derartige Signale. Wenn ein Mann einer Frau zuhört, kann es daher leicht sein, daß er seltener »mhm« sagt, als sie erwartet und ihr damit das Gefühl gibt, daß er nicht richtig zuhört. Und wenn eine Frau einem Mann zuhört und öfter »aha« sagt als erwartet, hat der Mann vielleicht den Eindruck, daß sie ungeduldig ist oder ihr Interesse übertreibt.

Schlimmer noch, auch die Absichten, die Frauen und Männer mit solchen Geräuschen verbinden, können unterschiedlich sein. Bedeutet »aha« oder »mhm«, daß man mit einer Aussage übereinstimmt, oder einfach, daß man sie gehört und verstanden hat? Maltz und Borker meinen, daß Frauen häufig mit diesen Geräuschen einfach nur zeigen wollen, daß sie zuhören und verstehen. Männer wollen damit eher ihre Zustimmung demonstrieren. Ein Grund, warum Frauen mehr Zuhörgeräusche machen als Männer, ist also vielleicht einfach, daß Frauen öfter zuhören als Männer zustimmen.

Außer den Problemen, die durch die unterschiedliche Häufigkeit der Signalgebung entstehen, führt auch die unterschiedliche Verwendungsweise notgedrungen zu Ärger. Wenn eine Frau ihren Mann zum Weiterreden ermuntern will, indem sie pausenlos »mhm« und »aha« und »uh-huh« sagt, und sich später herausstellt, daß sie völlig anderer Meinung ist als er, hat er möglicherweise den Eindruck, daß sie ihn hinters Licht geführt hat (was ihn erneut in seinem Vorurteil bestätigt, daß Frauen unberechenbar sind). Wenn im umgekehrten Fall ein Mann den Redefluß seiner Frau über sich ergehen läßt und alles versteht, was sie sagt, jedoch anderer Meinung ist, wird er sie nicht mit »Ahas« überschütten – und sie wird glauben, daß er nicht bei der Sache ist.

Dieser unterschiedliche Gebrauch von Zuhörsignalen entspricht den unterschiedlichen Schwerpunkten, die Männer und Frauen bei der Kommunikation setzen. Wenn man mit diesen Signalen anzeigen will: »Ich höre dir zu; mach weiter«, zielt man auf die Beziehungsebene des Gesprächs. Wenn man diese Signale dagegen verwendet, um zu zeigen, was man von der Aussage hält, reagiert man auf den Inhalt des Gesprächs. So führen in sich stimmige Sprechweisen zu Unstimmigkeiten zwischen Männern und Frauen.

»Erzähl doch mal was Interessantes!«

Manchmal haben Männer und Frauen zu Recht den Eindruck, daß der andere nicht zuhört. Und manchmal hängt es damit zusammen, daß Männer und Frauen unterschiedliche Vorstellungen davon haben, was interessant ist und was nicht. Muriel langweilt sich zu Tode, wenn Daniel sich endlos über den Börsenmarkt oder die Fußballweltmeisterschaft ausbreitet. Daniel langweilt sich zu Tode, wenn Muriel sich endlos über Alltagskleinigkeiten oder über Leute ausläßt, die er nicht einmal kennt.

Frauen finden es ganz normal, sich über Alltagserlebnisse zu unterhalten und zum Beipsiel darüber zu reden, wer an der Bushaltestelle stand, welche Leute angerufen haben und was sie erzählt haben, nicht weil diese Details an sich wichtig sind, sondern weil darüber zu reden ein Zeichen der Verbundenheit ist – man nimmt Anteil aneinander, man hat eine beste Freundin. Wenn man weiß, daß man später von all diesen kleinen Ereignissen erzählen kann, fühlt man sich weniger allein auf seinem einsamen Weg durch den Tag. Und wer nicht über all solche Alltagserlebnisse berichtet, sendet eine Metamitteilung über die Beziehung aus – er vernachlässigt sie und stutzt ihre Flügel.

Da Männer es durchaus nicht normal finden, auf diese Weise zu reden, konzentrieren sie sich auf die inhärente Bedeutungslosigkeit der Details. Was sie erzählenswert finden, sind Fakten aus Bereichen wie Sport, Politik, Geschichte oder darüber, wie etwas funktioniert. Frauen empfinden die Aufzählung von Fakten häufig als Vortrag, was (für sie) nicht nur die Metamitteilung der harmonischen Übereinstimmung entbehrt, sondern auch eine Metamitteilung der Herablassung enthält: Ich bin der Lehrer, du die Schülerin. Ich bin klug, du bist dumm.

Ein Cartoon im *New Yorker* zeigt die klassische Frühstücksszene – Quelle von wohl Hunderten von Cartoons (und Tausenden von Gesprächen): der Ehemann liest Zeitung, die Ehefrau versucht, ein Gespräch anzufangen. Er sagt: »Du möchtest dich unterhalten? Lies die Zeitung. Wir reden dann über den Inhalt.« Die Szene ist komisch, weil jeder weiß, daß die Frau nicht über den Inhalt der Morgenzeitung reden will.

Gespräche über Gespräche

Gespräche, die Frauen interessant finden, enthalten häufig Berichte über andere Gespräche. Stimmklang, Pausen, Intonation und Wortwahl werden haargenau wiedergegeben, um das Erlebte deutlich zu machen – d. h. eigentlich um es zu dramatisieren. Wenn Männer von einer Begebenheit erzählen und eine kurze Zusammenfassung davon liefern, statt nachzuahmen, was gesagt wurde und wie, haben Frauen oft das Gefühl, daß das Wichtigste fehlt. Wenn die Frau nachfragt: »Was hat er genau gesagt?« oder »Wie hat er es gesagt?«, kann der Mann sich meistens nicht erinnern. Wenn die Frau weiterbohrt, hat der Mann manchmal den Eindruck, daß sie ihn ausquetschen will.

All diese unterschiedlichen Gewohnheiten wirken nach, wenn die beiden sich über ihre Beziehung unterhalten. Der Mann fühlt sich nicht wohl in seiner Haut, vielleicht sogar unterlegen. Die Frau behauptet, sich genau erinnern zu können, was er gesagt hat und was sie gesagt hat und in welcher Reihenfolge, und jetzt soll er mal erklären, warum er das gesagt hat. Er kann es nur schwer erklären, weil er sich nicht mehr genau an seine Worte erinnert – vielleicht sogar das ganze Gespräch vergessen hat. Sie hat den heimlichen Verdacht, daß er nur so tut, als könne er sich nicht erinnern, und er hat den heimlichen Verdacht, daß sie sich die Einzelheiten ausdenkt.

Eine Frau berichtete von einem derartigen Problem und führte es auf das schlechte Gedächtnis ihres Freundes zurück. Es ist jedoch äußerst unwahrscheinlich, daß ihr Freund generell unter einem schlechten Gedächtnis litt. Es geht darum, welche Art von Erinnerungsmaterial der einzelne vergißt oder behält.

Frances saß am Küchentisch und unterhielt sich mit Edward, als der Toaster verrückt spielte. Edward begann das sonderbare Verhalten des Toasters zu erklären. Frances versuchte, ihm aufmerksam zuzuhören, aber Edward hatte kaum mit seinen technischen Ausführungen begonnen, da hatte sie schon total den Faden verloren. Frances fühlte sich sehr dumm. Und alles sprach dafür, daß Edward dasselbe dachte.

Später am selben Tag machten sie einen Spaziergang. Er erzählte ihr von einer schwierigen Situation im Büro, die ein kompliziertes Beziehungsgeflecht zwischen unheimlich vielen Leuten umfaßte. Plötzlich blieb er stehen und meinte: »Du kannst dir diese ganzen Leute bestimmt gar nicht merken.«

»Natürlich kann ich das«, sagte sie und wiederholte seine Geschichte, wobei sie jede Person, jedes Detail richtig zuordnete. Edward war tief beeindruckt, und Frances fühlte sich sehr klug.

Wie konnte Frances zugleich klug und dumm sein? Hatte sie ein gutes Gedächtnis oder ein schlechtes? Ob Frances und Edward etwas verstehen, behalten und wiedergeben konnten, hing vom Thema ab – und ähnelte dem Auffassungs- und Erinnerungsvermögen ihrer Eltern. Wenn Frances ihren Eltern von Bekannten oder Arbeitskollegen erzählte, konnte ihre Mutter ihr problemlos folgen, aber ihr Vater verlor den Faden, sobald sie einen zweiten Namen ins Spiel brachte. »Wer ist das nun wieder?« fragte er. »Deine Chefin?«

»Nein, Susan ist meine Chefin. Jetzt habe ich von meiner Freundin erzählt.« Oft war ihr Vater noch immer bei der letzten Geschichte. Aber wenn Frances von ihrer Arbeit erzählte, verlor ihre Mutter den Faden, sobald Frances einen zweiten Aspekt ansprach: »Das war der technische Bericht?«

»Nein, den technischen Bericht habe ich letzten Monat abgegeben. Dies hier war ein spezielles Projekt.«

Frances' Eltern hatten – wie viele Männer und Frauen – ihr Begriffs- und Erinnerungsvermögen auf verschiedenen Gebieten ausgebildet. In ihren Gesprächserfahrungen mit anderen Männern und anderen Frauen haben sie unterschiedliche Gesprächsformen praktiziert und eingeübt.

Das Wissen, ob und in welcher Form wir später über bestimmte Ereignisse reden, hat Einfluß darauf, ob und in welcher Form wir die Ereignisse wahrnehmen, wenn sie geschehen. Da Frauen wissen, daß sie später vielleicht von den Gesprächen erzählen werden, an denen sie teilnehmen oder denen sie zuhören, achten sie eher darauf, was und wie etwas gesagt wird. Da die meisten Männer nicht die Angewohnheit haben, solche Berichte zu liefern, ist die Wahrscheinlichkeit geringer, daß sie sich ein Gespräch in allen Einzelheiten einprägen. Andererseits sind viele Frauen nicht daran gewöhnt, aufmerksam zuzuhören, wenn es um wissenschaftliche Erklärungen und Fakten geht, weil sie nicht damit rechnen, daß sie sie später vor Publikum wiederholen müssen – genauso wie Leute, die nicht die Angewohnheit haben, Witze zu erzählen, sich keine Witze »merken« können, auch wenn sie aufmerksam genug zuhören, um darüber lachen zu können.

So trainieren Frauen durch die Gespräche mit ihren Freundinnen das Beziehungsgespräch mit ihren Männern, aber viele Männer treten vollkommen untrainiert zu solchen Gesprächen an – und mit dem unbehaglichen Gefühl, daß dies absolut nicht »ihr Ding« ist.

»Was meinst du, mein Schatz?«

Die meisten von uns messen einer Liebesbeziehung enorme Bedeutung zu. Wir betrachten die Fähigkeit, solche Beziehungen aufrechtzuerhalten, als Zeichen seelisch-geistiger Gesundheit – unsere zeitgenössische Metapher für einen ordentlichen Charakter.

Doch unsere Erwartungen an solche Beziehungen sind so groß, daß sie sich kaum – und vielleicht nie – erfüllen können. Wenn es sich um Partnerschaften zwischen Mann und Frau handelt, machen Mann-Frau-Unterschiede die Wahrscheinlichkeit noch geringer. Wir erwarten von unseren Partnern, daß sie unserem romantischen Ideal entsprechen und gleichzeitig unsere besten Freunde sind. Frauen und Männer mögen ähnliche Erwartungen haben, was die romantischen Ideale angeht, wodurch sich die Unterschiede in der Anfangsphase einer Beziehung gnädig verhüllen lassen, aber sie haben sehr unterschiedliche Vorstellungen von Freundschaft, und diese Unterschiede sind es, die mit der Zeit zu einem Riesenberg heranwachsen.

In Unterhaltungen zwischen Freunden oder Freundinnen, die keine Liebespartner sind, kann man über kleinere Mißverständnisse hinwegsehen oder die Augen davor verschließen, indem man den Kontakt abbricht. Aber in unseren primären Beziehungen können Differenzen nicht einfach ignoriert werden, und der Dampfkessel des kontinuierlichen Kontakts läßt beide im Saft der angestauten kleinen Mißverständnisse vor sich hinschmoren. Und unterschiedliche Gesprächsgewohnheiten führen unter Garantie zu Mißverständnissen – ironischerweise nicht, wenn es um Dinge wie gemeinsame Interessen und Wertvorstellungen oder um das Verständnis für die Lebensphilosophie des anderen geht. Über diese großen und bedeutsamen – und doch peripheren – Themen kann man reden und sich einigen. Es ist wesentlich schwieriger (und viel überraschender und beunruhigender, daß es schwierig ist), Übereinstimmung in so kleinen

Alltagsdingen wie automatischen Sprechrhythmen und
-nuancen zu erzielen. Nichts in unserer Erziehung oder in
den Medien (dem modernen Gegenstück zur Religion oder
den Lehren weiser Großeltern) bereitet uns auf diese nieder-
schmetternde Erfahrung vor. Wenn zwei Menschen so viel
gemeinsam haben, was Weltanschauung und grundlegende
Werte angeht, wie können sie dauernd über Alltagslappalien
in Streit geraten?

Wenn Sie sich in dieser Situation wiederfinden und nichts
von Unterschieden im Gesprächsverhalten wissen, glauben
Sie, daß mit Ihrem Partner etwas nicht stimmt oder mit Ihnen, weil Sie sich einen solchen Partner ausgesucht haben.
Im günstigsten Fall, wenn Sie tolerant und aufgeschlossen
sind, verzichten Sie vielleicht auf individuelle Schuldzuweisungen und schieben alles auf die Beziehung. Aber wenn Sie
über Unterschiede im Gesprächsstil Bescheid wissen, können Sie akzeptieren, daß es unterschiedliche Gewohnheiten
gibt und Menschen unterschiedlicher Meinung darüber
sind, wie ein Gespräch geführt werden sollte, wie man sein
Interesse zeigt, Rücksicht nimmt oder ähnliches. Vielleicht
verstehen Sie die Absichten Ihres Partners trotzdem nicht
immer richtig, aber Sie wissen wenigstens, daß etwas, was
Ihnen als böse Absicht erscheint, vielleicht nicht so gemeint
war – und Sie wissen, daß auch Ihre eigene Reaktion nicht
unbegründet ist. Wenn Ihr Partner sagt, er höre Ihnen aufmerksam zu, obwohl er nicht den Eindruck macht, sollten
Sie vielleicht glauben, was er sagt, und nicht, was Sie fühlen.

Manchmal ist es hilfreich, wenn wir erklären, was wir als
selbstverständlich voraussetzen. Wenn ein Mann einer Frau
erzählt, wie sie ihre Probleme lösen soll, könnte sie sagen:
»Danke für den Rat, aber ich will gar nicht wissen, was ich
tun soll. Ich möchte einfach nur, daß du mir zuhörst und mir
zeigst, daß du mich verstehst.« Ein Mann könnte erklären:
»Wenn ich dich herausfordere, meine ich nicht, daß du
etwas Falsches sagst; es ist einfach meine Art, dir zu zeigen,
daß ich interessiert zuhöre.« Beide könnten versuchen, ihre

Sprechweisen zu ändern und zu tolerieren, was der andere tut. Wichtig ist, sich immer vor Augen zu führen, daß eine scheinbar böse Absicht in Wahrheit eine gute, aber anders ausgedrückte Absicht sein kann. Wir müssen die Überzeugung aufgeben, daß, wie Robin Lakoff es formuliert: »Liebe bedeutet, nie um Erklärungen bitten zu müssen«.

Kapitel 9

Der intime Kritiker

In den banalsten sozialen Begegnungen lauern Tausende von Risiken und potentiellen Fettnäpfchen, was zu der nicht geringen Angst führt, in ein solches zu treten. Das ist einer der Gründe, warum viele Leute lieber gemeinsam mit einem Partner in der Öffentlichkeit erscheinen: um einen Verbündeten auf dem gefährlichen sozialen Gelände zu haben und der Welt jene starke Flanke bieten zu können, die von Singles – den Trapezkünstlern, die ohne Netz arbeiten – manchmal als verletzend empfunden wird. Teil eines Paares zu sein, gibt vielen Leuten das Gefühl, daß es nicht so schlimm ist, wenn ihnen ein Schnitzer unterläuft, weil sie darauf vertrauen, daß ihr Verbündeter sie immer für anbetungswürdig halten wird, egal wie sie sich benehmen.

Doch ein niederträchtiges Schicksal will es, daß sich der intime Verbündete nur zu oft als intimer Kritiker entpuppt. Nicht nur, daß unsere Partner kläglich darin versagen, unseren Charme trotz eines gelegentlichen gesellschaftlichen Lapsus zu erkennen, schlimmer noch, sie sehen Verfehlungen, wo niemand sonst sie sieht, oder, am allerschlimmsten, werfen uns Entgleisungen vor, wenn wir uns absolut untadelig benommen haben und einfach nur auf unsere ganz spezielle, unverwechselbare Art geredet oder gehandelt haben.

Durch eine rätselhafte Alchimie sind die Marotten und

Verhaltensweisen, die den intimen Kritikern tödlich auf die Nerven gehen, identisch mit jenen Seiten der Persönlichkeit, die sie am Anfang der Beziehung unwiderstehlich und bezaubernd fanden. Eine kleine Indiskretion oder ein geringfügiger Lapsus, den kein Mensch bemerkt oder beachtet hätte, wenn man allein auf der Party gewesen wäre, wird auf dem Nachhauseweg im Auto gnadenlos ans Licht gezerrt, von allen Seiten beleuchtet und ausführlich analysiert, schließlich mit vergangenen Verfehlungen ausgeschmückt und ins Gigantische vergrößert.

Jede soziale Begegnung ist reich an Schnitzern, albernem Geschwätz und Dummheit. Wenig von dem, was gesagt wird, ist wirklich passend, noch weniger wichtig, und noch weniger eloquent. Aber wir akzeptieren solche unbeholfenen Konversationsversuche, gehen darauf ein, sagen selbst etwas ähnliches, lachen darüber und nehmen es im allgemeinen gut auf, weil wir das demonstrierte Interesse und Engagement anerkennen. Nur bei uns selbst reagieren wir überkritisch: Warum habe ich das nun wieder gesagt!? Mein Gott, wie blöd von mir! Nur bei uns selbst reagieren wir so – und bei unseren Partnern.

Wir üben nicht öffentlich Selbstkritik, und wenn doch, dann wirkt es charmant: ein weiterer Beweis, daß wir nett sein wollen. Aber wenn wir öffentlich Kritik an unseren Partnern üben, wirkt das alles andere als charmant. Mitzuerleben, wie jemand als sozialer Versager hingestellt wird, ist dem unbeteiligten Dritten ebenso unbehaglich wie dem Kritisierten selbst.

Mittel der Kritik:
Hilfe, auf die wir verzichten können

Wo immer Menschen sehr engen Kontakt haben – in Familien, zwischen Liebespartnern, unter Reisegefährten –, ist die intime Kritik epidemieartig verbreitet. Marilyn und Gerald machten eine Reise durch Frankreich. Eines Abends, als sie mit französischen Freunden zusammensaßen, legte Marilyn sich sorgfältig einen Satz in ihrem Schul-Französisch zurecht. Als eine Pause im Gespräch eintrat, begann sie: »*Alors*...« Ihr französischer Nachbar sah sie an und fragte: »*Alors quoi?*« Stolz auf ihren Anfangserfolg, wollte Marilyn gerade fortfahren, als Gerald ihr das Wort abschnitt und den anderen (in seinem etwas besseren, aber auch stockendem Französisch) erklärte, daß Marilyn die Angewohnheit hätte, Gesprächspausen aufzufüllen. Gerald glaubte, daß sie mit ihrem »Alors« zu einem sprachlichen Klimmzug angesetzt und sich übernommen hätte. Er war überzeugt, daß sie irrtümlich »Alors« gesagt hatte und nun nicht mehr weiter wußte. Marilyn war wütend, nicht weil Gerald sie unterbrochen, sondern weil er sie als inkompetent dargestellt hatte. Seine Vertrautheit mit ihrem Gesprächsstil ließ ihn Schwächen erkennen, wo sie Stärken gesehen hatte, und sein Versuch, ihr beizuspringen, machte seine Einschätzung für alle offensichtlich. Im allgemeinen hilft man Leuten, von denen man glaubt, daß sie etwas Falsches gesagt oder getan haben, am besten, indem man so tut, als hätten sie alles richtig gemacht. Der Versuch, jemandem auszuhelfen, ist eine (subtile) Möglichkeit, um Kritik zu üben. Es ist nicht die einzige.

Sarkasmus

Ein verbreitetes Mittel der Kritik – sowohl in der Öffentlichkeit wie im Privatbereich – sind sarkastische Bemerkungen. Timothy begegnete seiner Ex-Frau in der Schule ihrer gemeinsamen Kinder, wo eine internationale Messe mit kulinarischen Spezialitäten abgehalten wurde. Timothy ging auf sie zu und begrüßte sie freundlich. Sie fragte, ob er sich schon etwas zu essen gekauft hätte; er erzählte ihr, er habe sich ein Croissant geholt. Sie lachte affektiert und meinte: »Mein Gott, wie abenteuerlich!« Zack, das hatte gesessen!

Mit dieser offenkundig unpassenden Beschreibung seines Verhaltens gab die Frau ihrem Ex-Mann klar zu verstehen, daß sie ihn für alles andere als abenteuerlustig hielt und reduzierte sein französisches Croissant auf eine langweilige Scheibe Brot.

Timothys Reaktion auf den Kommentar seiner Ex-Frau wurde durch die gemeinsame Beziehungsgeschichte verstärkt. Es hatte ihn oft gekränkt, daß seine Frau ihn für zu ängstlich, für zu konventionell hielt. In einer langen Beziehung trägt jeder neue Schlag die geballte Wucht aller vorangegangenen Schläge in sich. Das ist einer der Gründe, warum Partner und Familienangehörige, die sich sehr vertraut sind, oft explosionsartig auf eine völlig geringfügige Kritik reagieren.

Der Rahmenwechsel, den seine Ex-Frau mit ihrem Sarkasmus einleitete, verschlimmerte Timothys Bestürzung. Da er sich in einem freundlichen Rahmen bewegt hatte, traf ihn der Seitenhieb ihrer Kritik unvorbereitet und besonders schmerzlich. Timothy war nicht auf einen Angriff gefaßt gewesen und daher um so verletzter, als sein guter Wille nicht erwidert wurde.

Um einen Rahmenwechsel handelt es sich auch, wenn man für etwas kritisiert wird, über das man sich vorher besonders gefreut hat. Ted ist eine richtige Stimmungskanone, der strahlende Mittelpunkt jeder Party. Aber wenn er sich stolz und glücklich fühlte, weil er eine Party mit seinen Witzen und Anekdoten in Schwung gehalten hatte, warf seine Frau ihm hinterher vor, daß er sich zum Narren gemacht und sie vernachlässigt hätte. Wumm! Was er als Erfolg verbucht hatte, wurde neu gerahmt und als Niederlage dargestellt.

Kritik in Form von Lob

Zu den subtilsten Formen der Kritik gehören Lobreden auf abwesende Dritte. In der türkischen Sprache gibt es einen Ausdruck, um eine solche Form der Kritik zurückzunehmen, wenn sie nicht beabsichtigt war. Ein Türke, der in den höchsten Tönen von jemandem spricht, während er sich mit einem anderen unterhält, kann sagen: »*Sizden iyi olmasin*«, was bedeutet: »Möge er (sie) nicht besser sein als du« – mit anderen Worten: »Denke nicht (auch wenn es sich so anhört), daß mein Lob bedeutet, daß du eines solchen Lobes unwürdig wärst.«

Einige Eltern benutzen die Taktik des Fremdlobs, um ihren eigenen Sprößlingen den richtigen Weg zu weisen: »Schau mal, Billy. Ist es nicht toll, wie schön Tommy sein Zimmer aufgeräumt hat?« Leider führt das häufig nicht zum gewünschten Erfolg – Billy fühlt sich durchaus nicht angeregt, mehr Ordnung in seinem Zimmer zu halten, sondern fühlt sich eher (vor allem, wenn solche Vorträge häufiger vorkommen) kritisiert, unzulänglich und ungeliebt – und entwickelt eine abgrundtiefe Abneigung gegen Tommy.

Auch Leute, die beruflich zusammenarbeiten, empfinden manchmal diese Art Stich – manchmal zu Recht, manchmal zu Unrecht. Der Organisator einer bevorstehenden Konferenz hörte anfangs aufmerksam zu, fühlte sich dann aber zunehmend gekränkt, als ein Kollege ihm vorschwärmte, wie phantastisch die letzte Konferenz organisiert gewesen wäre – von einem anderen Kollegen. Was sich zunächst nach konstruktiven Vorschlägen anhörte, klang mehr und mehr nach der Metamitteilung: »So phantastisch wie der andere kriegst du das nie und nimmer hin.«

Diese Metabotschaft kann beabsichtigt gewesen sein oder nicht; und unabhängig davon, ob sie beabsichtigt war oder nicht, mag der Sprecher der Ansicht gewesen sein, daß der Organisator dieser Konferenz dem anderen nicht das Wasser reichen konnte. Jedes Gesprächsmuster, das für einen bestimmten Zweck eingesetzt werden kann, kann in diesem Sinne verstanden werden, auch wenn es anders gemeint ist. Viele Leute reagieren eifersüchtig, wenn ihre Partner ihnen von einem anderen Mann oder einer anderen Frau vorschwärmen. Begründet oder unbegründet – für sie bedeutet solches Lob, daß ihr Partner nicht nur schwärmt, sondern Vergleiche anstellt. Sie hören nicht nur: »Ich finde ihn oder sie attraktiv oder charmant oder klug«, sondern auch »und dich weniger«.

Die Kritikerhaltung

Als Angela und Conrad die Musikhalle verließen, fing Conrad sofort an, das Konzert auseinanderzupflücken. Angela sank das Herz in der Brust. Sie hörte die Metamitteilung: »Der ganze Abend ist mir total versaut.« Und da Conrad den ganzen Abend mit ihr verbrachte, hörte sie außerdem: »Ich mag nicht mit dir zusammensein.« Je heftiger er die Musiker kritisierte, desto überzeugter war sie, daß die Feindseligkeit, die er dem Pikkoloflötisten entgegenbrachte, in Wahrheit ihr galt.

Tatsächlich ist es manchmal so, daß man den Hund tritt, weil man die Person, die den Ärger verursacht hat, anstandshalber nicht treten darf. Doch einige Leute richten Kritik nach außen – auf abwesende Dritte, auf unbelebte Objekte – um Solidarität mit den Anwesenden herzustellen. Es handelt sich um eine Variante des Musters Solidarität-durch-gemeinsames-Klagen, das in Kapitel drei beschrieben wurde. Unglücklicherweise fühlen Leute, die nicht mit dieser kritischen Haltung rechnen, sich dadurch vor den Kopf gestoßen. Sie sind überzeugt, daß jeder, der so überaus kritisch mit allem und jedem umgeht, auch an ihnen etwas auszusetzen hat.

Als Emily und Bennet einen Besuch bei Bennets Eltern

machten, lud der Vater sie alle zum Essen ein. Das Essen war nicht gerade überwältigend, und Emily sah keinen Grund, das Gegenteil zu behaupten. Da sie Übertreibungen liebte, ließ sie sich zu der Bemerkung hinreißen: »Dies ist das Grauenhafteste, was ich je gegessen habe.« Bennets Vater war tödlich beleidigt. Da er für das Essen verantwortlich war, empfand er ihre Bemerkung als persönliche Kritik. Für Emily bedeutete, sich in Bennets Familie »wie zu Hause« zu fühlen, »selbstredend«, daß man eine positive Einstellung zueinander hatte. Die Kritik an dem Essen war eine Methode, das gemeinsame Bündnis zu bekräftigen.

Gregory Bateson hat darauf hingewiesen, daß Menschen oft nicht zwischen der Karte und dem Territorium unterscheiden können: sie verwechseln die realen Dinge mit den Dingen, die sie symbolisch repräsentieren. Wenn wir uns stark mit unserem Zuhause, unserer Kleidung, unseren Partnern oder dem ausgewählten Restaurant identifizieren, dann empfinden wir jede Kritik daran als Kritik an uns selbst. Dieser Eindruck kann richtig sein, er kann aber auch falsch sein. Es ist wichtig, nie zu vergessen, daß die Karte nicht mit dem Territorium identisch ist. Manche Leute schießen freizügig Pfeile auf unbelebte Objekte ab, mit denen wir uns identifizieren, haben aber durchaus nicht die Absicht, dabei Menschen zu verletzen. Ganz im Gegenteil, nach außen gerichtete Kritik kann ein Ausdruck von Solidarität sein, nach dem Motto: »Wir beide gegen den Rest der Welt.«

»Sprich ordentlich!«

Obwohl wir manchmal Kritik hören, wo keine ist, enthalten die meisten Beziehungen genug unmißverständliche Kritik, um Anlaß zum Kummer zu geben. Frauen und Männer sind beide anfällig für diese Krankheit und stecken sich gegenseitig an. Aber es gibt Formen, die besonders häufig (wenn auch nicht ausschließlich) bei dem einen oder anderen Geschlecht auftreten.

In dem Artikel über die häufigsten Vorwürfe zwischen Eheleuten, den ich in Kapitel acht erwähnte, wird auch berichtet, daß Männer oft über nörgelnde Ehefrauen klagen. Nörgeln kann man sowohl über etwas, was jemand tut, als auch über das, was er nicht tut. Es ist möglich, daß Frauen eher zu dieser Kritikform neigen, weil sie größere Erwartungen an eine Beziehung stellen (und es ist auch möglich, daß Männer eher dazu neigen, Erwartungen zu enttäuschen). Viele Männer kritisieren ihrerseits Frauen, wenn sie nicht auf die Weise handeln, die den Männern als die einzig logische und richtige Weise erscheint.

Nachdem Jim in Rente gegangen ist, beklagt Bea sich immer häufiger, daß er zuviel Zeit an seinem Schreibtisch verbringt, nicht genug Anteil an ihrer Gesundheit nimmt, sich nicht ausreichend für die Enkelkinder interessiert, während des Essens fernsieht und sich weigert, mit ihr Einkaufen zu gehen. Es gibt allerdings eine Situation, wo Jim seine Gesellschaft oft und gern anbietet, Bea jedoch gut darauf verzichten könnte, und zwar in der Küche, wo er dauernd etwas an ihr auszusetzen findet. Sie schneidet die Zwiebeln längs statt quer (sie will sie eigentlich gar nicht durchschneiden, rutscht aber manchmal mit dem Messer ab), sie benutzt falsches Küchenwerkzeug (sie nimmt zum Beispiel ein Messer, wenn sie ein Glas öffnen will und bricht dabei gelegentlich die Messerspitze ab), sie läßt Papier in den Abfluß fallen (sie nimmt es später wieder heraus, aber Jim sorgt sich um die Gesundheit des Müllschluckers, der höchst allergisch auf Papier reagiert). Und immer, wenn Bea die Jalousie hochläßt – indem sie die Kordel so lange hin- und herzerrt, bis der Mechanismus einrastet –, fleht Jim sie ebenso inständig wie vergeblich an, sich einmal genau anzusehen, nach welchem technischen Prinzip eine Jalousie funktioniert, damit man es bei einmal Ziehen bewenden lassen könnte. Jim und Bea sind beide überzeugt, daß es so etwas wie falsches und richtiges Verhalten gibt, aber Beas Kritik konzentriert sich darauf, wie Jim mit Menschen (vor allem mit ihr) umgeht, während Jims Kritik sich darauf konzentriert, wie Bea mit den Gegenständen in ihrer Umwelt umgeht.

Sprache ist ein Verhaltenssystem, über dessen richtige oder falsche Anwendung die meisten Menschen ziemlich feststehende Ansichten haben. Viele Frauen (und manche Männer) kritisieren ihre Partner, weil sie eine falsche Grammatik benutzen, und viele Männer (und manche Frauen) kritisieren ihre Partner, weil sie bestimmte Begriffe nicht präzise anwenden, obwohl es sich in beiden Fällen vielleicht einfach um umgangssprachlich übliche Ausdrucksweisen handelt. So kritisiert Stella Chuck, wenn er eine doppelte Verneinung benutzt oder Silben verschluckt und »ha'm wir« statt »haben wir« sagt. Saul kritisiert Rose, weil sie den Herd als Ofen bezeichnet oder sagt, etwas sei »verschärft«, wenn er meinte, es müßte »ärgerlich« heißen (was ihre Verärgerung verschärft).

Wer andere in ihrem Sprachgebrauch verbessert, sabotiert den Erzählfluß des anderen, eine Angriffsstrategie des Zuhörers, die in anderem Zusammenhang bereits erwähnt wurde. In einer Kurzgeschichte von Charles Dickinson hat eine Frau den ganzen Tag gewartet, daß ihr Mann endlich nach Hause kommt, weil sie ihm von einem Gespräch mit dem Lehrer ihres Sohnes berichten will; ihr Mann konnte an der Unterredung nicht teilnehmen, weil er länger arbeiten mußte.

> »Mr. Frobel hat mir von einer Aufgabe erzählt, die er der Klasse gestellt hat«, erzählte Fran. »Sie sollen eine Karte von Rußland zeichnen.«
>
> »Du meinst die Sowjetunion. Kein Mensch sagt heute noch Rußland.«
>
> »Ist das wichtig? Darf ich weiterreden?«

Wenn der Mann auf diesen unwichtigen Nebenaspekt eingeht, sabotiert er damit nicht nur den Erzählfluß seiner Frau, er tut es in Form einer Kritik und hält Fran einen Ausdruck unter die Nase, der umgangssprachlich üblich ist.

Auch in Feiffers Stück *Grown Ups* wird diese Situation geschildert. Jake ignoriert, was Louise meint und hackt auf ihr herum, weil sie einige Formulierungen nicht ganz präzise verwendet. Louise sagt: »Es war eine faustglatte Lüge« statt eine »faustdicke Lüge« und spricht von »kibitzen« im Sinne von »klauen«, während Jake meint, es müßte »stibitzen« heißen. Er korrigiert Louise, weil sie »keinen Groschen wert« statt »keinen Pfennig wert« sagt und erklärt, daß »kein normaler Mensch« eine Formulierung wie »ins Auge hüpfen« gebrauchen würde. Alles, was dabei herauskommt, ist, daß Louise den (begründeten) Verdacht hat, daß Jake sich für klüger hält als sie. Seine Denkweise ist nicht ungewöhnlich. Viele Leute glauben, daß ein korrekter Sprachgebrauch ein Zeichen von Intelligenz sei – eine Meinung, die jeder faktischen Grundlage entbehrt. Fakt ist, daß leichte Abwandlungen von gebräuchlichen Redewendungen oder Ausdrücken ebenso gebräuchlich sind wie die Ausdrücke selbst und dem Verständnis keinen Abbruch tun.

Das Tragische an all diesen Formen von Kritik ist, daß man sich unverstanden oder gar ungeliebt fühlt. Das Gefühl eigener Inkompetenz, das durch solche Kritik hervorgerufen wird, ist häufig wesentlich langlebiger als der Streit oder das Gespräch, das die Kritik auslöste.

Mach's wie ich

Bei vielen der angeführten Beispiele können die Sprech- und Handlungsweisen falsch beurteilt werden, weil man einen äußeren Maßstab anlegt. Aber oft geht es den Kritikern – männlichen und weiblichen – gar nicht um die Einhaltung absoluter, allgemeingültiger Maßstäbe. Häufig wollen sie nur, daß ihre engsten Vertrauten sich an Standards halten, die ihre eigenen kulturellen Normen oder einfach nur ihre individuellen Gewohnheiten und Verhaltensweisen widerspiegeln. Und was »unlogisch« scheint, ist oft nur Ausdruck einer anderen und nicht einer fehlgeleiteten Logik.

Barbara und Glen kehrten aus den Flitterwochen zurück. Sie standen in einer Schlange auf dem Flughafen und warteten auf ihren Rückflug in die USA. Barbara fing mit der Frau vor ihr ein Gespräch an. Sie erwähnte, daß ihr Rückflug von der Charterlinie, für die sie das Ticket ursprünglich gebucht hätten, auf einen normalen Linienflug umgelegt worden sei. Als die Frau nachfragte, erklärte Barbara: »Unser Reise-Agent hat uns angerufen – wir sind auf Hochzeitsreise.« Die Frau lächelte und ließ ein schnelles »Herzlichen Glückwunsch« einfließen; Barbara lächelte auch, sagte »Danke« und wollte gerade fortfahren, als Glen zu ihr hinübergriff, ihren Arm tätschelte und korrigierend anmerkte: »Die Tatsache, daß wir auf Hochzeitsreise sind, hat nichts damit zu tun, daß unser Flug geändert wurde.« »Ich weiß«, sagte Barbara und blickte zu Boden. Sie hatte das Gefühl, bei einem Fehler ertappt worden zu sein.

Aber Barbara hatte nichts falsch gemacht, als sie die Flitterwochen erwähnte. Sie war glücklich, es erzählen zu können; die Frau war glücklich, davon zu erfahren; es trug zu dem harmonischen Verhältnis bei, um das beide bemüht waren. Glen hätte diese Information nicht auf diese Weise eingestreut, andererseits wäre er wahrscheinlich gar nicht erst auf die Idee gekommen, eine Unterhaltung mit fremden Leuten anzufangen. Seine Kritik lief letztlich auf nicht viel mehr hinaus als: »Du machst es nicht so wie ich.«

Da viele Paare einen Großteil ihrer Zeit mit sozialen Kontakten verbringen, läßt es sich kaum vermeiden, daß sie miterleben, wie ihre Partner Anekdoten zum besten geben oder auf andere Weise Konversation treiben. Unglücklicherweise ist der Sprachgebrauch für soziale Zwecke ein Gebiet, auf dem Männer und Frauen sich oft erheblich unterscheiden.

So erhalten sie ausreichend Gelegenheit, das Mißfallen ihres Partners zu erregen. Und all die anderen in Kapitel drei erläuterten Unterschiede, was den Gebrauch von Kommunikationssignalen und -mustern angeht, tragen zur Verschlimmerung der geschlechtsspezifischen Unterschiede bei.

Im Anschluß an eine Dinnerparty, die Dorothy für einen Bombenerfolg hielt, kommt Don wutschnaubend die Treppe hochgestürmt und wirft ihr vor, »dominiert« zu haben. Er erklärt, sie sei zu vorlaut gewesen, habe nie zugehört und die anderen – vor allem ihn – überhaupt nicht zu Wort kommen lassen. »Kindskopf. Wenn du was zu sagen hast, dann sag's doch einfach«, sagt sie. »Um bei deiner Art von Konversation dazwischenzukommen«, höhnt er, »braucht man eine Brechstange.« Bei anderer Gelegenheit, wenn Dorothy einem Gast viele Fragen stellt, um ihr Interesse zu zeigen, wirft Don ihr hinterher vor, dem Gast ein Loch in den Bauch gefragt zu haben – gleichgültig, ob der Gast gelöchert wirkte oder nicht.

Don findet persönliche Fragen ausgesprochen unhöflich; Dorothy findet sie ausgesprochen höflich. Für Don hat ein gutes Gespräch ein gemäßigtes Tempo; für Dorothy ein schnelles. Für sie ist lautes Überlappen ein Zeichen von Begeisterung, für ihn ein Zeichen, daß man nicht zuhört. Nach allem, was wir jetzt über Sprechweisen wissen, ist klar, daß weder Don noch Dorothy recht oder unrecht haben. Aber Don und Dorothy wissen das nicht. Dorothy weiß, daß sie in guter Absicht handelt; wie kann ihr Mann sie derart falsch beurteilen? Sie fühlt sich betrogen, weil der Mensch, der ihr treuester Verbündeter sein sollte, sie angreift.

Ironischerweise fühlen Partner sich berechtigt, ja sogar verpflichtet, einander zu korrigieren, eben weil sie Verbündete sind. Viel intime Kritik hängt mit dem Wunsch zusammen, unsere Partner und andere uns nahestehende Menschen zu verbessern. Zu ihrem eigenen Vorteil und weil wir das Gefühl haben, daß sie uns gegenüber der Welt repräsentieren. Da wir alle unsere ganz eigenen Verhaltens- und Handlungsweisen haben, ist unser Vorrat an Verbesserungsvorschlägen schier unerschöpflich.

Die Ursachen der Kritik

Ein verbreiteter Zustand, der eine besonders virulente Form intimer Kritik hervorruft, ist die Adoleszenz. Viele Eltern üben (vielleicht notgedrungen) besonders viel Kritik, wenn ihre Kinder klein sind. Doch wenn die Kinder dann das Teenageralter erreichen, wendet sich häufig das Blatt und viele Sprößlinge durchbohren ihre Eltern mit einem ebenso kritischen wie vernichtenden Blick. Sie können nicht ertragen, wie ihre Eltern gehen, sich kleiden und die Gabel halten. Sie finden die Ausdrucksweise ihrer Eltern entweder hoffnungslos antiquiert oder übertrieben jugendlich. Einfach mit einem Elternteil in der Öffentlichkeit gesehen zu werden, bereitet ihnen kaum verhohlene Folterqualen.

Am Verhalten von Jugendlichen lassen sich Ursachen und Zweck der Kritik erkennen. Jugendliche (wie wir alle) schützen sich durch Kritik gegen die Gefahren der Nähe, die ihre Unabhängigkeit bedrohen. Für Teenager ist es vor allem wichtig, sich von ihren Eltern zu lösen. Wenn sie ihre Eltern für vollkommen hielten, würden sie sich anklammern und sich einem Vergleich nicht gewachsen fühlen. Wenn sie ihre Eltern als Mängelwesen sehen, können sie leichter loslassen und Vertrauen in ihre eigene Fähigkeiten gewinnen.

Mit Paaren ist es dasselbe. Durch die Fehler des anderen treten unsere eigenen Vorzüge erheblich günstiger hervor, wenn wir uns an dem unmittelbar verfügbaren Vergleichsobjekt messen. Und die Kritik schützt vor einer als bedrohlich erlebten Nähe. Doch ständige Kritik bedroht und verhindert wiederum Nähe.

Gegen Ende von Anne Tylers Roman *Dinner im Heimweh-Restaurant* erzählt ein alter Mann seinem erwachsenen Sohn, warum er vor vielen Jahren seine Frau und seine Kinder verlassen hat:

> »Sie hat mich verschlissen«... »Ach, am Anfang«, sagte Beck, »fand sie mich wunderbar. Du hättest ihr Gesicht sehen sollen, wenn ich ins Zimmer kam... Im Anfang der Ehe zwischen deiner Mutter und mir war alles vollkommen. Es schien, als könnte ich überhaupt nichts falsch machen. Dann, Stück für Stück, erkannte sie meine Fehler, glaube ich... Sie sah, daß ich zuviel von zu Hause weg war und sie nicht genügend unterstützt habe, daß ich in meiner Arbeit nicht vorwärtskam, Gewicht zulegte, zuviel trank, falsch redete, falsch aß, mich falsch anzog, falsch Auto fuhr.«

Diese Textpassage vermittelt einen Eindruck von dem kumulativen Effekt zunehmender Kritik – die in diesem Fall sowohl schwerwiegende Verfehlungen wie mangelnde Unterstützung und ständige Abwesenheit umfaßt als auch so banale Dinge wie Kleidung oder falsche Eßgewohnheiten. Beck Tull heiratete seine Frau, weil ihre Bewunderung ihm das Gefühl gab, ein wunderbarer Mensch zu sein – das Glück der Nähe. Doch als seine Frau ihm nah war, konnte sie seine Schwächen sehen. Wenn Beck sich jetzt mit ihren Augen sah, fühlte er sich schrecklich.

Man könnte daraus den Schluß ziehen, daß Liebe blind macht für die Fehler des anderen und Nähe die Fehler klar erkennen läßt. Aber Nähe macht auf andere Weise blind. Intimität verleitet dazu, mehr als die vorhandenen Fehler zu sehen und sie größer erscheinen zu lassen, als sie tatsächlich sind.

Ein Schuß ins Blaue

Je indirekter die Kritikmittel sind, desto schwerer ist es, damit umzugehen. Stans Vater fragt seinen Sohn, wie er sein Geld angelegt hat. An der Art und Weise, wie er das tut, merkt Stan sofort, daß sein Vater kein Vertrauen in seine finanziellen Fähigkeiten hat. Kates Mutter weicht ihrer Tochter nicht von der Seite und gibt laufend Kommentare ab, mit denen sie offenbar ausdrücken will, daß Kate völlig unfähig sei, einen Haushalt zu führen.

Sie schaut Kate beim Kochen über die Schulter und sagt: »Oh, soviel Salz nimmst du für die Suppe?« Kate versteht das als: »Du versalzt die Suppe« – als weiterer Schuß im Sperrfeuer der Kritik, das mit Besuchsantritt eröffnet wurde. Aber wenn Kate protestiert, verteidigt die Mutter sich mit der plausiblen Erklärung: »Ich habe doch nur gefragt. Warum bist du so empfindlich?« Fragen gehören wie sarkastische Bemerkungen zu den beliebtesten Kritikformen, eben weil sie indirekt sind – wie Schüsse aus einem Schalldämpfergewehr. Der Verwundete spürt die Wirkung, schnell und schmerzlich, aber die Angriffsquelle ist schwer zu lokalisieren.

Man kann Kritiker nur schwer zur Rede stellen, weil Kritiker und Kritisierte mit verschiedenen Ebenen der Interaktion beschäftigt sind. Der Kritiker ist auf einzelne, aufeinanderfolgende Handlungen konzentriert, nicht auf eine kritische Gesamtbewertung der anderen Person. Eltern wissen, daß sie ihre Kinder lieben, auch wenn sie ständig Kritik üben, damit ihre Sprößlinge die eine oder andere Sache bzw. die eine *und* die andere Sache besser machen. Aber der Kritisierte reagiert auf die Metamitteilung: »Du bist ein inkompetenter Trottel.«

Wenn Kritiker zur Rede gestellt werden, leugnen sie für gewöhnlich (vielleicht aus ehrlicher Überzeugung) jede Schuld ab: »Ich habe doch nur gefragt« oder »Spaß gemacht« oder »Es hatte überhaupt nichts zu bedeuten«.

Wenn sie zugeben, daß eine Bemerkung kritisch gemeint war, verteidigen sie sich gewöhnlich damit, daß die Kritik berechtigt war: »Du hast es falsch gemacht.« Oder: »Ich habe nur die Wahrheit gesagt.« Und vom Standpunkt des Kritikers mag das stimmen. Aber es berücksichtigt nicht die Auswirkung auf den Kritisierten – vor allem nicht den kumulativen Effekt.

»Autsch – das tut weh!«

Der Kritiker konzentriert sich darauf, ob sein Vorwurf berechtigt ist – auf die Mitteilung –, doch der Kritisierte reagiert auf die Mißbilligung in der Metamitteilung. Jede Kritik impliziert: »Ich finde, mit dir stimmt was nicht« – was zu bedeuten scheint: »Ich mag dich nicht besonders«. Und wenn die Kritik kontinuierlich fließt, wie es in langwährenden Beziehungen häufig der Fall ist, wird unser Gefühl, »normal« und sympathisch zu sein, vollständig untergraben – gleichgültig, ob die einzelne Kritik berechtigt ist oder nicht.

Einer der destruktivsten Aspekte intimer Kritik ist, daß sie bleibende Folgen haben kann. Josie ging jahrelang glücklich und zufrieden, wenn auch unwissend, durchs Leben, ohne zu ahnen, daß sie unzählige kleine Fehler und nicht ganz makellose Angewohnheiten besaß – so schnalzt sie manchmal mit der Zunge, wenn Gesprächspausen eintreten; sie brüllt automatisch »autsch!«, auch wenn sie sich nur leicht verletzt hat; auf ihrer Oberlippe wächst ein zarter Flaum und sie neigt dazu, ihren Drink herunterzustürzen, wenn andere nur vornehm nippen. Aber nach einigen Jahren mit Andy, der sie laufend darüber informierte, wie unerträglich er diese und jene Angewohnheit fand, war sie dazu verdammt, sich für immer und ewig in einem unvorteilhaften Licht zu sehen. Als sie sich von Andy scheiden ließ, übernahm sie im Rahmen des Güterausgleichs seine kritische Sichtweise ihrer kleinen Marotten. Das negative Urteil schlich sich in ihr Selbstbild ein, nagte beständig daran und wuchs sich zu der Überzeugung aus, daß alle Menschen von ihrer Gegenwart peinlich berührt waren.

Kritik aus zweiter Hand

Eine der subtilsten, wenn auch häufigsten und schmerzlichsten Formen der Kritik tarnt sich als objektiver Bericht. Eine beliebte Taktik für einen solchen Tarnkappenangriff ist die Pose des unschuldigen Boten: »Jerry meinte, du hättest Molly den Brief nicht zeigen dürfen.« Auf diese Weise übermittelt der Bote Kritik und lenkt den resultierenden Ärger auf Jerry ab. Die meisten Leute reagieren erwartungsgemäß auf solche Secondhand-Kritik und sind wütend auf den zitierten Kritiker. Sie sollten anders reagieren und den Boten fragen: »Warum erzählst du mir das?« Bei weitergereichter Kritik könnte es angebracht sein, den Zorn am Boten auszulassen, an demjenigen, der den Schlag ausgeteilt hat.

Solche Secondhand-Kritik wirkt sich in vielerlei Hinsicht zerstörerischer aus als eine direkt empfangene Kritik. Offen geäußerte Kritik sendet eine Metamitteilung der Verbundenheit aus: mir liegt so viel an dir, daß ich dir offen die Meinung sage. Diese Art der Kritik lädt zu Erklärungen und Rechtfertigungen ein, und anschließende Auseinandersetzungen enden zumeist damit, daß man sich erneut seiner Solidarität und Freundschaft versichert. Anders bei der Secondhand-Kritik, die grundsätzlich schlimmer klingt, als wenn wir sie selbst gehört hätten. Die Macht der Worte scheint uns größer, wenn sie in unserer Abwesenheit gefallen sind – so wie auch Leute, die wir nur vom Hörensagen kennen, uns überlebensgroß erscheinen. Es ist, als ob das Belauschen einer Botschaft für ihren Wahrheitsgehalt bürgt – was andere *in Wahrheit* über uns denken und sich nicht zu sagen trauen.

Der Eindruck ist irreführend. Die Wahrheit, wie sie sich in einer bestimmten Situation darstellt, ist nicht die ganze oder eigentliche Wahrheit, sondern nur ein Aspekt davon, der von dieser Situation widergespiegelt wird. Was vor einem bestimmten Publikum gesagt wird, ist meistens für dieses spezielle Publikum konzipiert. Und oft ist es sogar eine Reaktion auf dieses Publikum. Wir steuern das Gespräch mit unseren Aussagen unbewußt in die eine oder andere Richtung und engen damit auch die möglichen Reaktionen ein.

Wenn jemand Kritik an einem abwesenden Dritten übt, will er vielleicht einfach nur Dampf ablassen und hat gar nicht die Absicht, irgend jemanden zu verletzen. Wenn die Kritik an den Dritten weitergereicht wird, schwächt das die Wirkung nicht ab, sondern verstärkt sie. Da die Kritik nicht direkt geäußert wird, leben Vorwurf und Bitterkeit der Reaktion ungehindert fort, weil sie nicht durch eine reinigende Diskussion offengelegt, geklärt, entgiftet und entsorgt werden können.

Ein aufstrebender junger Wissenschaftler hielt einen Vortrag auf einer Fachkonferenz. Erfreut bemerkte er, daß eine der Kapazitäten auf dem Gebiet – eine Frau, deren Arbeiten er gelesen und bewundert hatte – im Publikum saß. Und als sein alter Professor ihm erzählte, daß diese Berühmtheit extra seinetwegen gekommen sei, weil sie von seiner Arbeit gehört hätte, fühlte er sich regelrecht beschwingt. Doch aus der Freude wurde rasch Verdruß, als sein Professor ihm hinterher mitteilte, daß der Stargast von dem Vortrag enttäuscht gewesen wäre.

Sein Verdruß hätte sich leicht in eine bleibende Abneigung gegen die anerkannte Wissenschaftlerin verwandeln können, wenn der junge Professor nicht wenig später die Möglichkeit gehabt und genutzt hätte, offen mit der Frau zu sprechen. Auf seine direkte Frage entgegnete die Wissenschaftlerin: »Aber hat er Ihnen nicht erzählt, daß ich auch gesagt habe, daß man von einem Zwölf-Minuten-Vortrag nicht mehr erwarten darf?« Vielleicht hatte die Wissenschaftlerin ihre Kritik tatsächlich auf diese Weise eingeschränkt, vielleicht hat sie die Relativierung auch nachträglich erfunden, um den Schlag abzudämpfen – auf jeden Fall milderte ihre Erklärung die Kritik ab und ebnete den Weg für eine konstruktive kollegiale Beziehung. Wenn man den Urheber der Kritik nicht zur Rede stellen kann oder will, kann das bittere Gefühl gegenüber einem Kollegen, Freund oder Bekannten ein Leben lang bestehen bleiben, langjährige Beziehungen zerstören und neue Freundschaften verhindern.

Wenn ständige Kritik zu einem Reizstoff in beruflichen oder freundschaftlichen Beziehungen werden kann, so ist sie innerhalb der Familie das reinste Gift.

Vicki erhielt einen Brief von ihrer Mutter. Die Mutter schrieb, sie sei enttäuscht, weil Vicki das Weihnachtsfest nicht mit der Familie verbringen wolle. Vicki beantwortete den Brief, legte ihre Gründe dar und betrachtete die Sache damit als erledigt. Kurz darauf rief ihre Schwester Jill an – ein gutgemeinter Anruf in der ehrlichen Absicht, Vicki zu unterstützen. Im Rahmen dieser Unterstützungsaktion berichtete Jill, daß ihre Mutter sie angerufen hätte, um das »Problem Vicki« zu besprechen. Jill erzählte auch, wie sie ihre Schwester verteidigt hatte: »Aber Mama, ich bin in den letzten Ferien auch nicht nach Hause gekommen.« Und sie zitierte die Antwort der Mutter: »Das ist was anderes. Du studierst noch.«

Als Jill ihrer Schwester von dem Gespräch erzählte, wollte sie damit die Botschaft übermitteln: »Mutter hat dich unfair beurteilt, aber ich bin für dich eingestanden.« Aber diese gutgemeinte Mitteilung wurde für Vicki durch zahlreiche Metamitteilungen überschattet. Erstens erfuhr Vicki, daß eine Sache, die sie für erledigt gehalten hatte, nicht erledigt war; ihre Mutter war im Gegenteil noch immer so aufgebracht, daß sie die Sache mit einer dritten Person besprechen mußte. (Da die Mutter wußte, daß Jill wahrscheinlich mit ihrer Schwester telefonieren würde, hat sie Jill vielleicht sogar bewußt zur Weiterleitung dieser Metamitteilung benutzt.) Zweitens war Vicki gekränkt, weil sie mit ihrer Schwester verglichen und negativ beurteilt wurde und wütend über die Unlogik des Vergleichs: Wenn Jill noch studierte, sollte sie mehr und nicht weniger verpflichtet sein, Weihnachten nach Hause zu fahren. Außerdem deutete das gemeinsame Gespräch zwischen Mutter und Schwester auf einen bestimmten Rahmen hin: »Die Familie erörtert das Familienproblem – dich!«

Vicki nahm die weitergereichten Äußerungen der Mutter als eigentliche Wahrheit – so wie Jill. Und als Jill von dem Gespräch berichtete, gab sie, alles in allem, wahrheitsgetreu wider, was sie gehört hatte. Und doch war es Jill, die ihre Schwester zwangsläufig verletzte, weil sie eine Version der Wahrheit wiederholte, die speziell für eine andere Situation konzipiert worden war – für ein Gespräch mit Jill.

Das Rätsel der mütterlichen Unlogik löst sich, wenn man die Bemerkung auf ihre Ursprünge zurückführt. Jill provozierte den Vergleich, als sie sich selbst als Gegenbeispiel präsentierte. Ihre Mutter war gezwungen, entweder zu sagen: »Du bist genauso schlimm«, oder irgendeinen Grund anzuführen – wie unlogisch auch immer –, um Jill von ihrer Kritik auszuschließen.

Geschwister, wie alle Mitglieder einer eng-verwobenen Gruppe, sind anfällig für diese Art von Kritik, weil ihre Beziehung zueinander ein Musterbeispiel für den Wettstreit um Anerkennung ist, der bis auf Kain und Abel zurückgeht. Und die Intimität von Familienbanden macht es besonders wahrscheinlich, daß die Information weitergegeben wird, weil der Austausch persönlicher Informationen ein Mittel zur Aufrechterhaltung dieser Intimität ist.

Ein ähnlicher Fall ereignete sich bei einem anderen Geschwisterpaar, Lynn und Alexandra. Lynn hatte einmal einen Freund, der zehn Jahre älter war als sie, und Alexandra hatte zur gleichen Zeit einen Freund, der zehn Jahre jünger war. Auch als die Beziehungen längst Schnee von gestern waren, hegte Lynn noch immer eine gewisse Bitterkeit gegenüber ihrer Mutter, weil Alexandra ihr einmal erzählt hatte, daß die Mutter Lynns Situation viel schlimmer gefunden hätte als ihre.

Wenn man das Gespräch Alexandras mit ihrer Mutter näher betrachtet, läßt sich leicht erkennen, wie die Mutter dazu kam, einen solchen Vergleich anzustellen. Als die Mutter ihrer Sorge um Lynn Ausdruck verlieh, wollte Alexandra ihre Schwester verteidigen und brachte sich selbst in die Schußlinie: »Aber Mom, Tony ist zehn Jahre jünger als ich! Das Alter spielt doch gar keine Rolle.« Und Mom, plötzlich vor die Entscheidung gestellt, die Tochter, mit der sie spricht, entweder in ihre Kritik einzuschließen oder davon auszunehmen, läßt sie außen vor: »Aber das ist was anderes. Du brauchst keine Angst haben, daß er vor dir stirbt und du plötzlich allein dastehst.« Es bestand – in diesem Kontext – keine Veranlassung für Mom, ihre Befürchtungen hinsichtlich eines zehn Jahre jüngeren Partners zu formulieren. Es ist nicht so, daß Mom Alexandra angelogen hat oder daß Alexandra ihre Schwester angelogen hat, aber wenn man einen Aspekt der Wahrheit aus dem Zusammenhang reißt und ihn in einen anderen stellt, verändert man die Wirkung und wird die Absichten des ursprünglichen Sprechers höchstwahrscheinlich verzerrt wiedergeben.

Der Lauscher an der Wand

Wenn wir erfahren, was ein Dritter in unserer Abwesenheit über uns gesagt hat, geraten wir – für einen flüchtigen Moment – in die Rolle des Lauschers, der ein Gespräch mit anhört, das er nicht hören soll, mit der zusätzlichen Komplikation, daß das, was wir hören, zwangsläufig unvollständig, aus dem Zusammenhang gerissen und Abwandlungen ausgesetzt ist, die unvermeidlich sind, wenn Informationen durch die menschliche Vorstellungskraft gefiltert werden.

Die tragischen Ereignisse des Romans *Sturmhöhe* wurden durch ein unvollständig belauschtes Gespräch beschleunigt. Heathcliff floh aus Wuthering Heights – und zerstörte damit sowohl sein eigenes wie das Leben Cathys – nachdem er belauscht hatte, wie Cathy zu ihrer Bediensteten sagte: »Jetzt wäre es unter meiner Würde, Heathcliff zu heiraten.« Heathcliff lauschte nicht weiter, sonst hätte er hören können, daß Cathy fortfuhr: »Darum darf er nie wissen, wie sehr ich ihn liebe (...) weil mein Wesen in ihm noch klarer ausgeprägt ist als in mir selber.« Und: »Alle Lintons der Welt könnten in nichts zergehen, ehe ich einwilligte, Heathcliff im Stich zu lassen.« Heathcliff hörte nur einen Teil der Unterhaltung und weil er lauschte, hielt er diesen Ausschnitt für die eigentliche Wahrheit und wollte nichts weiter hören.

In E. M. Forsters *Auf der Suche nach Indien* löste die Wiedergabe einer belauschten Unterhaltung die Katastrophe aus. Dr. Aziz hatte sich rein pro forma erboten, zwei englischen Damen die Marabar-Grotten zu zeigen. Er hatte nicht die Absicht, seinen Vorschlag wirklich in die Tat umzusetzen. Aber ein indischer Bediensteter belauschte ein Gespräch der beiden Damen, in dessen Verlauf die eine die Bemerkung fallen ließ, daß Inder offenbar zur Vergeßlichkeit neigten. Diese Bemerkung wurde weitergegeben und belauscht, belauscht und weitergegeben, von Ohr zu Ohr geflüstert wie beim »Stille Post«-Spiel, bis bei Aziz die Nachricht ankam, daß die Frauen durch seine Unterlassung tödlich beleidigt wären. Er fühlte sich nun gezwungen, den Ausflug zu den Höhlen, an dem niemand ein Interesse hatte, zu organisieren, was die unheilvollen Ereignisse des Romans auslöste.

Die Vorstellung, daß andere über uns reden, ist immer beunruhigend – wie ein flüchtiger Blick in eine Welt, wo wir nicht als Hauptdarsteller, sondern nur als Gegenstand eines

Gesprächs auftreten. Einen Moment lang ist es, als existierten wir gar nicht oder nur in drastisch reduzierter Form. Das warme freudige Gefühl, das uns durchrieselt, wenn wir erfahren, daß andere uns gelobt haben, ist auch zu einem gut Teil Erleichterung – die Aufhebung der Anspannung und des Schocks, in den es uns versetzt, daß andere überhaupt über uns sprechen.

Sich im Zaum halten

Aus einem besseren Verständnis für die Mittel und Wege intimer Kritik, wie sie in diesem Kapitel erläutert wurden, lassen sich Richtlinien für den zukünftigen Gebrauch ableiten – Verhaltensempfehlungen sowohl für Kritiker als auch für Kritisierte.

Unheilbare Kritiker (vielleicht dieselben Leute wie die Opfer der Kritik, zwei Minuten später) könnten sich vor Augen führen, daß einige Formen von Kritik destruktiver sind als andere. Wir alle verfügen über die Macht, andere zu verletzen, indem wir ihnen gegenüber wiederholen, was Dritte in unserer – nicht ihrer – Gegenwart über sie gesagt haben. Jeder in unserem Bekanntenkreis hat wahrscheinlich schon einmal eine Bemerkung über uns gemacht, die uns heftig mißfallen hätte, wenn wir sie belauscht hätten. Es ist ein nobler Zug, solche Macht im Zaum zu halten und nichts weiterzuleiten außer einem unmißverständlichen Lob, es sei denn, man ist nach gründlichen Überlegungen zu dem Schluß gekommen, daß der andere die Information dringend benötigt, auch wenn sie schmerzlich ist. Das schließt Kritik mit ein, die wir für falsch oder lächerlich halten, wie zum Beispiel: »Es ist mir egal, wenn alle anderen sagen, du bist ein Idiot – ich mag dich.«

Wenn wir kritische Äußerungen wiederholen, um unsere eigene Meinung besser durchzusetzen, so ist das äußerst effektiv, aber nichts anderes als das sprachliche Gegenstück eines Schlagrings; eine unfaire Waffe, um andere noch stärker verletzen zu können. Faire Kritiker werden Mehrdeutigkeiten wie »Ich denke, du hast einen Fehler gemacht und Morris findet das auch« vermeiden. Besonders unfair ist die Weiterleitung von Kritik, ohne den Urheber zu benennen – »Jemand hat das gesagt, aber ich kann dir nicht sagen wer« –, weil es den Empfänger dazu bringt, alle in Frage kommenden und einige nicht in Frage kommenden Tatverdächtigen mißtrauisch zu beäugen. Der vielleicht heimtückischste Hieb ist die Behauptung: »Das sagen alle«, was die Vorstellung einer Menschenmasse heraufbeschwört, die die Köpfe zusammensteckt, um über unsere Unzulänglichkeiten zu debattieren.

Wer es schwierig findet, sich die Wiederholung von Kritik zu versagen, sollte sich besser nicht Situationen aussetzen, die ihn später vor die mißliche Entscheidung stellen könnten, ob er etwas weitererzählen sollte oder nicht.

Auch für die Kritik aus erster Hand gibt es bessere und schlechtere Wege. Eine Form unfairer Kritik ist beispielsweise die Behauptung »Das machst du immer«, statt sich auf ein konkretes Beispiel zu beziehen. Etwas, das man *immer* macht, ist nicht erklärbar und – oft – auch nicht nachvollziehbar. Außerdem sollten Kritiker sich bemühen, ihre Kritik entweder sofort vor Ort (unter vier Augen) oder mit kurzem zeitlichen Abstand vorzubringen. Jemand, der im gegebenen Moment oder kurz danach die Chance zur Kritik verpaßt, kann darauf vertrauen, daß die Gelegenheit wiederkommt. Wenn nicht, ist die Kritik überflüssig. Und jemanden daran zu erinnern, daß er vor langer Zeit etwas falsch gemacht hat, ist viel verletzender, weil impliziert wird, daß man seinen Groll ausdauernd genährt und gepflegt hat.

Rat an die Kritisierten

Für die Kritisierten ist es hilfreich, sich stets daran zu erinnern, daß Kritik ein verbreitetes Nebenprodukt der Nähe und Vertrautheit ist. Intime Kritik ist ein deutlicher Beweis für die Existenz, nicht für den Mangel an Intimität.

Darüber hinaus sollte man die Selbstverteidigung dem Grad des Schmerzes – der Wirkung der Kritik – anpassen und nicht wild um sich schlagen, um die Kritik zu entkräften. Wenn jemand uns einen Ball zuwirft, fangen wir ihn automatisch auf (oder versuchen es zumindest). Aber bei einer Kritik sollten wir den Ball ruhig fallenlassen. Wenn man anfängt, sein Verhalten zu rechtfertigen, fühlt der andere sich aufgefordert, seine Kritik noch eingehender zu begründen und das wahrscheinliche Ergebnis ist ein Ausbruch von komplementärer Schismogenese. Aber wenn wir sagen: »Wenn man mir immer erzählt, daß ich alles falsch mache, fühle ich mich wie ein wandelndes Defizit«, besteht eher die Wahrscheinlichkeit, daß die anderen sich entschuldigen oder zumindest versichern, daß sie uns nicht kränken wollten. Und wenn es sonst nichts bewirkt, so lädt es zumindest nicht zu einer Eskalation der Kritik ein.

Wenn Sprecher es vermeiden sollten, Kritik weiterzugeben, so sollten Hörer auch zum Selbstschutz greifen und Berichte über das, was andere über sie gesagt haben, von vornherein unterbinden. Wenn sie dennoch davon erfahren, sollten sie daran denken, daß das, was sie hören, nicht die eigentliche oder volle Wahrheit ist, sondern nur eine Version der Wahrheit – und eine verzerrte dazu.

Schließlich können die Kritisierten versuchen, nicht überempfindlich zu reagieren. Jake in Feiffers *Grown Ups* hat die verhängnisvolle Neigung, Louise zu kritisieren, aber er hat nicht ganz unrecht, wenn er ihr vorwirft: »Für dich ist jede Kritik ein tödlicher Dolchstoß.« Es gibt Gelegenheiten, wo Partner ihrer berechtigten Kritik am anderen Luft machen müssen. Wenn man Angst hat, überhaupt etwas Kritisches zu sagen, fühlt man sich ein bißchen wie gefesselt und geknebelt. Und durch die unausgesprochenen Vorwürfe sitzt man ständig wie auf einem Pulverfaß.

Intime Kritik spricht auch auf eine Methode an, die von Sozialwissenschaftlern seit vielen Jahren benutzt wird. Auf einem ihrer letzten Besuche ging Jennifers Mutter zum Schrank, nahm einen Besen heraus und fing an, den Küchenboden zu fegen. Jennifer fühlte die altbekannte Wut in sich hochsteigen, wie immer, wenn sie sich heimlich kritisiert fühlte. Daß der Angriff gegen ihre Haushaltsführung indirekt erfolgte, dämpfte den Schlag nicht ab, sondern verstärkte ihn. Aber dann erinnerte Jennifer sich an das Gespräch mit mir und sagte sich: »Oh, jetzt macht sie es wieder.« Und plötzlich war ihr Ärger verflogen! Die Wut war verraucht, weil Jennifer auf Distanz ging und von der Rolle der Handelnden in die Rolle der Beobachterin schlüpfte.

Vorsorge und Heilung

Ständige Kritik bedeutet ein tragisches Versagen der Intimität. Aus der Sehnsucht nach Nähe und Gemeinschaft ist nicht ein enger Verbündeter, sondern ein penibler Kritiker hervorgegangen: ein Teamkamerad, der ständig auf dem Sprung ist, um »Foul!« zu brüllen, wenn der Ball leicht als gut hätte durchgehen können; jemand, der genug vertrauliche Informationen über unsere Vergangenheit besitzt, um die Gegenwart damit zu belasten; jemand, der uns so genau unter die Lupe nimmt, daß unsere kleinen Fehler gigantische und monströse Ausmaße annehmen.

Die Verhaltensrichtlinien für den Umgang mit hartgesottenen Anhängern intimer Kritik sind hilfreich, aber Vorsorgen ist bekanntlich besser als Heilen. Vielleicht können wir unsere kritischen Gedanken nicht ganz ausschalten, aber wir sollten – und *müssen* – in der Lage sein, den Akt der Kritik auszuschalten. Wenn wir in die Rolle des Beobachters schlüpfen, können wir in Gedanken registrieren, daß Pat sich schon wieder so benimmt – und den Mund halten.

Teil IV
Möglichkeiten und Grenzen des Gesprächsstils

Kapitel 10

Über Sprechweisen sprechen

Gemeinsam mit einem männlichen Kollegen hielt Rachel regelmäßige Ausbildungskurse ab. Der Kollege redete die ganze Zeit, und Rachel war sauer auf ihn, weil er dominierte und sie nie zu Wort kommen ließ. Nachdem sie einen meiner Vorträge über Gesprächsstil gehört hatte, verstand sie die Zusammenhänge. Der Kollege antwortete bereits auf Fragen, die von der Gruppe gestellt wurden, während sie noch auf eine kleine Pause wartete, um mit der Antwort zu beginnen. Und wenn sie mitten im Satz war, fiel er ihr ins Wort – aber nur, wenn sie gerade eine Pause machte. Sie versuchte also, sich selbst zu zwingen, etwas schneller auf Fragen zu antworten, als ihr eigentlich höflich erschien, und beim Reden keine langen Pausen zu machen. Das Ergebnis war, daß sie wesentlich öfter zu Wort kam, und ihr Kollege war darüber genauso froh wie sie selbst. Ihr Vorgesetzter beglückwünschte sie zu ihrem gewachsenen Selbstvertrauen.

Man kann darüber diskutieren, ob Rachel tatsächlich mehr Selbstbewußtsein entwickelt hat. In gewisser Weise schon. Doch das Entscheidende ist, daß sie ihr Problem durch eine einfache und leichte Veränderung ihrer Sprechweise löste, ohne Seelenforschung, Selbst-Analyse, äußere Intervention und – das Wichtigste – ohne sich selbst als jemanden zu definieren, der unter einem psychischen Problem oder einem Persönlichkeitsdefekt wie mangelndem Selbstbewußtsein leidet.

Menschen wollen ihr eigenes und das Verhalten ihrer Mitmenschen verstehen. Für Menschen in unserer Gesellschaft bedeutet das häufig, daß sie nach psychologischen Erklärungen suchen. Wenn der Leidensdruck extrem ist, begeben sie sich vielleicht in psychologische Behandlung. Aber bevor man zu so drastischen Mitteln greift, ist es vielleicht eine gute Idee, sich zu fragen, ob das Problem nicht einfach mit Unterschieden im Gesprächsstil zusammenhängt. Wenn ja, läßt es sich zu Hause behandeln. Wenn sich dann nichts ändert, gehen Sie zum Psychologen. Aber vielleicht stellen Sie fest, daß Sie nicht mehr ganz so oft hingehen müssen.

Dieses Buch ist kein Hilf-Dir-Selbst-und-die-Welt-ist-in-Ordnung-Ratgeber. Es möchte in erster Linie etwas Licht in das menschliche Verhalten bringen, Verständnis schaffen. Der zweite Teil dieses Kapitels zeigt, daß schon ein besseres Verständnis viel zur Lösung von Problemen beitragen kann. Und Rachels Erfahrung macht deutlich, daß das Wissen um unterschiedliche Sprechweisen auch in Schritte umgesetzt werden kann, die die Kommunikation – und damit auch unsere Beziehungen – verbessern. In den vorangegangenen Kapiteln sind viele dieser möglichen Schritte erwähnt worden, in diesem Kapitel sollen sie kurz zusammengefaßt werden.

Was wir tun können

Der erste Schritt ist ein besseres Verständnis des eigenen Gesprächsstils: Was tun Sie, wenn Sie kommunizieren? Welche Auswirkung hat es darauf, wie andere mit Ihnen sprechen? Inwieweit ist Ihr Gesprächsstil eine Reaktion auf die Sprechweisen anderer? Tonbandaufzeichnungen sind ein gutes Hilfsmittel für diesen Beobachtungsprozeß. Die

Einwilligung ihrer Gesprächspartner natürlich vorausgesetzt, können Sie Ihre Unterhaltungen aufzeichnen und das Band abhören, um ein Gefühl dafür zu entwickeln, wie Sie selbst und andere gesprochen haben und welche Auswirkungen es auf die Interaktion hatte. Wenn ein laufendes Tonband Ihnen – oder Ihren Gesprächspartnern – Unbehagen bereitet, können Sie auch einfach so beobachten.

Wenn man ein Gefühl für den eigenen Gesprächsstil entwickelt, gibt es Möglichkeiten der Veränderung. Im folgenden werden einige dieser Möglichkeiten vorgestellt. Viele weitere fallen Ihnen bestimmt selbst ein.

Vielleicht erwarten Sie, daß Ihre Gesprächspartner weiterreden, wenn Sie Zuhörsignale einstreuen. Wenn Sie feststellen, daß andere bei Ihren Reaktionen immer aufhören zu sprechen, so daß der Eindruck entsteht, Sie würden dauernd unterbrechen, könnten Sie sich zurückhalten und etwas stiller zuhören. Wenn Sie das Gefühl haben, die ganze Gesprächsarbeit allein zu erledigen, sollten Sie still bis sechs zählen, wenn Sie *glauben,* daß Ihr Gesprächspartner ausgeredet oder nicht reagiert hat, um sicherzugehen, daß der oder die andere nicht gerade Anlauf nimmt, um etwas zu sagen.

Wenn Sie den Eindruck haben, dauernd unterbrochen zu werden, könnten Sie versuchen, etwas mehr Tempo zu machen, indem sie Ihre Pausen zwischen einzelnen Sprecherwechseln und innerhalb Ihrer eigenen Äußerungen verkürzen. Und Sie könnten sich zwingen, nicht aufzuhören, wenn der andere Ihnen ins Wort fällt und einfach über ihn hinwegreden. Wenn das nicht funktioniert, könnten Sie versuchen, mit nonverbalen Zeichen deutlich zu machen, daß Sie noch etwas zu sagen haben – indem Sie mit der Hand wedeln oder sich nach vorn beugen.

Wenn Sie sich der Gefahr der komplementären Schismogenese bewußt sind – dem spiralförmigen Effekt, wenn man seine Anstrengungen steigert, indem man mehr vom selben Verhalten zeigt –, könnten Sie dem Impuls widerstehen, mehr vom selben zu tun und etwas anderes ausprobieren. Wenn Sie sich unbehaglich fühlen, weil jemand Sie mit Fragen löchert, könnten Sie versuchen, Ihrerseits Fragen zu stellen, statt ausweichende Antworten zu geben, oder Sie könnten ein anderes Thema ansprechen, das Sie selbst interessiert. Im umgekehrten Fall, wenn Sie viele Fragen stellen, um den anderen zum Reden zu ermutigen und er nur einsilbige oder noch kürzere Antworten gibt, könnten Sie statt mehr und anders zu fragen, ganz mit der Fragerei aufhören und entweder freiwillig Informationen anbieten oder ein Schweigen entstehen lassen. Egal, wie es sich auswirkt – wenn Sie etwas Neues versuchen, wird zumindest die Interaktion verändert und die sich hochschraubende Spirale widerstrebender Sprechweisen durchbrochen.

Mehr Freunde gewinnen

Um zu illustrieren, wie durch eigene Verhaltensänderungen auch das Verhalten anderer verändert werden kann, möchte ich einen Bericht – eigentlich eine Geschichte, aber eine wahre Geschichte – in voller Länge wiedergeben. Es handelt sich um den Bericht eines jungen Mannes, der an meinem Seminar über interkulturelle Kommunikation teilnahm.

> An einem Sonntagmorgen saß ich mit meinem Freund George zum Brunch in der Cafeteria. Als wir fast fertig waren, kam Shawn, eine Freundin von Paul, an unseren Tisch, und fragte, ob sie sich zu uns setzen könnte. George sagte: »Na klar« und stellte uns einander vor.
>
> Sobald Shawn sich gesetzt hatte, fragte sie mich, woher ich stammte. »Aus China«, antwortete ich. »Aus welchem?« fragte sie weiter. »Taiwan oder Festland?« »Festland-China«, antwortete ich.
>
> »Oh, wirklich? Ich bin schon in Taiwan und in

Festland-China gewesen!« Dann fing sie an, mir alles über ihre Erlebnisse in beiden Chinas zu erzählen. Ich fand es sehr interessant, ihr zuzuhören. Von da an erzählte sie fast die ganze Zeit ohne Pause und schilderte uns ausführlich und in lebhaftesten Farben ihre Eindrücke. George und ich waren zu diesem Zeitpunkt längst fertig, und George entschuldigte sich schließlich, weil er gehen mußte. Ich blieb sitzen.

Nachdem wieder eine gewisse Zeit vergangen war und obwohl ich es sehr interessant fand, was sie erzählte, fiel mir irgendwann der Berg an Hausaufgaben ein, der noch auf mich wartete, und so entschuldigte ich mich ebenfalls. Sie sagte, sie sei jetzt auch satt, also verließen wir die Cafeteria gemeinsam. Sie redete die ganze Zeit. Als wir in verschiedene Richtungen mußten, blieb sie stehen und redete weiter. Als ich schließlich erkannte, daß sie nicht die Absicht hatte, aufzuhören, entschuldigte ich mich erneut und sagte, daß ich nun wirklich gehen müßte. Wir tauschten unsere Telefonnummern aus und wollten uns irgendwann treffen.

Nicht lange danach, wieder in der Cafeteria, tauchte sie plötzlich auf und setzte sich zu mir, als ich allein beim Essen war. Sie fing sofort an zu reden. Die China-Themen waren ihr mittlerweile ausgegangen und die neuen Themen waren weitgestreut. Ich weiß nicht mehr, was sie alles erzählt hat.

Wir aßen zusammen, und sie redete die ganze Zeit wie ein Wasserfall. Als ich zur Essensausgabe wollte, um mir einen Nachschlag zu holen, wartete ich darauf, daß sie mal eine Sekunde Pause machen würde, so daß ich die Möglichkeit erhalten würde, kurz einzuwerfen: »Entschuldige mich bitte einen Moment.«

Unglücklicherweise machte sie keine Pause, nicht

einmal eine Sekunde lang. Dann hatte ich eine Idee. Ich hob meinen Teller hoch und hielt ihn in Kinnhöhe, um anzudeuten, daß ich den Entschluß gefaßt hatte, mir noch etwas zu Essen zu besorgen – in der Hoffnung, daß sie von sich aus sagen würde: »Oh, du willst dir noch was zu essen holen, geh ruhig.« Dasselbe Resultat. Kein Feedback. Sie plauderte fröhlich weiter. Schließlich unterbrach ich sie ziemlich abrupt, sagte: »Ich bin gleich wieder da« und stand auf. Aber sie war sehr nett und kein bißchen beleidigt.

Sie war zu nett, während ich in der Schlange vor der Essensausgabe wartete, gesellte sie sich zu mir und redete weiter...

Danach liefen wir uns noch ein paarmal über den Weg. Sie wollte reden, aber ich ließ es nicht zu und sagte jedesmal: »Tut mir leid, ich bin gerade auf dem Weg zu... Ich bin in Eile...« Sie forderte mich jedesmal auf: »Ruf an, ruf an. Wir müssen uns unbedingt mal treffen!«, und ich sagte jedesmal: »Ja, mach' ich, mach' ich.« Sie wollte sich mit mir verabreden, um mir etwas zu zeigen, für das ich mich sehr interessiert hatte, als wir uns das erste Mal begegnet waren. Wir kamen schließlich überein, daß wir einen Termin abmachen würden, wenn die Sommerferien angefangen hätten. Eines Abends während der ersten beiden Wochen der Semesterferien rief George bei mir an und sagte, daß Shawn und er mich in ein Eiscafé einladen wollten. Ich lehnte die Einladung ab, nicht, weil ich nicht mit Shawn sprechen wollte (obwohl es der Wahrheit entsprach, daß ich mich inzwischen unbehaglich fühlte, wenn ich ihr zuhören mußte), sondern weil ich schon andere Pläne für den Abend hatte.

Danach verließ ich die Stadt für den Sommer. Ich kehrte kurz vor Semesterbeginn zurück. Obwohl

George und ich in losem Kontakt gestanden hatten, erwähnte er Shawn kein einziges Mal und ich fragte nicht.

Irgendwann im letzten Monat, im Oktober, traf ich zu meiner Überraschung George und Shawn zusammen auf dem Campus (Shawn und George haben beide im vergangenen Mai Examen gemacht). Zu dieser Zeit nahm ich gerade an dem Seminar von Dr. Tannen über interkulturelle Kommunikation teil und hatte schon ein bißchen besser verstanden, was das Problem zwischen Shawn und mir war. Ich ergriff also die Gelegenheit, einen neuen Gesprächsstil auszuprobieren, wie wir es im Kurs von Dr. Tannen besprochen hatten. Nachdem wir eine Weile übers Wetter geplaudert hatten, ergriff ich die Initiative und fing an, von meinen Urlaubserlebnissen in Europa zu berichten. Shawn war sehr interessiert und verglich meine Erfahrungen in Europa mit ihren eigenen. Wenn sie mich unterbrach, unterbrach ich sie gleich darauf auch wieder; wenn sie lauter sprach, sprach ich noch lauter. Ich versuchte mit allen Mitteln, die Unterhaltung zu dominieren. Shawn hat die Angewohnheit, einen dritten Gesprächspartner zu ignorieren, wenn sie mit jemandem spricht. Also schnitt ich ihr häufig das Wort ab, um George in das Gespräch einzubeziehen und damit zu zeigen, daß ich die Unterhaltung dominierte.

Das Ergebnis war, daß wir diesmal ausgesprochen gut miteinander auskamen. Auch diesmal hatte ich wieder viele Hausaufgaben und sagte gleich zu Anfang, daß ich nicht lange bleiben könnte. Doch zu guter Letzt hatten wir geschlagene drei (!) Stunden vor der Bibliothek gestanden und geredet. Wir haben uns so gut unterhalten, daß wir alles um uns herum vergaßen. Unsere Stimmen waren beide so hoch und laut, dazu noch mein komischer ausländischer Akzent, daß die Leute, die an der Bibliothek vorbeikamen, sich schon zu fragen begannen, ob bei uns alles in Ordnung war. Ein Freund von George fragte ihn: »Hey, George! Was ist denn da los?«

George, Shawn und ich gingen in der folgenden Woche tatsächlich zusammen ins Café. Heute sind Shawn und ich gute Freunde und reden gern miteinander. Sie arbeitet bei mir in der Nähe und wir treffen uns nicht nur hin und wieder, sondern telefonieren auch regelmäßig miteinander!

Im ersten Teil der Geschichte erhält der Leser den Eindruck, daß Shawn eine unerträgliche Person sein muß: eine zwanghafte Schnatterliese. Aber als der Student seine eigene Sprechweise ihr gegenüber änderte, änderte auch sie ihr Verhalten. Das Ergebnis war, daß der Student Shawn nicht nur tolerieren, sondern ihre Gesellschaft genießen konnte. Er freundete sich mit jemandem an, vor dem er sonst die Flucht ergriffen hätte. Wie er selbst kommentierte, versetzten ihn seine Kenntnisse über den Gesprächsstil in die Lage, mehr Freunde zu gewinnen.

Wir neigen dazu, unser eigenes Verhalten als Reaktion auf andere zu sehen. Wenn wir grob zu jemandem sind, der uns verärgert oder beleidigt hat, halten wir unsere Grobheit nicht für einen Teil unseres Wesens; wir denken, daß wir nur in diesem speziellen Fall grob waren. Aber bei anderen Leuten setzen wir das Verhalten absolut. Wenn andere unverschämt zu uns sind, folgern wir daraus wahrscheinlich, daß es sich um ungehobelte Menschen handelt und nicht, daß sie nur bei dieser einen Gelegenheit unhöflich waren – vielleicht als Reaktion auf etwas, was wir selbst gesagt oder getan haben. Wenn wir uns bewußt machen, daß die Persönlichkeit und das Verhalten anderer nichts Absolutes sind, erkennen wir auch, wie wir sie verändern können, indem wir unser eigenes Verhalten ändern.

Metakommunikation und Rahmenwechsel

Die bislang erläuterten Strategien erfordern kleinere Veränderungen von Gesprächssignalen. Das sollte immer der erste Angriffspunkt sein. Aber man kann noch drastischere Maßnahmen ergreifen.

Wie in Kapitel fünf erörtert, ist die Metakommunikation ein sehr wirkungsvolles Werkzeug: also das Sprechen über die Kommunikation, gleichgültig, ob man dabei die Begriffe Metakommunikation, Rahmen oder Gesprächsstil benutzt. Sie könnten ansprechen, was gerade geschieht, am besten ohne etwas Wertendes anzubringen wie »Hör auf, mich dauernd zu unterbrechen« oder »Darf ich auch mal was sagen?«. Sie sollten statt dessen eine Formulierung wählen, die auf Ihre eigenen Intentionen zielt wie »Ich möchte etwas erzählen, aber ich brauche mehr Zeit dazu« oder »Wenn ich dazwischenrede, will ich dich nicht unterbrechen. Erzähl weiter«. Eine andere Form der Metakommunikation benennt den Rahmen: »Es kommt mir vor, als würden wir darum streiten, wer am lautesten brüllen kann. Könnten wir ein bißchen leiser reden?«

Sie könnten Ihren Gesprächspartner auch fragen, was er oder sie als Reaktion auf eine Bemerkung oder Frage erwartet. Sie wären vielleicht überrascht über die Antwort. In dem Salatsoße-Fall aus Kapitel acht zum Beispiel erfuhr Ken zu seiner Überraschung, daß Mike erwartet hatte, daß man auf seine Frage: »Was für eine Salatsoße soll ich machen?«, erwidert: »Mach', was du gern möchtest«. Mike für seinen Teil war überrascht zu erfahren, daß Kens Antwort: »Öl und Essig, was sonst?« nicht bedeutete, daß Ken ein Öl-und-Essig-Dressing forderte. Wenn man in Worte faßt, welche Reaktion man erwartet, ist man außerdem gezwungen, die Sache aus dem Blickwinkel des anderen zu betrachten.

Die wirkungsvollste Methode, um die Interaktion zu verändern, ist ein Wechsel des Rahmens, ohne explizit darauf hinzuweisen: man setzt einen neuen Rahmen, indem man anders redet oder handelt. Die Neurahmung ist eine Reparaturmaßnahme, die sich am erfolgreichsten hinter der Bühne bewerkstelligen läßt.

Das Materiallager eines Chemielabors wurde von Mr. Beto verwaltet, einem Ausländer. Beim Direktor der Firma gingen wiederholt Beschwerden von Chemikern ein, die bestimmte Gerätschaften aus dem Lagerraum brauchten. Sie beklagten sich, daß sie auf ihre Anfragen nie eine ordentliche Auskunft von Mr. Beto erhielten. Der Direktor wollte Mr. Beto nicht entlassen, weil er eigentlich ein in jeder Beziehung fähiger, hart arbeitender und vertrauenswürdiger Angestellter war.

Da das Problem etwas mit Kommunikation zu tun hatte, nahm der Direktor an, daß die Ursache in Mr. Betos mangelnden Sprachkenntnissen zu suchen sei. Er beschloß, in eine Fortbildungsmaßnahme zu investieren und rief die Leiterin des Fachbereichs »Englisch für Ausländer« an einer nahe gelegenen Universität an. Sie sprach am Telefon mit Mr. Beto und kam zu dem Schluß, daß seine Sprachkenntnisse durchaus ausreichend waren. Sie war überzeugt, daß das Problem mit Mr. Betos Interaktionsverhalten zusammenhing und nicht mit seinen sprachlichen Fähigkeiten. Sie empfahl mich.

Ich traf mich zweimal mit Mr. Beto. Bei der ersten Begegnung schilderte er mir die Situation bei der Arbeit aus seiner Sicht, und ich schlug ihm vor, die Gespräche mit den Chemikern aufzuzeichnen. Bei der zweiten Begegnung hörten wir uns die Aufnahme an. Mir war sofort klar, daß Mr. Beto dem Chemiker nicht genug Informationen gab, so daß dieser dauernd nachfragen mußte (was er mit wachsender Gereiztheit tat), um Mr. Beto die benötigte Information zu entlokken. Mr. Beto bemerkte ebenfalls, daß man ihm viele Fragen stellte, aber er interpretierte es anders. Er sagte, die Fragerei sei genau das, was ihm auf die Nerven gehe – Leute, die ihm die Hölle heiß machten und offenbar der Ansicht seien, er verstünde seine Arbeit nicht.

Für mich war klar, daß hier ein Fall von komplementärer Schismogenese vorlag. Je mehr Mr. Beto – durch die Fragen – das Gefühl bekam, daß seine Kompetenz und seine Fähigkeit in Zweifel gezogen wurden, desto stärker wich er den Fragen aus, desto mehr Fragen wurden gestellt und so weiter. Während die Chemiker nur den Mitteilungscharakter ihrer Fragen sahen – die Bitte um Information –, reagierte Mr. Beto auf die Metamitteilung – die Anzweiflung seiner Kompetenz.

Ich habe nicht versucht, Mr. Beto das alles im einzelnen zu erklären. Ich gab statt dessen eine Empfehlung, die sich auf seine Mutmaßungen stützte. Ich schlug ihm vor, alle Versuche, seine Autorität zu untergraben, von vornherein zu unterbinden, indem er von sich aus alle nur erdenklichen Informationen zur Verfügung stellte. Ein solches Verhalten würde die Bedürfnisse der Chemiker befriedigen, ohne dabei ihre Haltung als einzig richtige darzustellen oder Mr. Betos Gefühle zu verletzen. Der Direktor der Firma berichtete später, daß das Problem gelöst sei: »Die Leute sagen, er drückt sich jetzt verständlich aus.«

In der vorliegenden Situation hätte man auch (zu Recht) die psychologischen Motive untersuchen können. Aber ein psychologischer Ansatz hätte die Situation verschlimmert, weil er für Mr. Beto die Metamitteilung enthalten hätte, daß etwas mit ihm verkehrt sei. Und es hätte lange gedauert, bis er die Welt in einem neuen Rahmen gesehen hätte. Sprachunterricht, abgesehen davon, daß er am Problem vorbeigegangen wäre, wäre ebenfalls zeit- und kostenintensiv gewesen und hätte die Implikation der mangelnden Kompetenz verstärkt. Eine Intervention unter Verwendung von Mr. Betos eigenem Rahmen war effektiver und bestärkte sein Selbstbewußtsein, statt es zu untergraben.

Situationsgerechtes Verhalten

Berufliche Situationen erfordern häufig eine Neurahmung, weil die erlernten Strategien, die sich in anderen Situationen – im Familien- oder Freundeskreis – als nützlich erwiesen haben, hier häufig versagen, zum Teil, weil wir im Beruf leicht mit Leuten zusammentreffen, deren Verhalten von unserem eigenen abweicht, und zum Teil, weil berufliche Situationen eine andere Selbstdarstellung erfordern können als soziale Kontakte. Bei einigen Leuten im Bekanntenkreis kann es zum Beispiel prächtig funktionieren, wenn Sie ausgedehnt darüber verhandeln, wo Sie essen gehen wollen. Doch wenn Sie als Manager oder als Kunde in einem Geschäft den Versuch machen, Entscheidungen auf dem Verhandlungsweg herbeizuführen, kann das katastrophale Folgen haben, weil es Sie unentschlossen oder manipulierbar erscheinen läßt.

Eine Managerin führte ein Gespräch mit einem Buchhalter, der sich in ihrer Firma beworben hatte. Der Buchhalter erklärte, daß ihm ein fester Vertrag über zehn Stunden die Woche vorschwebe. Die Managerin erklärte ihre Budgetgrenzen. Dann diskutierten sie Art und Umfang der erforderlichen Arbeit. Als die Managerin den Eindruck hatte, daß das Bewerbungsgespräch lange genug gedauert hätte, wollte sie allmählich zum Schluß kommen: »Nun, wie wollen wir uns einigen?« Sie wollte damit nicht nur den Anfang des Gesprächsendes signalisieren, sondern auch in Verhandlungen eintreten und dem Steuerberater das Gefühl vermitteln, daß sie gemeinsam ein für beide Seiten befriedigendes Arrangement finden würden. Sie erwartete, daß die Verhandlung sich etwa dergestalt entwickeln würde:

Managerin: Nun, wie wollen wir uns einigen?
Buchhalter: Ich würde gern für Sie arbeiten. Was meinen Sie, wieviel Sie zahlen können?
Managerin: Ich denke, ich könnte etwa tausend Dol-

lar für Ihre Beratung in dieser Sache durchsetzen.

Buchhalter: Das wäre ein Anfang. Dafür könnte ich Ihre Bücher in Ordnung bringen und Ihnen einige Tips geben, was Sie bei der Buchführung beachten sollten.

Managerin: Das hört sich vernünftig an. Wenn das gut läuft, können wir sehen, welche weiteren Möglichkeiten sich ergeben.

Statt dessen verlief das Gespräch folgendermaßen:

Managerin: Nun, wie wollen wir uns einigen?

Buchhalter: Zehn Stunden die Woche wären fein.

Gekippt! Der Buchhalter fühlte sich durch das Verhandlungsangebot der Managerin aufgefordert, seine eigenen Bedingungen festzusetzen. Die Managerin geriet damit in die Situation, daß sie die Forderung abschlagen mußte, was für sie weitaus unangenehmer war, als wenn sie ihre eigenen Bedingungen von vornherein deutlich gemacht hätte. Obwohl ihre aufs Verhandeln zielende Sprechweise bei manchen Leuten funktioniert hätte, war es in diesem Zusammenhang und in dieser Rolle unklug von ihr, einen Stil zu benutzen, dessen Erfolg von übereinstimmenden Sprechweisen abhing. Das Gespräch in den Rahmen einer Verhandlung zu stellen, war in diesem Fall nicht effektiv. Durch einen Wechsel des Gesprächsstils hätte die Managerin dem Gespräch den Rahmen »Vertragsangebot« geben können. Hätte die Managerin die Interaktion in diesen Rahmen gestellt, hätte sie auch eher den Eindruck gemacht, die Situation unter Kontrolle zu haben – und sie tatsächlich besser kontrollieren können.

Mit Vorsicht zu gebrauchen

Ironischerweise fällt es uns bei Leuten, die wir nicht so gut kennen und mit denen wir uns nicht regelmäßig unterhalten, leichter, diese Veränderungen vorzunehmen und die Kommunikation zu verbessern, als bei unseren Partnern und Familienangehörigen. Zum einen kostet es viel Mühe, sich Prozesse, die normalerweise ganz automatisch ablaufen, bewußt zu machen. Die ganze Zeit, jeden Tag, solche Mühen auf sich zu nehmen, kann ziemlich anstrengend sein.

Noch bedeutsamer ist, daß unsere Sprechweise – in gewisser Hinsicht – unsere Identität ausmacht. Wenn wir anders sprechen, haben wir das Gefühl, ein anderer Mensch zu sein. In einem Workshop über Gesprächsverhalten berichtete mir ein Ehepaar von seinen Erfahrungen. Sie führten auswärtige Gäste zum Essen aus; der Ehemann fuhr das Auto und erzählte. Unterwegs sah die Frau das Gebäude, das auf dem örtlichen Telefonbuch abgebildet war, und warf eine entsprechende Bemerkung ein. Der Ehemann hörte auf zu reden und weigerte sich weiterzusprechen – als Strafe für die Unterbrechung. Die Frau sagte zu ihm: »Du hast gehört, was Dr. Tannen gesagt hat. Ich zeige nur meine Begeisterung. Warum redest du nicht einfach weiter, wenn ich was sage?« Er entgegnete: »Ich will nicht jemand sein, der um die Gesprächsführung konkurriert.« Obwohl er die grundlegenden Abläufe verstand, wollte er seinen Gesprächsstil nicht ändern, weil die andere Sprechweise nicht in sein Selbstbild paßte.

Obwohl er den Vorschlag seiner Frau nicht befolgte, hat dieser Ehemann zumindest verstanden und akzeptiert, wovon seine Frau geredet hat, weil er ebenfalls an dem Workshop teilgenommen hatte. Aber jemand, der nicht an Metamitteilungen glaubt, wie Jake in Jules Feiffers *Grown Ups*, wird nicht wissen, worüber Sie reden – oder so tun, als wüßte er es nicht und hat dabei die ganze Macht der Alltagsweisheiten und der herkömmlichen »Logik« auf seiner

Seite: Schließlich und endlich hat er das *nicht* gesagt. Das Problem muß also bei Ihnen liegen.

Manche Leute bestehen auch hartnäckig darauf, daß nur jene Aspekte des Sprechens wichtig seien, die ihnen seit jeher bewußt sind – Aussprache, Wortschatz und Grammatikregeln – und klammern sich an die Überzeugung, daß ihr Ansatz der einzig richtige sei. Ich habe eine solche Person in Gestalt einer populären Moderatorin kennengelernt, in deren Talk-Show ich zu Gast war. Ich war eingeladen worden, um über einen meiner Artikel zu sprechen, der sich mit dem New Yorker Gesprächsstil befaßte.

Die Gastgeberin eröffnete die Diskussion, indem sie mich fragte, wodurch sich die New Yorker Aussprache auszeichne. Nachdem ich die Frage beantwortet hatte, ging ich auf das Thema meines Artikels ein: den Gesprächsstil in New York. Ich redete eine ganze Weile über Unterbrechungen und Überlappungen in Gesprächen: Manche Menschen sind fest überzeugt, daß es unhöflich ist, gleichzeitig zu sprechen, aber es gibt viele Leute – darunter viele New Yorker –, denen es »höflich« (d. h. sozial angemessen) erscheint, gleichzeitig mit anderen zu reden und die auf diese Weise Enthusiasmus, Verständnis und harmonische Übereinstimmung demonstrieren. Diese Leute empfinden Überschneidungen in einem Gespräch nicht als Unterbrechung.

Meine Gastgeberin reagierte auf diese Ausführungen mit: »Das liegt daran, daß die Leute nicht gelernt haben zuzuhören.« Als ich entgegnete, daß meine Forschungen belegten, daß Menschen durchaus gleichzeitig reden *und* zuhören können, meinte sie: »Es ist einfach unhöflich. Gute Manieren waren hier wohl nicht das Kriterium, oder?« Ich reagierte mit einem Diskurs zur Relativität von Höflichkeitskonzepten, in dessen Verlauf ich zu dem Satz ansetzte: »Sie halten es vielleicht für unhöflich...«, woraufhin die Gastgeberin mir das Wort abschnitt und sagte: »Nein, wie könnte ich!? Natürlich nicht« und bald darauf

227

zu der Frage überging: »Aber wie steht es mit dem Wortschatz der New Yorker?«

Unser Gespräch verlief weiter nach diesem Muster. Es ist mir kein einziges Mal gelungen, meine Gastgeberin von der kulturellen Relativität von Höflichkeitskonzepten zu überzeugen. Am Ende der Show dankte sie mir für meinen Besuch und teilte dem Publikum mit: »Wenn einer von Ihnen – egal wer – so redet, werde ich sehr, sehr böse!« Und das war das Schlußwort.

Besuche in Talk-Shows – vor allem in solchen, wo die Zuschauer anrufen können – sind eine exzellente Möglichkeit, die Grenzen zu erkennen. Wenn ich über Gesprächsstil spreche, danken mir die meisten Anrufer begeistert, weil ich Licht in eine Sache gebracht habe, die ihnen Kummer bereitet hat und die sie nun zum erstenmal zu verstehen glauben. Aber es gibt immer ein paar Leute, wie diese populäre Moderatorin, die weiterhin überzeugt sind, daß es so etwas wie ein grundsätzliches Höflichkeitsempfinden gibt – und zwar ihr eigenes. Eine Texanerin, die den Aha-Effekt erlebt hatte, schickte ihrer Mutter eine Tonbandaufnahme von einer Talk-Show, bei der ich zu Gast gewesen war. Nachdem die Mutter das Band abgehört hatte, korrigierte sie keineswegs ihre seit jeher schlechte Meinung über die Leute im Norden, sondern fühlte sich erneut darin bestätigt. Sie schrieb ihrer Tochter: »...Leute aus dem Norden entwickeln etwas Herrschsüchtiges..., die Leute im Süden, Westen und Südwesten sind ganz anders. Es gibt da einen Punkt, der keinmal deutlich zum Ausdruck gebracht wurde, nämlich die Tatsache, daß es nicht so sehr eine Frage der Kultur als vielmehr eine Frage der Manieren ist, ob man einfach mit etwas herausplatzt oder andere unterbricht.« Der Grund, warum ich diesen Punkt im Interview nicht deutlich zum Ausdruck gebracht hatte, war natürlich, daß ich genau diese falsche Vorstellung ausräumen wollte! Was ich deutlich zum Ausdruck gebracht hatte (ohne damit zu dieser Zuhörerin durchzudringen) war, daß Manieren ein Ausdruck von Kultur sind.

Es ist also wichtig, keine unrealistischen Erwartungen zu haben, wenn wir andere mit unseren Erkenntnissen beglükken. Metakommunikation – das Reden über die Kommunikation – ist in einigen Fällen erfolgreich, aber keineswegs immer. Wir können nicht davon ausgehen, daß wir nur die Wahrheit aussprechen müssen, um eine Welle begeisterter Zustimmung auszulösen. Da man bekanntlich niemanden zu seinem Glück zwingen kann (von den sprichwörtlichen Perlen ganz zu schweigen), ernten wir oft nichts als ein verächtliches Naserümpfen, wenn wir unser kostbares Wahrheitselixier zum Trank anbieten. Das Wissen um die Relativität von Sprechweisen ist unter Garantie hilfreich; darüber zu reden, ist oft auch hilfreich – aber ohne Garantie.

Ein vorsichtiger Gebrauch der Metakommunikation empfiehlt sich auch, weil die Metakommunikation die Tatsache von Kommunikationsproblemen offiziell macht, und, wie in Kapitel sieben dargelegt, enthält dies in sich eine negative Metamitteilung, die wir vielleicht lieber vermeiden möchten. Es bringt einen Mißton in die Interaktion, verbunden mit dem Rahmen »gemeinsame Problembearbeitung«. Wenn der Gesprächspartner Ihnen nicht sehr nahesteht, kann das Reden über die Beziehung ihr einen vertraulicheren Rahmen geben, als dem anderen lieb ist. Wenn es eine enge Beziehung ist, kann das Ausdiskutieren von Problemen, wie in Kapitel 7 erläutert, für jeden Partner eine andere Bedeutung haben. Während der eine darin vielleicht ein positives Zeichen sieht (»Unsere Beziehung ist in Ordnung, weil wir daran arbeiten und alle Probleme ausdiskutieren«), sieht der andere darin eher ein negatives (»Unsere Beziehung ist nicht in Ordnung, wenn wir sie dauernd überarbeiten und jedes Problem ausdiskutieren müssen«).

Schon der Umstand, daß wir auf die Sprechweise unserer Gesprächspartner und nicht auf ihre Intentionen achten, kann auf Ärger und Ablehnung stoßen. Die Konzentration auf eine andere Bedeutungsebene als die, die der Sprecher für wichtig erachtet, ähnelt der von Gregory Bateson beschriebenen Beziehungsfalle. Bateson gab das Beispiel eines Jungen, der einen Frosch in den Händen hält und ihn seiner Mutter zeigen will. Die Mutter wirft einen flüchtigen Blick auf ihn und sagt: »Deine Hände sind schmutzig. Wasch sie dir.« Das ist beleidigend, weil die Mutter den Punkt ignoriert, der für das Kind wichtig ist – den Frosch. Und es kann den Jungen zum Wahnsinn treiben, wenn er anfängt zu überlegen, ob der Frosch eigentlich wirklich existiert hat oder nicht, da die Mutter ihn ja nicht gesehen hat. Auf dieselbe Weise kann es einen verrückt machen, wenn jemand säuselt: »Du bist so süß, wenn du wütend bist.« Es macht uns wütend, weil die eigentliche Mitteilung – die Wut – nicht ernstgenommen wird.

Darüber zu reden, wie jemand spricht, ist eine Art Analyse, und viele Leute lassen sich nicht gern analysieren. Sie fühlen sich in die Rolle des Patienten gedrängt wie Jake, der Louise wütend anfährt: »Ist das dein neuestes Talent? Blicke deuten?« Auch wenn wir manchmal zu wissen glauben, was andere tun und warum sie es tun, ist es häufig nicht möglich, konstruktiv darüber zu reden.

Wissen ist Macht

Aufgrund dieser Fußangeln und trotz der potentiell besseren Verständigung, die wir durch eigene Verhaltensänderungen, durch Metakommunikation oder Rahmenwechsel erreichen können, ist der größte Vorteil, den wir aus unserem Wissen um den Gesprächsstil ziehen können, das Wissen selbst: zu wissen, daß weder wir noch die anderen verrückt oder gemein sind und daß ein gewisser Anteil an Fehlinterpretationen und Korrekturen bei Kommunikationsvorgängen normal ist.

Um zu veranschaulichen, wie hilfreich schon allein dieses Wissen sein kann, möchte ich einen Briefausschnitt zitieren. Er macht sehr deutlich, wie ungemein erleichternd es ist, wenn man erfährt, daß das, wofür man kritisiert wurde, weder verrückt noch böse, sondern einfach die Logik eines anderen Systems ist.

Liebe Frau Dr. Tannen,
ich habe gerade Ihren Artikel (über den Gesprächsstil von jüdischen New Yorkern) zu Ende redigiert und trotz der Tatsache, daß es fast Mitternacht ist und ich seit halb zehn den dringenden Wunsch verspüre, mich mit einer Tasse Tee und einem Buch ins Bett zu kuscheln, statt mit meiner Arbeit fortzufahren, möchte ich Ihnen unbedingt noch ein Dankeschön schicken...
Ich stamme nicht aus New York (obwohl ich dort eine Weile gelebt habe), sondern aus Oregon und ich bin auch keine Jüdin (obwohl auch sonst nicht viel mit Überzeugung). Ihr Artikel hilft mir nichtsdestotrotz, mich selber besser zu verstehen und wird, hoffe ich, helfen, daß auch mein Mann mich besser versteht, der dazu neigt, mir Vorhaltungen zu machen, weil ich zuviel rede und anderen Leuten nie eine Chance gebe, auszureden (und nachdem ich acht Jahre lang in Europa gelebt und wohl etwas ruhiger geworden bin, neige ich dazu, ähnlich auf einige, wenn auch nicht alle Amerikaner zu reagieren). Diese Sache hat alle möglichen Gefühle in mir ausgelöst – von wütender Selbstverteidigung bis mea culpa-Selbstzerknirschung – und obwohl Ihr Artikel keine Gebrauchsanweisung für die Anpassung an eine ganz andere Gesprächsumwelt enthält, habe ich doch auf jeden Fall einen Einblick in einige der ablaufenden Mechanismen gewonnen.

Auch ohne konkrete Veränderungsvorschläge ist es schon eine große Erleichterung, wenn wir die Wirkungsweisen des Gesprächsstils besser verstehen. Wie diese Leserin – und dieses Buch – erklärt, achten die Leute auf die *Ergebnisse* unterschiedlicher Sprechweisen und ziehen daraus ihre Schlüsse, nicht über Sprechweisen, sondern über Charakter und Intentionen. Wenn wir falsche, negative Schlüsse über Fremde ziehen und Fremde falsche, negative Schlüsse über uns ziehen, kann das unangenehm sein; wenn es einem dauernd passiert (wie im Fall dieser Frau, die im Ausland lebte), kann es einen kumulativen Effekt haben und wechselweise Wut auf andere und Selbstzweifel auslösen. Und wenn es uns mit unseren treuergebenen, liebenden Partnern passiert, sind wir zutiefst unglücklich – und stehen vor einem Rätsel. »Einige der ablaufenden Mechanismen« zu verstehen, macht es um vieles leichter.

Bei Interaktionen gehen wir für gewöhnlich davon aus, daß unsere gefühlsmäßige Reaktion auf andere dem entspricht, was sie uns fühlen lassen wollen. Wenn wir uns dominiert fühlen, liegt es daran, daß jemand uns dominiert. Wenn es uns nicht gelingt, ins Gespräch zu kommen, dann schließt man uns absichtlich aus. Gesprächsstil bedeutet, daß dieser Eindruck nicht immer richtig sein muß. Die wichtigste Lektion ist, keine voreiligen Schlüsse über andere zu ziehen und sie nicht gleich in Schubladen wie »dominierend« und »manipulierend« einzuordnen.

Die Vorteile eines sprachwissenschaftlichen Ansatzes

Das Kommunikationsproblem ist zweifellos eines der größten Probleme zwischen Menschen und Nationen. Wir versuchen, die Kommunikation zu verbessern, indem wir Probleme ausdiskutieren, indem wir »ehrlich« sind. Aber wenn das Problem durch unterschiedliche Sprechweisen verursacht wird, können wir es nicht dadurch lösen, daß wir unsere Sprechweise intensivieren. Ehrlichkeit ist nicht genug – und oft gar nicht möglich.

Die meisten von uns sind aufrichtig um Ehrlichkeit und Rücksicht und Kommunikation bemüht, aber manchmal stehen wir trotzdem vor einem unlösbaren Knoten, erstens, weil Kommunikation von Natur aus etwas Indirektes und Mehrdeutiges ist, und zweitens, weil Unterschiede im Gesprächsstil unvermeidbar sind. Wenn wir merken, daß etwas falsch läuft, suchen wir nach Erklärungen im Rahmen von Persönlichkeit, Intentionen oder anderen psychologischen Motiven.

Eine Psychotherapeutin, die an einem Sonntagabend einen meiner Vorträge besucht hatte, erzählte mir später, daß sie ihre neugewonnenen Erkenntnisse über den Gesprächsstil schon am nächsten Morgen eingesetzt hätte. Ihr Montagmorgen-10-Uhr-Termin erschien in der Praxis und fing an zu erzählen. Die Therapeutin streute ihre Deutungen und strategischen Fragen ein, wenn es ihr wichtig erschien. Der Patient ließ sich ihre Kommentare durch den Kopf gehen, diskutierte darüber und erzählte dann weiter. Er war ein guter Patient. Aber ihr nächster Patient, der 11-Uhr-Termin, war anders. Als sie anfing, seine Ausführungen zu kommentieren (mit anderen Worten, ihre Arbeit tat), bat er sie, ihn nicht zu unterbrechen. Wenn sie meinen Vortrag nicht gehört hätte, so die Therapeutin, hätte sie das Verhalten ihres Montagmorgen-11-Uhr-Termins als inneren Widerstand gedeutet. Doch sie erinnerte sich an meine Ausführungen und hielt ihr Urteil zurück. Und nachdem der Patient seine Ausführungen beendet hatte, war er an ihren Erklärungen genauso interessiert wie der 10-Uhr-Termin. Ein einfacher Stilunterschied hätte die Therapeutin zu unberechtigten psychologischen Wertungen führen können.

Therapeuten müssen also die Möglichkeit unterschiedlicher Sprechweisen berücksichtigen, bevor sie psychologische Urteile fällen. Und in eher privaten als beruflichen Situationen ist es vielleicht wirkungsvoller, mit Begriffen zu operieren, die sich auf den Gesprächsstil beziehen, auch wenn psychologische Motive richtig erkannt werden.

Psychologische Motive sind etwas Inneres und Amorphes; Gespräche sind etwas Äußeres und Konkretes. Wenn Sie jemandem erzählen, daß er sich feindselig oder unsicher verhalten hat, fühlt er sich möglicherweise angeklagt und kann sich nicht erklären, wodurch ihre Reaktion hervorgerufen wurde. Aber wenn Sie sagen, daß Sie auf die Art und Weise reagieren, wie etwas gesagt wurde und Ihre eigene Reaktion an einem konkreten Aspekt der Sprechweise festmachen können, weiß der andere, worum es geht und kann darauf eingehen. Wenn Sie vorausschicken, daß sie seine Absicht vielleicht falsch verstanden haben, fühlt Ihr Gesprächspartner sich nicht gleich auf die Anklagebank versetzt und geht nicht automatisch in Verteidigungsstellung.

Gesprächsstil ist zwar normalerweise unsichtbar, aber nicht unbewußt. Leute sagen oft ganz spontan: »Es ist nicht, *was* du gesagt hast, sondern *wie* du es gesagt hast«, auch wenn sie den Finger nicht genau auf die wunde Stelle legen können. Wenn man weiß, daß es unterschiedliche Sprechweisen gibt, kann man benennen, was vorher nur ein vages Gefühl war. Und wenn man die Namen erst einmal kennt, klingen sie vertraut und wahr.

Eine neue Sprechweise – und Sichtweise

Eine zentrale Theorie der Sprachwissenschaft ist die Sapir-Whorf-Hypothese, benannt nach den Linguisten Benjamin Lee Whorf und Edward Sapir. Diese Hypothese geht davon aus, daß Sprache das Denken formt. Wir neigen dazu, in den Begriffen und damit verbundenen Konzepten zu denken, die uns von der Sprache bereitgestellt werden. Es ist leichter, sich etwas vorzustellen, wenn wir einen Namen dafür haben; wir haben instinktiv das Gefühl, daß etwas, für das ein Begriff existiert, auch tatsächlich existiert. Alles, wofür es keine Worte gibt, scheint irgendwie ohne Substanz. Deshalb erleichtern Begriffe wie »Rahmen«, »Metamitteilung« und

»Gesprächsstil« nicht nur das Sprechen über Sprechweisen, sondern auch das Nachdenken darüber, wie sie die Kommunikation formen.

Menschen, die sich in psychotherapeutische Behandlung begeben oder einer religiösen oder Selbsterweckungs-Bewegung beitreten, fangen nach einer gewissen Zeit an, anders zu sprechen, sie benutzen andere Worte und Begriffe oder, noch häufiger und weniger beunruhigend für die Uneingeweihten, benutzen alte Begriffe auf neue Weise. Es ist unvermeidlich und wichtig für Leute, die sich einer speziellen Denkweise verschreiben, auch eine spezielle Sprechweise zu entwickeln. Zum einen gibt es jenen, die diese Art des Sprechens teilen, das Gefühl, eine gemeinsame Überzeugung zu haben und schafft dadurch Nähe – das »Familienwitz«-Phänomen. Noch wichtiger ist wohl, daß ein neues Vokabular und eine neue Sprechweise gleichbedeutend mit einer neuen Weltanschauung sind.

Lernen, über Metamitteilungen zu sprechen, heißt auch, eine neue Sprache zu lernen und damit eine neue Weltsicht zu entwickeln, aber es bedeutet (hoffentlich) keine Konvertierung im religiösen Sinn, sondern nur eine neue Art zu sehen. Sowohl die Wissenschaft als auch die Kunst erfüllen diese Funktion: sie helfen Menschen, Altbekanntes auf neue Weise zu sehen.

Alle Macht der Metamitteilung

Wenn wir Worte für Metamitteilungen, Rahmen und Gesprächsstil haben, erhöht das ihre Glaubwürdigkeit, und es gibt wahrgenommenen, aber sonst schwer zu erklärenden Gefühlen mehr Macht. Menschen haben instinktiv das Gefühl, daß ihre Art, die Dinge auszudrücken, ihre Höflichkeit oder Grobheit »normal« und »logisch« sind. Ohne die hier vorgestellten Begriffe und Konzepte sind diese Überzeugungen schwer anzugreifen.

Erinnern wir uns an den Fall, wo der Ehemann zu reden aufhörte, weil seine Frau einen zusammenhanglosen Kommentar einwarf. Als ich das Gesprächstranskript in einem anderen Workshop zum erstenmal diskutieren ließ, gaben die Teilnehmer der Frau die Schuld. Eine Frau meinte: »Sie verhält sich feindselig!« Ein Mann sagte: »Sie kann es einfach nicht ertragen, daß ihr Mann etwas erzählt. Sie muß ihn unbedingt unterbrechen.« Diese Art der Deutung ist besonders häufig, wenn die kooperative Überlappung von einer Frau ausgeht, weil das Bild der aufdringlichen Schnatterliese einem gängigen und in unserer Kultur besonders gefürchteten Stereotyp entspricht.

Ein Mensch, der lange braucht, um etwas zu erzählen, wird dieses Bedürfnis rechtfertigen, indem er sich auf die Logik beruft: es ist nicht typisch für seine Sprechweise, Überlappungen zu vermeiden, es kann einfach keine Kommunikation stattfinden, wenn zwei Leute auf einmal reden. Meine und andere Forschungsarbeiten belegen, daß das einfach nicht stimmt. Es ist möglich und durchaus üblich, daß in Gesprächen viele Leute auf einmal reden und jeder am Ende gesagt hat, was er sagen wollte, *wenn* alle das System verstehen und niemand den anderen überrollt und totredet, wenn er zum Sprechen ansetzt. Es funktioniert, wenn jeder so lange versucht, zu sagen, was er zu sagen hat, bis alle gehört worden sind. (Tatsächlich ist dieser auf die Interaktion konzentrierte Alle-auf-einmal-Gesprächsansatz weltweit gesehen wesentlich verbreiteter als unser informationsfixierter Einer-zur-Zeit-Ansatz.)

Der Vorwurf der Rücksichtslosigkeit oder Feindseligkeit ist schmerzlich, vor allem, wenn wir gerade um das Gegenteil – Freundlichkeit – bemüht waren. Hier ein weiteres Beispiel, wie es dazu kommen kann und wie das Wissen um unterschiedliche Sprechweisen hilft.

Vera verbrachte die Weihnachtsferien bei ihrer Familie. Heiligabend rief sie bei Ed an, um ihn wissen zu lassen, daß sie an ihn dachte. Als er den Anruf entgegennahm, plapperte sie fröhlich los: »Hey! Wie geht's dir?« Ed fragte mit frostiger Stimme: »Wer ist da?«

Vera war etwas geknickt, versuchte aber, großzügig darüber hinwegzugehen und dachte, Ed wäre wohl schlechter Stimmung. Tatsächlich war mit Eds Stimmung alles in Ordnung, bis Vera anrief. Und seine Reaktion hatte nichts damit zu tun, daß er Vera nicht gern hatte. Er war einfach nicht darauf gefaßt und fand es außerdem unhöflich, daß man am Telefon einfach losplappert, ohne zuerst seinen Namen zu nennen.

Für Vera ist die Namensnennung am Telefon eine Formalität, die nur unter relativ fremden Leuten erforderlich ist. Bei Familienmitgliedern und engen Freunden sendet der Verzicht auf solche Formalitäten eine Metamitteilung der harmonischen Übereinstimmung aus – im Sinne der Regel der Regelmißachtung. Wenn jemand nicht damit rechnet – um so besser. Der plötzliche Rahmenwechsel ist amüsant und lustig. Aber Ed geht davon aus, daß man sich am Telefon immer vorstellen muß, und findet solche Überraschungen nicht lustig.

Wenn Ed und Vera noch nie etwas von unterschiedlichen Sprechweisen gehört hätten, würden sie beide den Fehler im Charakter des anderen suchen: Sie ist unhöflich, er ist launisch; oder sie würden böse Absichten unterstellen: Er will mich loswerden. Und Vera würde keinen Anlaß sehen, sich in Zukunft anders zu verhalten; sie würde vielmehr versuchen, Eds schlechte Laune zu vertreiben, sich extra fröhlich geben, ihn auf dieselbe Weise begrüßen und (Überraschung!) ihn erneut in schlechter Laune »vorfinden«. Durch den Prozeß der komplementären Schismogenese würden beide ständig neue Beweise dafür finden, daß der andere unhöflich und launisch ist. Aber da Ed und Vera von Unterschieden im Gesprächsstil wußten, konnten sie grundlose Unterstellungen vermeiden. Vera erkannte, daß sie erst ihren Namen sagen mußte, wenn sie bei Ed anrief. Ein Stilwechsel und der Tag war gerettet.

Einen Schritt zurücktreten

Der Schlüssel zur Lösung dieses Problems war die Fähigkeit, einen Schritt zurückzutreten und die Interaktion aus der Distanz zu betrachten, statt emotionale Reaktionen als unumgänglich und unvermeidlich zu akzeptieren. Diese Beobachterhaltung versetzt uns in die Lage, eigene Lösungen zu entwickeln und gibt uns das Gefühl zurück, unser Leben und unsere Beziehungen unter Kontrolle zu haben. Ein anderer Student erklärte, wie er diese Beobachterhaltung entwickelte, nachdem er an meinem Kurs teilgenommen hatte.

> Was ich am merkwürdigsten fand, war, auf einmal bewußt all diese Dinge zu tun, die man normalerweise ganz automatisch und scheinbar unbewußt macht. ... Jedesmal, wenn ich etwas sagte, hielt ich inne und fragte mich: Warum habe ich das jetzt so und so gemacht? Oder: Was wollte ich damit erreichen? Es ist schon merkwürdig, wenn man hinter seine eigenen Motive und scheinbar unbewußten Verhaltensweisen schaut und sie zu erklären versucht. ... Der Schlüssel, so scheint mir, ist einfach, sich *bewußter* zu machen, was geschieht, und sich nicht durch eigene kulturelle Vorurteile und Erwartungen den *Blick einzuengen* ... (Der Kurs) hat mich offen gemacht für all diese neuen Erkenntnisse ... und in dieser Hinsicht (war er) eine unschätzbare Hilfe für mich, um zu verstehen, was um mich herum geschieht.

Die Beobachterhaltung ist besonders nützlich, wenn man sich in Situationen wiederfindet, die einem unangenehm sind. Wer in die Rolle des Betrachters schlüpft, kann die Situation retten – darüber nachdenken, was an der Situation die eigene Reaktion auslöst und überlegen, wie es sich in

Zukunft vermeiden läßt. Das Motto könnte lauten: Studiere, was du nicht bekämpfen kannst.

Einen Schritt zurückzutreten und eine Interaktion zu analysieren, ist ein gutes Gegenmittel gegen allzu große Nähe. Dieses Gegenmittel wirkte, als Kate (wie in Kapitel neun berichtet) in der scheinbaren Kritik ihrer Mutter ein altes Verhaltensmuster wiedererkannte (»Oh, meine Mutter macht es wieder«) und ihr Ärger plötzlich verpuffte. Die Situation hatte sich nicht geändert, aber indem Kate in die Rolle der Beobachterin schlüpfte, gewann sie emotionale Distanz.

Den Blickwinkel erweitern

Die vielen Aspekte des Gesprächsstils, die unsere privaten Gespräche bestimmen, spielen auch in der Öffentlichkeit und in internationalen Beziehungen eine entscheidende Rolle. Der Gesprächsstil meldet sich in allen Situationen zu Wort, in denen Menschen miteinander reden: im Geschäftsleben, vor Gericht, in Arztpraxen. Und er meldet sich zu Wort, wenn es um die Frage der sozialen Gerechtigkeit geht.

Es gehört zu den großen Rätseln und Tragödien unserer Zeit, daß die Idee der *affirmative action* – ein Programm, mit dem man die Diskriminierung von Minderheiten bekämpfen wollte – nicht zum erhofften Erfolg geführt hat. Durch die *affirmative action*-Programme sollten Angehörige von Minderheitsgruppen Zugang zu allen Bereichen bekommen, die ihnen bislang verschlossen gewesen waren. Aber Menschen mit unterschiedlicher Herkunft neigen dazu, unterschiedliche Formen des Verhaltens und der Sprache zu entwickeln – Formen, die für jene, die sich bereits in Mehrheits- oder Machtpositionen befinden, unverständlich oder unakzeptabel sind oder einfach falsch gedeutet werden. Das ist der Grund, warum so viele Amerikaner plötzlich schockiert ihre eigenen rassistischen, ethnischen oder sexuellen Vorurteile entdeckt haben – und warum die Diskriminierung von Minderheiten trotz aller (wie ich glaube, aufrichtig) guten Absichten noch immer ein drängendes Problem unserer Gesellschaft ist.

So wie Liebende oder Ehepartner sich gegenseitig für eine mißlungene Kommunikation verantwortlich machen, neigen auch Individuen im interkulturellen Kontakt dazu, der anderen Gruppe die Schuld zu geben. »Mainstream«- oder »Establishment«-Vertreter werfen den Neulingen vor, sich nicht richtig zu benehmen, nachdem ihnen der Zutritt gewährt wurde. Angehörige der weniger privilegierten Gruppen – Schwarze, Juden, Frauen usw. – sehen ihre Behandlung leicht als Ausdruck einer Armee von Ismen: Rassismus, Anti-Semitismus, Sexismus. Zweifellos gibt es einige häßliche »-isten«, die von diesen Ismen überzeugt sind und sie praktizieren. Aber ihre Zahl ist nicht so groß, daß sie die Situation erklären könnte. Die meisten Amerikaner sind aufrichtig überzeugt, daß alle die gleichen Chancen erhalten sollten. Aber sie schrecken zurück, verwirrt, desillusioniert und enttäuscht, wenn Leute mit anderem kulturellen Hintergrund, die sie voll Optimismus aufgenommen haben, sich nicht auf die erwartete (und wie sie meinen, einzig richtige) Art verhalten.

Wenn soziale Gerechtigkeit ein drängendes Problem in unserem Land ist, so ist das Problem internationaler Beziehungen ein drängendes Weltproblem. Oft wird das Mißtrauen zwischen Nationen verstärkt, wenn nicht ausgelöst, weil gute Absichten anders ausgedrückt werden. Ein in Amerika lebender Ägypter war überrascht und gekränkt, als er erfuhr, daß sein amerikanischer Zimmerkamerad den ägyptischen Präsidenten Anwar Sadat für »rüde und arrogant« hielt. Die Reaktion des Amerikaners war durch Sadats Antwort auf die Frage eines Journalisten ausgelöst worden: »Eingeladen oder nicht – ich werde kommen« (um mit Präsident Carter über den Frieden im Nahen Osten zu verhandeln). Der Ägypter erkannte sofort, daß es sich um die englische Übersetzung einer feststehenden ägyptischen Redewendung handelte, die in seinem Land gebräuchlich ist, um zum Ausdruck zu bringen, daß man alles tun möchte, um ein bestehendes Mißverständnis auszuräumen und zu harmonischen Beziehungen zurückzukehren.

Auf dem Gebiet internationaler Beziehungen können Mißverständnisse im wahrsten Sinne des Wortes fatale Folgen haben. Eine Soziolinguistin schilderte den Fall eines ägyptischen Piloten, der Funkverbindung mit dem zypriotischen Flughafen aufnahm, um eine Landegenehmigung einzuholen. Als er keine Antwort erhielt, deutete der Pilot das Schweigen als Zustimmung: Erlaubnis erteilt. Als er mit seinem Flugzeug zur Landung ansetzte, eröffnete die zypriotische Luftwaffe das Feuer auf ihn. Für die zypriotischen Fluglotsen bedeutete Schweigen offensichtlich »Erlaubnis verweigert«.

Nicht immer sind Mißverständnisse so leicht zu erklären. Internationale Beziehungen sind größtenteils abhängig von einzelnen Menschen, die sich zusammensetzen, um miteinander zu reden, und werden daher leicht zum Gegenstand von Mißverständnissen und Kränkungen, ausgelöst durch ein schlechtes Timing, inkongruente Rhythmen, durch all die subtilen Unterschiede im Gesprächsstil, die zu negativen Schlußfolgerungen führen können – und die in der Kommunikation zwischen Menschen, die verschiedene Sprachen sprechen und aus verschiedenen Ländern stammen, noch schwerwiegender und noch unvermeidlicher sind. Aber wenn wir keinen Weg finden, um die Kommunikation in diesen Bereichen zu verbessern, werden unsere privaten Probleme vielleicht durch einen Atomkrieg beendet.

Die öffentlichen Tragödien des sozialen Unfriedens und der sozialen Ungerechtigkeit und das Unvermögen, zu einer internationalen Verständigung zu finden, spiegeln in größerem Maßstab das Scheitern der Kommunikation im Privaten. Menschen sind ehrlich verwundert und enttäuscht, wenn ihre guten Absichten nicht zu gegenseitigem Verständnis führen. Es ist die Hoffnung dieses Buches, daß ein besseres Verständnis des Gesprächsstils auch das gegenseitige Verständnis wenn nicht garantieren, so doch fördern wird.

Anmerkungen

Kapitel 1
Das Problem ist der Prozeß

S. 21 Bettelheim weist in *The Informed Heart* darauf hin, daß Menschen beinahe alles ertragen können, wenn sie einen Grund dafür erkennen können.

Kapitel 2
Die Wirkungsweise des Gesprächsstils

S. 35 Die Begriffe Metamitteilung und *double bind* finden sich bei Bateson (1972). Für Bateson umfaßt der Begriff *double bind* sich widersprechende Gebote auf unterschiedlichen Ebenen: also einen Konflikt zwischen Mitteilung und Metamitteilung. Ich benutze den Begriff, ähnlich wie andere Sprachwissenschaftler (zum Beispiel Scollon, 1982), in einem allgemeineren Sinn und beziehe mich damit einfach auf eine Situation, in der man widersprüchliche Aufforderungen erhält, ohne sich der Situation entziehen zu können.

S. 35 Ich danke Pamela Gerloff, die mich darauf aufmerksam machte, daß Bettelheim (1979) auf Schopenhauers Stachelschwein-Metapher eingeht.

S. 39 M. C. Bateson (1984) erörtert G. Batesons Theorie, daß lebendige Systeme (sowohl biologische Prozesse als auch menschliche Interaktionen) nie einen stabilen Gleichgewichtszustand erreichen, sondern eine gewisse Stabilität nur in Form zyklischer Anpassungen und Korrekturen herstellen können.

S. 39 Vergleiche Grice (1975).

S. 40 Lakoff stellt diese Höflichkeits-Regeln erstmalig in Lakoff

(1973) auf. Sie erörtert dieses System außerdem im Rahmen einer Arbeit über geschlechtsspezifische Unterschiede (Lakoff 1975). In einem jüngeren Artikel definiert Lakoff das System als Kontinuum (Lakoff 1979). Das Höflichkeitsphänomen wird ausführlich und in theoretischem Kontext von Brown und Levinson (1978) behandelt.

S. 49 Vergl. Kochmans (1981) ausführliche Untersuchung in *Black an White Styles in Conflict.*

S. 51 Das Zitat stammt aus dem Drehbuch von Woody Allen und Marshall Brickman: *Der Stadtneurotiker* (Zürich: Diogenes, 1981, S. 157–158).

Kapitel 3
Gesprächssignale und -muster

S. 56 Die Theorie, daß bei Gesprächen durch Verwendung von sprachlichen Zeichen Absichten und Bedeutungen signalisiert werden, basiert auf den Arbeiten von Gumperz (1982), der diese Signale als »contextualization cues« bezeichnet. Die hier beschriebene Konstellation von Signalen und der Gedanke, daß sie zu Gesprächsmustern zusammengefügt werden, stammen von mir. Meine Forschungen auf dem Gebiet der Gesprächsanalyse werden ausführlicher und in einem theoretischen Kontext in Tannen (1984) vorgestellt.

Kapitel 4
Warum wir nicht sagen, was wir meinen

S. 77 Lakoff (1973, 1975, 1979) erörtert unterschiedliche Verwendungsweisen der Indirektheit.

Kapitel 5
Rahmung und Neurahmung

S. 97 Die Begriffe »Rahmen« und »Metakommunikation« gehen zurück auf Bateson (1972). Für eine Einführung siehe Tannen (1979), Goffman (1974) und die Aufsatzsammlung in Raskin (1985).

S. 102 Die Unmöglichkeit, wortgetreue Transkripte zu erstellen und der Einfluß der Interpunktion auf die Deutung von Transkripten in Rechtsverfahren sind Thema einer Dissertation von Walker (1985).

S. 104 Raskin (1984) untersucht die Bedeutung von Rahmenwechseln bei Witzen.

S. 118 Auch Bateson (1972) vergleicht Kommunikation mit einem ständig in Bewegung befindlichen Fluß, der unterschiedlich interpretiert werden kann, je nachdem, welche Stellen hervorgehoben werden.

Kapitel 6
Macht und Solidarität

S. 121 Die Macht/Solidarität-Dimension gehört zu den grundlegenden Konzepten der Soziolinguistik. Brown und Gilman (1960) entwickelten diese Theorie und erläuterten sie am Beispiel der Pronomen.

S. 126 Erving Goffman machte mich auf die Schwierigkeiten des Mannes aufmerksam, der die Geschäftsfrau »Süße« nennt. Ich hatte die Geschichte in einem Gespräch erzählt und war mir lediglich des implizierten Affronts bewußt. Goffman wies mich darauf hin, daß unser herkömmlicher Sprachgebrauch dem Mann keine Möglichkeit bot, einer Frau gegenüber auf eine Weise freundlich zu sein, wie er es gegenüber einem Mann sein könnte, ohne sie zu beleidigen.

S. 136 Die Analyse des Gesprächs zwischen Ben, Ethel und Max findet sich in Sacks (1971). Ich danke Jim Schenkein, der das Gespräch aufzeichnete, für die Erlaubnis, es hier abzudrucken, und Emanuel Schegloff, der mir gestattete, eine Zusammenfassung von Sacks' Analyse zu geben. Sacks weist in seinen Vorlesungsschriften darauf hin, daß er und seine Kollegen für gewöhnlich jedes Transkript gründlich überarbeiten, um jede Pause und Betonung exakt zu kennzeichnen, es sich in diesem Fall jedoch um ein unbearbeitetes Transkript handelt. Ich habe mir daher erlaubt, die Interpunktion an einigen Stellen zu ändern, um es leichter lesbar zu machen.

Kapitel 7
Warum es immer schlimmer wird

S. 147 Der Artikel über Gipfelkonferenzen erschien in *Newsweek*, 30. Mai 1983.
  S. 153 Bateson (1983) führte den Begriff der komplementären Schismogenese ein. M. C. Bateson erläutert dieses Konzept und weist darauf hin, daß ihr Vater es später unter dem Begriff »regenerative feedback« (regenerative Rückkoppelung) zusammenfaßte. (Für den hier zitierten Auszug vergl. M. C. Bateson, *Mit den Augen einer Tochter*, Reinbek b. Hamburg: Rowohlt, 1986, S. 117–118.)

Kapitel 8
Gespräche in intimen Beziehungen: seine und ihre

S. 159 Mir ist immer etwas unbehaglich, wenn ich von Unterschieden zwischen Männern und Frauen spreche. Schon die Andeutung, daß solche Unterschiede existieren könnten, bedeutet für viele eine Art ideologischer Ketzerei. Andere sind der Ansicht, daß selbst wenn solche Unterschiede existieren, man am besten nicht darüber sprechen sollte, weil alles, das die Idee unterstützen könnte, daß Männer und Frauen verschieden sind, dazu benutzt werden wird, Frauen zu diskriminieren. (Dasselbe gilt für Untersuchungen über rassische, ethnische oder schichtenspezifische Unterschiede.) Ich sehe diese Gefahr, und ich sehe auch die Gefahr der Verallgemeinerung, vor allem, wenn Wissenschaftler nicht sorgfältig zwischen Intuition und belegbaren Beobachtungen unterscheiden. Es gibt immer Ausnahmen von der Regel, und die Beschreibung eines allgemeinen Musters scheint den Menschen, die eine Ausnahme bilden, Unrecht zu tun (bei diesen Ausnahmen möchte ich mich aufrichtig entschuldigen). Aber ich habe mich dafür entschieden, diese Themen aufzugreifen und weiterzuverfolgen, weil ich immer wieder die Erfahrung mache, daß es einen starken »aha-Effekt« auslöst, wenn ich auf diese Weise von Unterschieden zwischen Männern und Frauen spreche. Viele Leute erklären, daß meine Beschreibung ihren Erfahrungen entspricht und empfinden es als ungemein erleichternd, daß etwas, was sie für ihr persönliches Problem gehalten hatten, einem allgemein verbreiteten Muster entspricht, weil es sie von einer Last persönlicher Pathologie und Isolation befreit. Dennoch bleiben sicher viele Fragen offen, was die Allgemeingültigkeit meiner Beobachtungen angeht oder inwieweit solche Unterschiede kulturelle oder biologische Ursachen haben. Wenn es dazu führt, daß Menschen, ob in der Wissenschaft oder im Alltag, ihre Erfahrungen und Beobachtungen neu hinterfragen und diskutieren, so kann es nur zum Guten ausschlagen.

S. 168 Hacker schildert diese Beobachtung in »Divorce à la mode«, *The New York Review of Books*, 3. Mai 1979, S. 24.

S. 169 Die Ausführungen im Abschnitt »Geschlechtsspezifische Sozialisation« stützen sich auf Maltz und Borker (1982).

Kapitel 9
Der intime Kritiker

S. 191 Das Zitat stammt aus einer Kurzgeschichte von Charles Dikkinson: »Sofa Art«, *The New Yorker*, 6. Mai 1985.

Kapitel 10
Über Sprechweisen sprechen

S. 240 Das Beispiel von Sadats Verwendung einer feststehenden Redewendung stammt aus einem Dissertationsentwurf von Hassan Hassan, Georgetown University Linguistics Department.

S. 241 Saville-Troike (1985) beschreibt das Beispiel des ägyptischen Piloten.

Bibliographie

Bateson, Gregory. 1972, *Steps to an Ecology of the Mind*. New York: Ballantine. (Dt.: *Ökologie des Geistes. Anthropologische, psychologische, biologische und epistemologische Perspektiven*. Frankfurt a. M.: Suhrkamp, 1990.)

Bateson, Mary Catherine. 1984. *With A Daughter's Eye: A Memoir of Margaret Mead and Gregory Bateson*. New York: William Morrow. (Dt.: *Mit den Augen einer Tochter*. Reinbek b. Hamburg: Rowohlt, 1986.)

Bettelheim, Bruno. 1979. *Surviving*. New York: Knopf. (Dt.: *Erziehung zum Überleben*. Stuttgart: Deutsche Verlagsanstalt, 1980.)

Brown, Roger u. Alber Gilman. 1960. »The Pronouns of Power and Solidarity.« In: Thomas Sebeok (Hg.), *Style in Language*. Cambridge, Mass.: The MIT Press, S. 253–276.

Brown, Penelope u. Stephen Levinson. 1978. »Universals in Language Usage: Politeness Phenomena.« In: Esther Goody (Hg.), *Questions and Politeness*. Cambridge, England: Cambridge University Press, S. 56–289.

Goffman, Erving. 1974. *Frame Analysis*. New York: Harper and Row. (Dt.: *Rahmen-Analyse*. Frankfurt a. M.: Suhrkamp, 1980.)

Grice, H. P. 1967. »Logic and Conversation.« William James Lectures, Harvard University. Nachdruck in: Peter Cole u. Jerry Morgan (Hg.), *Syntax and Semantics, Vol. 3: Speech Acts*. New York: Academic Press, 1975.

Gumperz, John J. 1982. *Discourse Strategies*. Cambridge, England: Cambridge University Press.

Kochman, Thomas. 1981. *Black and White Styles in Conflict*. Chicago: University of Chicago Press.

Lakoff, Robin. 1973. »The Logic of Politeness, or Minding Your P's and Q's.« Papers from the Ninth Regional Meeting of the Chicago Linguistics Society, S. 292–305.

Lakoff, Robin. 1975. *Language and Womans's Place*. New York: Harper and Row.

Lakoff, Robin Tolmach. 1979. »Stylistic Strategies Within a Grammar of Style.« In: Judith Orasanu, Mariam K. Slater u. Leonore Loeb Adler (Hg.), *Language, Sex, and Gender*. Annals of the New York Academy of Science. Vol. 327, S. 53–78.

Maltz, Daniel N. u. Ruth A. Borker. 1982. »A Cultural Approach to Male-Female Miscommunication.« In: John J. Gumperz (Hg.), *Language and Social Identity*. Cambridge, England: Cambridge University Press, S. 196–216.

Raskin, Victor. 1984. *Semantic Mechanisms of Humor*. Dordrecht, Holland, und Boston: D. Reidel.

Raskin, Victor (Hg.). 1985. *The Quaderni di Semantica's Round Table Discussion of Frame Semantics*. Sonderheft *Quaderni di Semantica*, Vol. 6, Nr. 2.

Sacks, Harvey. 1971. Lecture Notes, 11. März 1971.

Saville-Troike, Muriel. 1985. »The Place of Silence in an Integrated Theory of Communication.« In: Deborah Tannen und Muriel Saville-Troike (Hg.), *Perspectives on Silence*. Norwood, N. J.: Ablex.

Scollon, Ron. 1982. »The Rhythmic Integration of Ordinary Talk.« In: Deborah Tannen (Hg.), *Analyzing Discourse: Text and Talk*. Georgetown University Round Table on Languages and Linguistics 1981. Washington, D. C.: Georgetown University Press, S. 335–349.

Tannen, Deborah. 1979. »What's in a Frame? Surface Evidence for Underlying Expectations.« In: Roy O. Freedle (Hg.), *New Directions in Discourse Processing*. Norwood, N. J.: Ablex, S. 137–181.

Tannen, Deborah. 1984. *Conversational Style: Analyzing Talk Among Friends*. Norwood, N. J.: Ablex.

Walker, Anne. 1985. *From Oral to Written: The »Verbatim« Transcription of Legal Proceedings*. Dissertation, Georgetown University.

Register

Adoleszenz
- und intime Kritik 195
Affirmative action 239
Allen, Woody 51
Anpassung 23
Anti-Semitismus 240
Ästhetisches Vergnügen
- und Indirektheit 84
Auf der Suche nach Indien (Forster) 12, 204
Aufdringlichkeit 139–140
- und Höflichkeit 40–43
Ausdrucksstarke Reaktion 54, 65–67

Bateson, Gregory 97, 98, 111, 153, 189, 230
Bateson, Mary Catherine 153, 165
Beobachterhaltung
- und unterschiedlicher Gesprächsstil 238–239
Bergman, Ingmar 145
Bettelheim, Bruno 21
Beziehungsfalle, *siehe Double bind*
Beziehung (*Rapport*),
  siehe Harmonische Übereinstimmung
Blickkontakt 173
Borker, Ruth 170, 173–174

Carter, Jimmy 77, 147, 240
CBS Evening News 77
Cohen, Richard 38

Debategate 77
Dickinson, Charles 191
Dinner im Heimweh-Restaurant (Tyler) 195
Direktheit 77, 85–94
- und Manipulation 85, 92–94
- und stillschweigende Voraussetzungen 85, 87–90
- und Teilwahrheiten 85, 86–87
- unterschiedliche Formen von 85, 92–94

- verletzende Wirkung von 85, 90–91
siehe auch Indirektheit
Diskriminierung 239–240
Double bind 230
- von Unabhängigkeit u. Verbundenheit 38–39

Ehrgeiz 134–136
Eltern, *siehe* interpersonale Beziehungen
Entschuldigungen 54, 65, 71–72

Familienbeziehungen, *siehe* interpersonale Beziehungen
Feiffer, Jules 146, 164, 171, 192, 207, 226
Feilchen 37
Fonda, Henry 168, 169
Footing 107–108
Forster, E. M. 12, 204
Fragen (Ausfragen) 24–26
- Fragen stellen 54, 65, 67–69
- und Indirektheit 28
- von intimen Kritikern 197–198
Frauen
- und Anredeformen 125–127
- und Gleichgewicht von Verbundenheit u. Unabhängigkeit 160
- und Intonation 61
- und Macht-Solidarität-Dimension 124–128, 133, 160–161
- und Mann-Frau-Gespräche 157, 159–181
- Aussprachen 172–173
- geschlechtsspezifischer Gesprächsstil 160–161, 164–168
- kulturelle Unterschiede 157, 159, 169–171
- mangelnde Kommunikation 168
- »männliches« Schweigen 168–169
- Metamitteilungen 161–163
- primäre Beziehungen 179–181
- unterschiedliche Interessen 175–176
- Zuhörsignale 173–175
- und Metamitteilungen 160–163
- und Tonhöhe 60, 61, 62

251

gemischte Metamitteilungen
- im interkulturellen Austausch 49–51
- zu Hause 46–48
Geschäftsverhandlungen
- und Feilschen 37
- und Small talk 37
Geschwister, intime Kritik unter 201–203
Gespräch, Bedeutung des 33
Gesprächsanalyse 11
Gesprächsmuster 54, 65–72
- ausdrucksstarke Reaktion 54, 65–67
- Entschuldigungen 54, 65, 71–72
- Fragen 54, 65, 67–69
- Klagen 54, 65, 69–70, 73
Gesprächssignale 55–64, 72–74
- Lautstärke 54, 57–59, 73
- Tempo und Pausen 54, 55–57, 73
- Tonhöhe und Intonation 54, 60–64, 73, 98
Gesprächsstil, unterschiedlicher 213–242
- und Beobachterhaltung 238–239
- Erkenntnis des eigenen Stils 214–216
- geschlechtsspezifisch 160–161, 164–168
- in internationalen Beziehungen 239–242
- und Metakommunikation 221–223, 229–230
- in Politik und Öffentlichkeit 239–242
- und psychologische Deutungen 232–234
- und Rahmenwechsel 221–225
- Wissen um 230–234, 237
Gesprächsverhalten, siehe Gesprächsstil
Gipfeltreffen 146-147
Gleichmacherei, unangebrachte 129–131
Goffman, Erving 107
Grice, H. P. 39
Grown-Ups (Feiffer) 146, 164–167, 171, 192, 207, 226

Hacker, Andrew 168
Harmonische Übereinstimmung (Rapport)
- und Beziehungsvorteile 78, 79–81, 85, 95
Herablassung 140
»Herz ausschütten«, siehe intime Gespräche
Höflichkeit
- und Informationen 39–43
- im interkulturellen Austausch 49–50
- kulturelle Relativität von 227–228
- linguistisches Konzept der 34–35
- als zweischneidiges Schwert 43–46
Household Words (Silber) 83
Humphrey, Hubert 135

Indirektheit 22-24, 27, 28, 77–78
- Gefahren der 82
- Anwendung 95–96
- und Macht-Solidarität-Dimension 123
- und Rahmen 97–104
- Vorzüge der
- ästhetisches Vergnügen 84
- harmonische Übereinstimmung (Rapport) 79–81, 85, 95
- Selbstschutz 81
- Vermeidung von Konfrontation 81
- Witze 82–83
Informationen
- Geben von 98
- und Höflichkeit 39–43
Informationsebene der Kommunikation 36–38
Internationale Beziehungen
- und unterschiedlicher Gesprächsstil 239–242
Interpersonale Beziehungen 143–157
- Aktion und Reaktion in 156
- ehrliche Gespräche
- der Mythos 146–147
- die Realität 148–149
- gemischte Metamitteilungen 46–48
- komplementäre Schismogenese 153–156
- Macht-Solidarität-Dimension 136–139
- Streit um Kleinigkeiten 149–153
- und Umwerbung 145
- und unterschiedlicher Gesprächsstil 226–230
- Verschlechterung der Kommunikation in 143–144
Intime Gespräche 171
Intime Kritik 90, 183–209
- und Adoleszenz 195
- Auswirkungen der 198–199
- in Form von Lob 187–188
- Fragen als 197–198
- geschlechtsspezifische Einstellung zu geselligen Gesprächen 192–195
- und Intimität 195–196
- jemandem aushelfen als 184–185
- Kritik an Dritten als 188–189
- als Nebenprodukt von Nähe 207–208
- Nörgeln als 189–192
- und »ordentlicher« Sprachgebrauch 191–192
- Richtlinien für den Gebrauch 205–209
- Sarkasmus als 185–186, 197
- Secondhand-Kritik 199–205

Intimität
- und intime Kritik 195–196
Intonation 28, 98
- und Tonhöhe 54, 60–64
Ironie 82–83

Kameradschaft, kameradschaftliches Verhältnis 41–42
Klagen 54, 65, 69–70, 73
Kochman, Thomas 49
Komplementäre Schismogenese 153–156
- in Mann-Frau-Gesprächen 159–168
- und unterschiedlicher Gesprächsstil 215, 221–223
Komplimente 98
Konfrontationsvermeidung
- und Indirektheit 81
Krieg der Welten, Der (Wells) 103
Kritik, siehe intime Kritik
Kritik, unfaire 206
Kroll, Jack 168
Kulturelle Relativität
- von Höflichkeit 227–228
Kulturelle Unterschiede
- und Mann-Frau-Gespräche 157, 159, 169–171
- und Metamitteilungen 49–51
- Tonhöhe u. Intonation 63

Lakoff, Robin 22, 40, 61, 181
Lautstärke 54, 57–59, 73
- als ausdrucksstarke Reaktion 65–66
- und komplementäre Schismogenese 154
Leise sprechen 57–59
Linguistik 11–12, 20, 22, 26–27
- anthropologischer Ansatz in der 11
Linguistisches Institut 11, 20, 22, 26
Lob
- Kritik in Form von 187–188
- und Macht-Solidarität-Dimension 129–130

Macht-Solidarität-Dimension 121
- und Anredeformen 123–127
- und Generationsverhältnis 123–125
- und geschlechtsspezifischer Gesprächsstil 160–161
- und Neurahmung 129–140
  - Ehrgeiz 134–136
  - interpersonale Beziehungen 136–140
  - unangebrachte Distanz 133–134
  - Verkaufen 131–133
- und Statusunterschiede 127–129
- und Verbundenheit u. Unabhängigkeit 123–124
Maltz, Daniel 170, 173–174

Manipulation
- und unterschiedliche Formen der Direktheit 85, 92–94
Männer
- informations-fixierter Gesprächsansatz 36–38
- und Tonhöhe 60, 62–63
siehe auch Mann-Frau-Gespräch
Mann-Frau-Gespräch 157, 159–181
- und Aussprachen 172–173
- geschlechtsspezifischer Gesprächsstil 160–161, 164–168
- und kulturelle Unterschiede 157, 159, 169–171
- mangelnde Kommunikation im 168
- »männliches« Schweigen 168–169
- und Metamitteilungen 160–163
- primäre Beziehungen 179–181
- und unterschiedliche Interessen 175–176
- und Zuhörersignale 173–174
Männliches Schweigen 168–169
»Märtyrermutter«-Haltung 116
Metakommunikation 98
- und Rahmen 109, 111–112
- und unterschiedlicher Gesprächsstil 221–223, 229–230
Metamitteilungen 33–35, 52, 234, 235–239
- und Anredeformen 125–126
- und ausdrucksstarke Reaktion 66
- und Fragen stellen 67–69
- und Frauen 161–163
- gemischte
  - im interkulturellen Austausch 49–51
  - zu Hause 46–48
- und geschlechtsspezifischer Gesprächsstil 160–161
- und Höflichkeit 41–42, 43–46
- und Indirektheit 78
- ästhetisches Vergnügen 84
- Gefahren 82
- harmonische Übereinstimmung (Rapport) 79–81, 85, 95
- Konfrontationsvermeidung 81
- Selbstschutz 81
- Witze 82–83
- und intime Kritik 197–199, 201–203
- und Klagen 69–70
- und Kritik in Form von Lob 187–188
- Macht-Solidarität-Dimension 125–127
- Neurahmung als Herabsetzung 114–116
- und Rahmen 98
- und Tonhöhe 60

253

Michigan, University of 20
Mimik 98
Minderheiten 239–240
Motivation für Höflichkeit 40

Nähe, intime Kritik als Nebenprodukt von
207–208
Necken 98
Neurahmung 98–99, 109–111, 113–114
– als Herabsetzung 114–115
– und Macht-Solidarität-Dimension
129–140
– Ehrgeiz 134–136
– interpersonale Beziehungen
136–140
– unangebrachte Distanz 133–134
– und unterschiedlicher Gesprächsstil
221–225
Newsweek 147
New Yorker Gesprächsstil 227–228
New Yorker, The 176
New York Times, The 104
Nicholson, Jack 171
Nörgeln 189–192

Offenheit, *siehe* Direktheit
Optionen
– und Höflichkeit 40–42

Pausen 54, 55–57, 73
Persönliche Werte
– und Metamitteilungen 36
Politik
– und Macht-Solidarität-Dimension
134–136
Politik u. Öffentlichkeit
– unterschiedlicher Gesprächsstil in
239–242
Pronomen
– und Mann-Frau-Gespräch 163
Psychologische Deutungen
– und unterschiedlicher Gesprächsstil
232–235
Pygmalion (Shaw) 29

Rahmen 97–119, 232, 235
– Ausbeutung von 104–105
– Beweglichkeit von 118–119
– und *Footing* 107–109
– Macht und Gefahr von 109
– und Metakommunikation 109,
111–112
– Neurahmung als Herabsetzung
114–116
– in der Öffentlichkeit 106
– Rahmenänderung innerhalb des
109–111, 113–114

254

– Rahmenbrecher und -bewahrer
116–118
– Rahmenwechsel 30
– und Sarkasmus 185–186
Rahmenbewahrer 116–118
Rahmenbrecher 116–118
Rahmenwechsel, erneuter 113
Rapport, siehe harmonische Übereinstim-
mung
Rassismus 240
Ratschläge erteilen 98
Reagan, Ronald 77
Relativität von Sprechweisen 226–230
Rich, Adrienne 169
Rituelles Klagen 54, 65, 69–70, 73

Sacks, Harvey 136, 138
Sadat, Anwar 240
Sapir, Edward 234
Sapir-Whorf-Hypothese 234
Sarkasmus 82–83, 185–186, 197
Schismogenese, komplementäre 153–156
– in Mann-Frau-Gesprächen 159–168
– und unterschiedlicher Gesprächsstil
215, 221–223
Schmidt, Helmut 147
Schoenberger, Nancy 169
Schopenhauer, Arthur 35
Secondhand-Kritik 199–205
Selbstherabsetzung 133–134
Selbstschutz 81, 95
Sexismus 240
Shaw, George Bernard 29
Silber, Joan 83
Simenon, Georges 152
Small talk 34
– und Männer 37
Solidarität, *siehe* Macht-Solidarität-Di-
mension
Soziale Bedeutung von Worten 34
Soziolinguistik 11
Sprachwissenschaft, *siehe* Linguistik
Sprechweisen *siehe* Gesprächsstil
Stachelschwein-Gleichnis
– von Verbundenheit u. Unabhängig-
keit 35
Stadtneurotiker, Der (Allen) 51
Standort, *siehe* Footing
Statusunterschiede
– und Macht-Solidarität-Dimension
127–129
Stillschweigende Voraussetzungen 85,
87–90
Stimmklang 98
Streit um Kleinigkeiten 149–153
Sturmhöhe, Die (Brontë) 204
Szenen einer Ehe (Bergman) 145

Tempo 54, 55–57, 73
– als ausdrucksstarke Reaktion 65–66
Tonbandaufzeichnungen
– um Sprechweisen zu erkennen
  214–216
Tonhöhe 73, 98
– und Intonation 54, 60–64
Tyler, Anne 195

Überlappung 227
Umwerben 98, 145
Unabhängigkeit, *siehe* Verbundenheit u.
  Unabhängigkeit
»Unser-Lied«-Phänomen 83
Unterbrechen 227
Unterricht 98
Unverschämtheit 140

Verbessern anderer
– in ihrer Grammatik 191
– in ihrem Sprachgebrauch 191–192
Verbundenheit und Unabhängigkeit 35–38
– *Double bind*-Situation 38–39
– Höflichkeit 40–46
– Indirektheit 95–96
– und Macht-Solidarität-Dimension
  121–122
– Wert von 36–38
Verhalten
– und unterschiedlicher Gesprächsstil
  216–220
Verkaufen 131–133
Versteckte Bedeutungen 30
Vor-Ort-Kritik 206
Vorurteile, interkulturelle

– und Gesprächssignale 62–63

Wahrheit
– ehrliche Gespräche 146–149
– Teilwahrheiten 85, 86–87
– unfreundliche 90–91
Washington Post 38
Welles, Orson 103
Wells, H. G. 103
Werbung, und Rahmen 104–105
Whorf, Benjamin Lee 234
Wirkungsweise des Gesprächsstils 33–52,
  214–216
– Höflichkeit als zweischneidiges
  Schwert 43–46
– Information und Höflichkeit im Ge-
  spräch 39–43
– und Metamitteilungen 33–35
– im interkulturellen Austausch
  49–51
– zu Hause 46–48
– Verbundenheit und Unabhängigkeit
  35–38
– *Double bind* von 38–39
Wissen um unterschiedlichen Gesprächsstil
  230–234, 237
Witze
– Metamitteilung von 82–83
– und Rahmen 104–105
Worte
– soziale Bedeutung 34
– versteckte Bedeutungen 30
– Wortwahl 28

Zuhörsignale 173–175

Knapp vorbei ist auch daneben...

Warum haben so viele Frauen das Gefühl, daß
Männer nie mit ihnen reden, sondern immer nur
dozieren und kritisieren?
Warum haben so viele Männer das Gefühl,
daß Frauen immer nur an ihnen herumnörgeln
und nie zur Sache kommen?

Verblüffende Untersuchungsergebnisse aus
der Kommunikationsforschung decken die
Ursachen solcher Mißverständnisse auf.
Neue Wege werden aufgezeigt, wie wir
dem Dilemma entkommen und eine gemeinsame
Sprache entwickeln können, um im Alltag
mehr Verständnis und Partnerschaft
zu erreichen.

Deborah Tannen

Du kannst mich einfach nicht verstehen

Warum Männer und Frauen
aneinander vorbeireden

360 Seiten, Broschur
DM 29,80

Kabel